권위주의적 지배와

인터넷,
그리고 민주주의

OPEN NETWORKS
CLOSED REGIMES

권위주의적 지배와
인터넷,
그리고 민주주의

산티 칼라틸/테일러 보아스 지음
고경민/이지용/장성훈/김일기/박성진 옮김

인간사랑

Open Networks, Closed Regimes :
The Impact of the Internet on Authoritarian Rule by Shanthi Kalathil, Taylor C. Boas

최소한의 언론자유만 허용하는 독재국가에서조차도 정보기술이 국가 간의 장벽을 허무는 글로벌 커뮤니케이션의 새로운 기회를 만들어내기를 많은 사람들은 바라고 있다. 칼라틸과 보아스는 이 문제에 대해 선구적이고 사려 깊은 분석을 하고 있다. 흥미로운 이 연구는 민주화, 체제변화, 그리고 새로운 정보기술을 이해하고 촉진하는 데 관심을 갖고 있는 모든 사람들이 읽어야 할 필독서이다.

Pippa Norris,

John F. Kennedy School of Government, Harvard University

칼라틸과 보아스는 국가별 사례연구를 통해 그동안 단편적으로만 소개되었던 사실들을 조명하고 있다. 이들의 연구결과는 디지털화(going digital)가 필연적으로 민주화(going democratic)를 이끈다는 전거가 의심스러운 통념을 무너뜨리고 있다. 이들의 연구는 여러 가지 중요한 의문점들을 해소해 주고 있으며, 정치적 개방을 명분으로 기술을 확산시키려고 하는 사람들에게 의문점을 제기하고 있다.

Jonathan Zittrain,

Berkman Center for Internet & Society, Harvard University

| 차례 |

정보혁명이 급속하게 확산됨에 따라 인터넷 이용은 전 세계 정부, 기업, 사회에 근본적이고도 심오한 영향을 미치고 있다. 그에 따라 인터넷 효과의 중요성이 광범위하게 인정되고 있지만 아직까지 그에 대해 완전히 밝혀내지는 못한 상태이다.

인터넷이 미칠 영향에 대한 철저한 분석도 없이 검증되지 않은 가설이 사회적 통념으로 굳어지고 있다. 독재자들을 위협하는 사이버 반체제 인사들에 관한 이야기는 미디어의 고유한 민주적 속성에 대한 오래된 신념과 더불어 인터넷이 권위주의 체제를 약화시킨다는 아이디어에 신뢰성을 부여해 주었다. 정보화 시대를 둘러싼 초기의 도취감이 오래 지속되면서 이러한 관념은 이제 진실인 것처럼 고착되고 있다. 이러한 가설은 정치인들의 대중연설이나 정책토론에서 빈번하게 거론되고 언론에서 사실인 양 보도되면서 형성되었다.

이러한 가설을 검증한 연구는 아직까지 없었다. 개별 국가나 특정 유형의 이용자들에 초점을 맞추는 새로운 연구는 있었지만 정부, 기업, 시민사회단체들의 인터넷 이용을 모두 동등하게 고려하면서 광범위한 권위주의 체제 사례들과 비교하여 인터넷 효과의 패턴을 찾는 연구는 없었다.

이 책에서 산티 칼라틸과 테일러 보아스는 8개국의 권위주의 체제를 대상으로 포괄적인 인터넷 이용을 주의 깊게 검토하고 있다. 그들은 사회적 통념이 어떻게 권위주의적 지배에 미치는 인터넷의 영향을 모호하게 만들었는지를 설명해 주고 있다. 예를 들면, 중국에서는 파룬궁(Falun Gong)의 인터넷을 이용한 저항이 온라인 담론의 길을 터주고, 인터넷 이용을 통해 권위를 확장하려는 정부의 노력에 불리하게 작용한 것으로 보인다. 쿠바에서는 독립 언론인들이 해외에 있는 여러 웹서버에 쿠바에 관한 기사들을 올리지만 대부분의 쿠바 시민들은 글로벌 인터넷으로부터 차단되어 있는 상태이고, 정부의 허가를 받아 콘텐츠를 보유한 국영 컴퓨터 네트워크를 이용하도록 강요당하고 있다. 몇몇 동아시아 국가들에서는 전 지구적으로 연결되어 있는 네트워크들을 이용한 활동이 경제발전을 추진하고 삶의 질을 개선하기 위해 인터넷을 이용하는 정부를 상대로 공세를 취하고 있다. 그리고 중동의 많은 국가들에서는 인터넷이 서구의 이미지와 사상에 대한 접근을 향상시키고 있기도 하지만, 한편으로 이슬람 근본주의자들에게는 시민권 확장의 반대를 설파하는 공간을 제공하고 있기도 하다.

칼라틸과 보아스가 지적하고 있듯이 전체적으로 볼 때 인터넷은 권위주의 체제의 민주적 이행을 방해할 수도 혹은 도움을 줄 수도 있다. 그러나 이들은 또 정보기술만으로 권위주의 체제가 소멸될 것 같지는 않다고 주장한다. 이들의 연구는 인터넷을 자유와 동일시하는 맹목적 낙관주의(blind optimism)에 대한 유익한 개선책을 제시하고 있다. 그리고 독자들에게 어떻게 인터넷이 민주적 목표를 위해 더 많이 기여할 수 있는지를 현실적으로 검토하도록 안내하고 있다.

이 책은 카네기연구재단(Carnegie Endowment)에서 3년 동안 수행한 연구결과를 정리한 것이다. 이 책은 정책결정자들, 사회운동가들, 그리

고 21세기의 유력한 정보 도구를 이용하여 한층 진전된 지구적 통합과
이해를 증진시키고자 하는 사람들을 위한 혁신적이고 유용한 길잡이가
될 것이다.

Jessica T. Mathews
President
Carnegie Endowment for International Peace

| 감사의 말 |

이 책은 여러 친구와 동료, 단체의 지원이 없었다면 햇빛을 보지 못했을 것이다. 제시카 매튜스(Jessica Mathews), 폴 발라란(Paul Balaran), 조지 페르코비치(George Perkovich), 토마스 카로더스(Thomas Carothers)에게 고마움을 전한다. 이들은 우리가 카네기연구재단에서 연구에 전념할 수 있는 훌륭한 환경을 만들어 주었고, 새롭게 주목받고 있는 이 분야의 연구를 위한 우리의 노력을 변함 없이 격려해 주었다. 마리아 카를로(Maria Carlo)와 파바니 레디(Pavani Reddy)는 우리가 이 프로젝트를 조직화하고 진행시키는 데 필요한 행정적인 지원과 연구 보조 업무를 능숙하게 처리해 주었다. 트리쉬 레이놀즈(Trish Reynolds), 쉐리 페티(Sherry Pettie), 캐더린 위긴슨(Catherine Wigginton)은 출판과정에 도움을 주었고, 카먼 맥도걸(Carmen MacDougall)과 스코트 나단슨(Scott Nathanson)은 우리의 연구를 홍보하는 데 큰 도움을 주었다. 카네기 도서관의 캐틀린 힉스(Kathleen Higgs)와 크리스 헨레이(Chris Henley), 그리고 전 도서관 사서였던 제니퍼 리틀(Jennifer Little)은 이 연구를 위해 필요한 수많은 자료들을 수집·정리해 주었다. 우리는 이 프로젝트를 지원해 준 카네기연구재단의 '글로벌 정책 프로그램'에 풍부한 지원을 해준 포드재단과 맥아더재단, 록펠러재단에 빚을 지고 있다.

특히 우리는 카네기연구재단에서 '정보혁명과 세계 정치 프로젝트' 창설을 주도한 윌리엄 드레이크(William J. Drake)에게 사의를 표한다. 그는 이 프로젝트를 출범시키고 시작 단계에서부터 연구의 방향을 설정하는 데 핵심적인 역할을 수행했다. 우리와 빈번한 토론을 했던 빌(Bill)은 여러 면에서 이 연구의 틀과 논점을 형성하는 데 도움을 주었다. 그러나 우리는 최종 결과물인 이 책이 갖고 있는 어떤 문제점에 대해서도 그에게 책임을 돌릴 생각은 없다. 오히려 그는 이 책이 햇빛을 볼 수 있도록 여러 면에서 도움을 아끼지 않았다.

우리는 초고를 나누어서 읽어주고 수정과정에서 조언해 준 존 알터만(Jon Alterman), 토마스 카로더스(Thomas Carothers), 피터 퍼디난드(Peter Ferdinand), 윌 포스터(Will Foster), 니나 하치지안(Nina Hachigian), 베론 훙(Veron Hung), 필립 피터스(Philip Peters), 개리 로단(Garry Rodan), 데보라 휠러(Deborah Wheeler) 등의 동료들에게 큰 빚을 지고 있다. 뿐만 아니라 공개 인터뷰나 비공개 인터뷰를 통해 다양한 정보와 통찰력을 아낌 없이 제공해 준 전 세계의 수많은 인사들에게도 감사의 말을 전하고 싶다. 그들의 도움은 이 연구의 결론을 형성하는 데 매우 귀중하게 이용되었다.

마지막으로 우리가 이 연구를 수행하는 동안 지적 지침과 정신적 지지, 그리고 용기를 북돋워 준 모든 이들에게 감사한다. 그들은 바로 데이비드 꼴리에(David Collier), 테리 카알(Terry Karl), 로라 크레이자(Laura Krejsa), 제임스 물베논(James Mulvenon), 헬렌 올리버(Helen Oliver), 페이 민씬(Pei Minxin), 피 제이 시몬스(P. J. Simmons), 존 울프스탈(Jon Wolfsthal), 존 자이스만(John Zysman), 중국인터넷연구단(Chinese Internet Research Group) 회원들, 그리고 우리의 가족들이다.

1

사회적 통념 : 과연 진실인가?

기술의 발전으로 국가가 국민들이 접하는 정보를 통제하기는 점점 어
려워질 것입니다. … 전체주의라는 골리앗은 마이크로칩이라는 다윗과의 싸움
에서 결국 쓰러지게 될 것입니다.

■■■ 로널드 레이건, 1989년 6월 14일 런던 길드홀 연설 중에서

1989년 미국의 로널드 레이건(Ronald W. Reagan) 대통령이 위의 연
설을 한 후 세계는 많이 변했다. 끊임없이 계속된 사건들로 인해 많은 사
람들은 그의 예측을 기정사실로 받아들이고 있다. 전 세계적으로 권위주
의 체제는 몰락의 길에 들어섰지만 마이크로칩의 힘은 더 크게 부상했
기 때문이다. 이에 대한 자세한 설명을 하지 않더라도 이 두 현상 사이의

관계는 강력하고 절대적인 진실성을 가진 것으로 생각되었다.

　1990년대를 풍미했던 '정보 시대' 낙관주의가 퇴조의 경향을 보이고 있음에도 기술적 진보와 민주화 사이의 연계는 대중적 사고 속에 여전히 강력한 가설로 남아 있다. 특히 인터넷이 권위주의적 지배에 치명적인 위협으로 작용할 것이라는 정책적 신념은 만연해 있다. 정치지도자들도 이러한 관념을 신봉하고 있다. 조지 W. 부시(George W. Bush) 대통령은 인터넷이 중국에 자유를 가져다 줄 것이라고 단언했고, 콜린 파월(Colin L. Powell) 국무장관은 "민주주의의 부상과 정보혁명의 힘은 서로 지렛대 효과를 발휘하여 상승작용을 한다"[1]고 주장했다. 빌 클린턴(Bill Clinton) 대통령도 인터넷이 민주주의를 위한 천부적 재능을 갖고 있다는 견해를 적극적으로 옹호했던 인물이다.[2] 재계의 지도자들과 미디어 논평가들도 이 같은 견해에 대체로 동의한다. 시티 그룹(Citicorp)의 CEO를 지낸 월터 리스턴(Walter Wriston)은 『포린 어페어스』(Foreign Affairs) 기고에서 "자유의 바이러스는 … 전자적 네트워크를 통해 전 세계 구석구석으로 확산된다"고 주장했으며, 저널리스트인 로버트 라이트(Robert Wright)는 "모든 가능성을 고려해 볼 때, 인터넷의 정치적 논리에 대한 저항은 분명히 10년 또는 적어도 20년 내에 무의미해질 것이다"라고 주장했다.[3]

1. 　1999년 12월 7일 애리조나 주의 주도 피닉스 시에서 열린 공화당 대통령 예비선거의 후보자들 간의 토론 ; 2001년 1월 17일 미 상원 외교관계 위원회 공청회에서 재차 언급.

2. 　클린턴은 인터넷과 민주주의에 관해 수많은 언급을 했다. 특히 2000년 3월 8일 존스 홉킨스 대학교 폴 니체 고등국제문제연구대학원(Paul H. Nitze School of Advanced International Studies)에서의 연설을 참조. 여기서 그는 중국의 인터넷 탄압에 대해 "불가능한 일을 하려는(trying to nail Jell-O to the wall) 것과 같다"는 자주 인용되는 언급을 했다.

인터넷과 민주주의에 관한 사회적 통념은 최근 들어 정치인과 학자들 사이에 비등해졌지만 그 뿌리는 이보다 훨씬 깊다. 부분적으로 이러한 사회적 통념은 초기 인터넷 이용자들 사이에 널리 퍼져 있던 강력한 자유지상주의 문화—이를테면 존 페리 발로우(John Perry Barlow)의 '사이버스페이스 독립선언' 4)—에서 비롯되었다. 1996년 세계경제포럼(World Economic Forum)에서 공표된 이 선언서에서 발로우는 "우리가 세우려고 하는 전 지구적 사회공간은 우리를 강제하려고 하는 독재[정부]로부터 독립된 공간"5)임을 선언했다. 기술이 권위주의적 지배에 도전하는 잠재력을 가지고 있다는 신념은 동유럽 공산주의의 몰락에 대한 독특한 해석으로부터 나왔다. 전자정보의 흐름을 통제하지 못한 구소련의 무능력이 동유럽 공산주의 소멸의 핵심 요인이었다는 것이다. 로널드 레이건의 1989년 연설은 컴퓨터를 이용한 커뮤니케이션의 민주적 잠재력에 대한 전형적인 초기 정서를 보여주고 있다. 인터넷 확산이 점차 커뮤니케이션, 문화, 자본의 전 지구화를 촉진함에 따라 (민주주의를 포함한) 모든 좋은 가치들이 함께 발전해 나갈 것을 확신하는 사람들은 분명한 희망을 갖게 되었다.

물론 이러한 사회적 통념과 관련된 사례가 전혀 없는 것은 아니지만 이런 관점은 여러 가지 문제점을 안고 있다. 우선, 인터넷의 정치적 특성을 인터넷 기술의 특수한 이용보다는 인터넷 자체의 속성에서 찾는다. 그러나 인터넷은 컴퓨터들(또는 정보교환을 위해 컴퓨터들을 승인해 주는 일련의

3_ Wriston, "Bits, Bytes, and Diplomacy" ; Wright, "Gaining Freedom by Modem."

4_ Barlow, "Declaration."

5_ http://www.eff.org/~barlow/Declaration-Final.html 참조.

프로토콜) 간의 관계일 뿐, 이용자인 인간과 떨어져서는 어떠한 영향도 미칠 수 없다. 사회적 통념은 기술의 이용을 통해 정치적 결과가 산출되는 방식이 무엇인지를 분명하게 밝히지 않는 일종의 '블랙박스'(black box)와도 같은 주장을 하는 경향도 보인다. 이러한 주장에 동조하는 사람들은 인터넷이 권위주의 체제의 몰락을 이끈다고 보지만 이것이 발생하는 메커니즘에 대해서는 자세하게 설명하려 하지 않는다. 대신에 사회적으로 통념화된 이러한 대중적 가설들은 종종 일회적 사건들을 통해 관찰된 일화적(anecdotal) 증거들을 토대로 하며, 주로 인터넷을 통한 정치적 저항에 국한해서 수집된 사례들을 인용하고 있다. 그 결과 특정 국가에서 인터넷이 운용되는 국가적 맥락에 대한 충분한 고려 없이 인터넷 기술의 정치적 효과에 대한 주장이 만들어지게 되는 것이다. 따라서 이러한 주장은 인터넷이 오히려 권위주의적 지배를 강화할 수도 있으며, 정치적 도전을 위해 이용될 수 있다는 점을 간과하게 된다. 마지막으로, 사회적 통념은 인터넷이 전 세계적으로 확산되면서 인터넷 등장 초기에 형성된 가정, 즉 인터넷은 통제를 어렵게 하는 특성을 가지고 있다고 가정한다.

이 연구에서 우리는 사회적 통념의 함정을 피하는 접근방법을 채택하면서 권위주의 체제에서 인터넷의 영향을 비판적으로 검토하려고 한다. 제일 먼저 우리 연구는 어떻게 인터넷이 광범위한 정치적·경제적·사회적 행위자들에 의해 채택되는지를 포괄적으로 조망하는 가운데 이들의 인터넷 이용을 분석하는 데 목적을 두고 있다. 블랙박스와도 같은 무분별한 설명을 피하기 위해 우리는 이러한 형태의 인터넷 이용이 정치적 영향과 결부되는 인과적 메커니즘을 검토한다. 우리는 또 다양한 권위주의 체제들을 사례로 하여 이들의 국가적 맥락 속에서 인터넷 이용의 잠재적 효과를 분석한다. 이러한 접근방법은 단편적인 일화적 증거를 가지고 부적절한 일반화를 꾀하는 문제로부터 벗어날 수 있게 해줄 것이다. 마지막으로, 우리는 정부가 인터넷 도입 당시부터 통제를 강화해 온 국가에서는 인터넷이 본질적으로 정부 통제로부터 자유롭지 않다고 생각한다. 로렌스 레식(Lawrence Lessig)의 설득력 있는 주장처럼 정부(민주적 정부이든 권위주의적 정부이든)는 인터넷의 기본 코드를 통제하고 그것이 운용되는 법률적 환경을 형성함으로써 인터넷을 거의 확실하게 통제할 수 있기 때문이다.[6]

　　우리는 중국, 쿠바, 싱가포르, 베트남, 버마, 아랍에미레이트(United Arab Emirates, 이하 UAE), 사우디아라비아, 이집트 등 8개국 사례를 통해서 얻은 증거에 대한 체계적 검토를 토대로 인터넷이 반드시 권위주의 체제에 대해 위협을 가하는 것은 아니라고 주장한다. 특정한 방식의 인터넷 이용은 실제로 권위주의 정부에 대한 정치적 도전을 야기할 수 있으며, 그러한 인터넷 이용은 미래의 정치적 변화에도 기여할 수 있을 것이다. 그러나 이와는 다른 형태의 인터넷 이용은 권위주의적 지배를 오히려 강화하며, 많은 권위주의 체제들은 정부가 규정하는 이익에 도전하기보다는 그에 봉사하는 인터넷의 발전을 적극적으로 추진하고 있다. 물론 우리는 인터넷이 권위주의 체제를 약화시키는 데 도움이 되지 않을 것이라는 점을 증명하려는 것은 아니다. 또한 인터넷이 단지 억압적인 정부의 수단이라고 주장하지도 않는다. 그보다 우리는 제한된 증거를 가지고 방법론적으로 사고할 수 있는 분석의 틀을 제시하고, 단기적·중기적으로 이러한 증거가 시사하는 바가 무엇인지를 고찰하고자 한다. 권위주의 체제에서 인터넷이 지금보다 훨씬 더 발전하고 앞으로 보다 많은 증

6_　Lessig, *Code*.

거들이 축적될 때, 우리는 이러한 분석틀이 보다 장기적인 정치적 영향
을 평가하는 데 유용하게 이용될 수 있기를 기대한다.

1. 기존 연구들

인터넷의 민주적 효과에 관한 대중적 인식이 널리 확산되었음에
도 학계에서는 이 문제에 대해 거의 관심을 기울이지 않았다. 민주화에
관한 기존의 학술연구들 대부분은 인터넷 또는 그보다 훨씬 먼저 등장한
정보통신기술(information and communication technologies : ICTs)의 역할에 대해
서도 별로 관심을 기울이지 않았다. 1950년대와 1960년대 근대화 이론
가들은 정치적·경제적 발전을 촉진하는 매스미디어의 역할에 관심을
가졌지만, 일반적으로 최근 연구들에서는 인터넷과 ICTs이 거의 주목을
받지 못하고 있다.[7] 여러 민주화 연구자들은 권위주의적 지배에 미치는
ICTs의 영향에 대해 주로 동유럽 민주화 과정에서 나타난 텔레비전의 역
할을 '민주화 효과'로 간략하게 언급하는 데 그칠 뿐이다.[8] 미디어와 민
주주의 또는 민주화의 문제를 보다 중점적으로 다룬 몇몇 연구들(거의가 특
정 지역을 대상으로 한 연구이기는 하지만)이 있지만,[9] 인터넷 및 관련 기술들의 잠

7_ Lerner, *The Passing of Traditional Society* ; Lipset, *Political Man* ; Pye, *Communications and Political Development* 참조.

8_ Huntington, *The Third Wave*, pp. 101–102 ; Diamond, "The Globalization of Democracy" ; Schmitter, "The Influence of the International Context" ; Linz and Stepan, *Problems of Democratic Transition*, p. 76 참조.

재적 역할을 고려한 민주화 연구들은 거의 없다. 다니엘 린치(Daniel Lynch)가 주장하듯이 "민주적 이행에 관한 기존 연구들은 통신(telecommunications) 문제에 관해 침묵하고 있다."[10]

한편, 선진 산업 민주주의 국가에서 인터넷의 정치적 역할을 검토하는 연구들은 점차 많아지고 있다. 이에 관한 많은 연구들은 정당 간 경쟁에서의 인터넷 이용, 온라인 투표와 '직접 민주주의'를 위한 인터넷의 잠재력, 그리고 정치적 행동주의(political activism)를 위한 인터넷 이용과 같은 문제들에 관심을 갖고 있다.[11] 그리고 가상공동체(virtual communities)가 민주주의를 촉진하고 강화하는 방식으로 시민관여(civic engagement)에 기여하는지 아니면 사회적 파편화를 유발하고 결사체 생활을 약화시키는지와 같은 온라인 사회적 자본(online social capital)의 문제와 관련된 또 다른 일련의 연구들이 수행되고 있다.[12] 온라인 프라이버시, 지적 소유

9_ Carey, "Mass Media and Democracy" ; Fox, *Media and Politics in Latin America* ; Lawson, *Building the Fourth Estate* ; Lee, *Voices of China* ; Lichtenberg, *Democracy and the Mass Media* ; Lynch, *After the Propaganda State* ; Randall, "The Media and Democratisation" ; Skidmore, *Television, Politics, and Transition* ; Zhao, *Media, Market, and Democracy in China* 참조.

10_ Lynch, *After the Propaganda State*, p. 227. 물론 린치(Lynch)의 연구는 Ferdinand의 *Internet, Democracy, and Democratization*와 Simon, Corrales, and Wolfensberger의 *Democracy and the Internet*과 마찬가지로 기존 연구들과 차별화되는 중요한 예외적 연구이다.

11_ Bimber, "The Internet and Political Transformation" ; Budge, *The New Challenge of Direct Democracy* ; Coleman, "Can the New Media Invigorate Democracies?" ; Davis, *The Web of Politics* ; Hague and Loader, *Digital Democracy* ; Grossman, *The Electronic Commonwealth* ; Norris, *A Virtuous Circle* ; Rash, *Politics on the Nets* ; Schwartz, *Netactivism* ; Tsagarouisanou, Tambini, and Bryan, *Cyberdemocracy* 참조.

12_ Blanchard and Horan, "Virtual Communities" ; Glogoff, "Virtual Connec-

권, 전자상거래, 인터넷 과세(taxation), 경쟁정책과 같은 문제들을 둘러싼 새로운 정책과제와 정치적 논쟁에도 많은 학자들이 참여하고 있다.[13] 이러한 경향의 선행연구들은 선진 산업 민주주의 국가들의 정치에서 점점 더 중요해지고 있는 문제들을 탐색하고 있다. 인터넷 이용이 개발도상에 있는 신생 민주주의 국가들에서 점차 일반화되면서 이런 국가들에서도 이와 같은 문제가 중요해질 것이다. 그러나 선행연구들에서 발전된 아이디어들은 권위주의 체제의 정치적 역학관계(dynamics)와는 관련성이 그리 많지 않다.

조금 더 광범위한 비교연구들은 권위주의 체제의 인터넷 문제를 검토함으로써 기존 학술연구의 공백을 메우기 시작했다. 이러한 경향의 여러 연구들 중에는 민주주의와 인터넷 확산의 관계를 통계적으로 분석한 연구들이 있지만 어떤 연구도 두 요인 간의 설득력 있는 인과관계를 밝혀내지는 못했다.[14] 더욱이 그런 연구들을 위해서 필요한 일관성과 신

tions"; Katz, "The Digital Citizen"; Nie and Erbring, *Internet and Society*; Putnam, *Bowling Alone*, chap. 9; Rich, "American Voluntarism"; Uslaner, "Social Capital and the Net"; Wellman and Gulia, "Virtual Communities" 참조.

13_ 인터넷 정책 이슈에 관해서는 수많은 선행연구들이 있다. 예를 들면, Bar et al., "Access and Innovation Policy"; Benkler, "Free as Air"; Drake, *The New Information Infrastructure*; Lemley and Lessig, "The End of End-to-End"; Lessig, *Laws of Cyberspace*; Lessig, *The Future of Ideas*; Marsden, *Regulating the Global Information Society*; Speta, "Handicapping the Race"; Swire and Litan, *None of Your Business* 등을 참조.

14_ 크리스토퍼 케지(Christopher Kedzie)는 144개국을 대상으로 한 연구에서 이메일 네트워크에 대한 접근과 (시민적 자유와 정치적 자유에 대한 프리덤하우스의 점수에 의해 측정된) 민주주의 수준 간에 통계적으로 유의미한 관계를 발견했다. 그러나 그가 이 연구에서 사용한 데이터는 개발

뢰성을 갖춘 데이터를 손에 넣기는 더욱 어렵다. 여러 권위주의 체제들을 포함하여 다양한 개발도상국의 인터넷에 관한 비교 사례연구가 몇몇 중요한 연구들을 통해 시도되고 있다.[15] 그런 연구들은 개발도상국에서 인터넷 확산의 (정치적 또는 기타의) 결정요인들을 검토하는 귀중한 연구들이지만 인터넷 이용의 정치적 영향에 관한 문제에 대해서는 별로 관심을 기울이지 않고 있다. 휴먼라이츠와치(Human Rights Watch), 프리덤하우스(Freedom House), 국경 없는 기자회(Reporters sans Frontieres)가 수행한 국가 간 비교연구들은 권위주의 체제가 인터넷에 가하는 다양한 제한 요인들을 검토했지만, 마찬가지로 이들 연구도 인터넷의 정치적 영향에 대한 비교분석은 거의 시도하지 않았다.[16]

도상국에서 인터넷이 사용되기 전인 1993년까지의 데이터이다. 피파 노리스(Pippa Norris)는 179개국을 대상으로 한 최근 연구에서 프리덤하우스의 점수와 인구당 인터넷 이용자 수 간에 통계적으로 유의미한 관계를 발견했지만 경제발전을 통제할 경우에 그 효과는 나타나지 않았다. 힐과 휴즈(Hill and Hughes)는 권위주의 국가들의 뉴스 그룹 토론방(예컨대, soc.culture.cuba)에 게시된 정치적 콘텐츠를 분석했지만, 해당 국가 내부에서 게시한 정치적 콘텐츠는 극소수였기 때문에 민주적 영향에 대한 그들의 예측은 문제가 있는 것으로 보인다. 더 나아가 민주주의와 인터넷 확산 간의 인과관계의 방향은 논쟁적인 문제로 남아 있다. 케지는 이메일에 대한 접근이 민주화의 원인이라고 주장하지만 노리스는 그 관계를 뒤집어 민주주의가 인터넷 확산의 결정요인이라고 가정한다. 케지도 인정하고 있듯이 우리는 결론적으로 비실험적 데이터를 가지고 인과관계의 성격을 결정할 수는 없다. Kedzie, *Communication and Democracy* ; Norris, *Digital Divide* ; Hill and Hughes, "Is the Internet an Instrument of Global Democratization?" 참조.

15_ Franda, *Launching into Cyberspace* ; Wilson, *The Information Revolution* 참조. 모자이크 그룹(Mosaic Group)의 다양한 연구들은 다음 사이트를 참조. http://www.mosaic.unomaha.edu/gdi.html.

16_ Goldstein, *The Internet in the Mideast and North Africa* ; Reporters sans Fron-

마지막으로, 많은 개별 사례연구들과 새로운 보고서들이 전 세계 권위주의 체제의 인터넷 이용을 검토했다. 이러한 연구들 중 중요한 일부 연구들은 균형잡힌 풍부한 정보에 기초하고 있으며, 이 책에서 우리가 시도하는 비교연구를 위한 중요한 근거들을 제공하고 있다.[17] 그러나 훨씬 더 많은 연구들이 직관에 근거하고 일화적 증거들에 의존하면서 사회적 통념의 함정에서 헤어나지 못하고 있다.

우리는 권위주의 체제에서 인터넷 이용의 영향에 관한 체계적인 지역 간 비교연구를 수행함으로써 기존 연구경향에 존재하는 간극을 메울 것이다. 이것 자체만을 가지고 학문적 연구라고 할 수는 없지만, 우리는 권위주의 체제에서 인터넷에 대한 정책 담론뿐만 아니라 학문적 논쟁에도 기여하고자 한다.

2. 분석틀

본 연구의 분석틀은 포괄적인 인터넷 이용을 검토한 후 인터넷 이용이 정치적 영향을 만들어내는 방식을 설명하고, 그러한 영향들을 각

---

tieres and Transfert.net, *Enemies of the Internet* ; Sussman, *The Internet in Flux* 참조.

17_ 이 책에서 검토된 사례들에 관한 선행연구들(뒤에서 인용하고 있음)뿐만 아니라 다음의 개별 사례연구들도 여기서 언급될 만한 가치 있는 연구들이다. Hill and Sen, "The Internet in Indonesia's New Democracy" ; Rohozinski, "Mapping Russian Cyberspace."

국의 국가적 맥락 속에 위치시키기 위한 청사진을 제시한다. 각각의 사례연구에서 인터넷 이용은 몇 개의 범주로 구분된다. 그러나 많은 사례들로부터 얻은 증거를, 예를 들면 전자상거래의 영향에 관한 일반적 논의와는 구분할 것이다. 그러한 접근방법은 특정한 방식의 인터넷 이용에 국한된 사례들이라는 맥락에서 벗어나지 않도록 해주고, 또 각 사례들이 갖는 독특한 주장을 유지할 수 있을 뿐만 아니라 본 연구의 일반적 주장도 지지할 수 있게 해줄 것이다.

　　우리는 인터넷 이용에 영향을 미치는 중요한 요인으로 국가의 인터넷 정책을 고려한다. 분명히 권위주의 체제에서 국가의 역할은 광범위하며, 미디어나 ICTs과 관련된 광범위한 국가의 역할은 많은 사례들에서 보다 분명하게 나타난다. 권위주의 국가들의 초기 인터넷 실험은 보통 과학이나 학술 분야에서 이루어진다. 그러나 중앙정부는 일반적으로 실험적인 수준을 넘어 인터넷을 발전시키는 주요한 행위자가 된다. 선진 민주주의 국가의 정부들처럼 많은 권위주의 국가의 정부들은 IT 발전계획을 수립하고 특수한 인터넷 거버넌스 위원회를 창설하거나 인터넷 발전을 보다 효과적으로 유도할 수 있도록 관료체제를 개편한다. 더 나아가 국가의 인터넷 정책과 거버넌스 구조는 대체로 매스미디어와 전통적인 통신에 대한 과거 규제체제의 부산물이며, 이러한 역사적 근원에 대한 고려는 현재의 인터넷 정책을 이해하는 데 중요한 의미를 갖는다. 어떤 국가(그리고 국가의 역할이 특히 더 강력한)에서나 국가정책은 인터넷이 실질적으로 이용되는 수많은 방식에 중요한 영향을 미친다.[18]

18_　특정 국가에서 인터넷 이용에 영향을 미치는 또 다른 요인은 인터넷 확산의 국제 정치경제적 요인이다. 국제적 요인들은, 예를 들면 중동보다

더 나아가 어떤 국가에서 인터넷의 정치적 영향을 평가할 경우, 우리는 그 영향이 발생하는 국가적 맥락을 고려해야 한다. 이런 이유 때문에 우리는 다음과 같은 요인들을 고려하면서 각국의 기본적인 정치적·경제적·사회적 역동성(dynamics)을 조사한다. 이런 조사에서 고려되는 요인들로는 권위주의 체제의 강점, 권위주의 체제 안정성의 주요 근원, 경제체제의 성격과 경제성장에서 국가의 역할, 정치적 반대세력들의 존재 여부와 그들의 영향력, 한 국가의 인구학적 특성, 그리고 국내정치에서 외교관계와 지역적 중요성 등이다. 주의를 기울이면 이러한 맥락적 요인들만 가지고도 각 사례에서 인터넷 이용의 실질적인 정치적 영향에 대한 분석을 진행할 수 있다.

각국에서 나타나는 인터넷의 영향에 대한 광범위하고 균형적인 설명을 하기 위해 우리는 네 가지의 포괄적인 범주, 즉 시민사회, 정치와 국가, 경제, 그리고 국제적 영역에서의 인터넷 이용을 검토한다. 각 범주에서 우리는 권위주의적 지배에서만 나타나는 특수한 인터넷의 영향이란 없으며, 인터넷 이용이 도전받게 될지 아니면 강화될지의 문제에서 그 균형이 어느 한쪽으로 기울 수도 있지만 상호 간에 조화를 이룰 수도

아시아가 훨씬 더 큰 인터넷 대역폭(Internet bandwidth)을 갖고 있다는 것을 의미하며, 그러한 격차는 인터넷이 각 지역에서 어떻게 이용되는지에 대해 분명한 영향을 미칠 것이다. 앞으로 국제 정보격차 해소 정책은 대부분의 권위주의 체제들을 포함한 개발도상국들에서 인터넷 접근을 위한 중요한 문제가 될 것이다. 인터넷 확산과 인터넷 이용의 결정요인으로서 국제적 요인이 중요하기는 하지만 지면상의 이유로, 그리고 각국의 국가적 맥락에 초점을 맞추려는 본 연구의 특성상 본 연구에서는 그러한 요인들을 적극적으로 고려하지는 않을 것이다. 개발도상국과 관련된 국제적 요인들에 관한 이슈들을 개괄적으로 소개하는 연구로는 다음을 참조. Drake, *From the Global Digital Divide*.

있다고 가정한다.

시민사회

시민사회 영역에서의 인터넷 이용에는 대중과 시민사회단체들(ci-
vil society organizations : CSOs)의 인터넷 이용이 포함된다. 인터넷이 우리가
검토할 많은 사례들에서 나타나는 매스미디어와는 크게 다르다 하더라
도 공적인 인터넷 이용의 영향(그리고 그 영향이 어떻게 인터넷 접근의 증가로 진화할
것인지)을 분석하는 것은 여전히 중요한 과제이다. 예를 들면, 여기서 우리
는 인터넷 상의 정보에 대한 대중적 접근(public access)이 어떤 방식으로
공공영역의 점진적 자유화에 기여하는지를 고려한다.[19] 정부는 이런 문
제에 대처하기 위해 콘텐츠에 대한 훨씬 더 많은 국가통제를 가능케 하
는 국가 인트라넷 같은 폐쇄적인 시스템을 통해 컴퓨터 네트워킹을 연
결할 것이다. 인터넷에 대한 제한 없는 접근이 허용된다 하더라도, 대중
들의 인터넷 이용이 어떠한 정치적 영향을 미칠 것인지는 이용자들의 정
보 선택(예를 들면, 오락 대 국제 뉴스)에 의해 결정될 것이다. 이와 관련하여 우
리는 또한 온라인 대화방에서의 담론이 자유주의적이고 시민적인지, 민
족주의적이고 대외강경론적(jingoistic)인지, 체제 비판적이거나 체제 옹호
적인지, 또는 이러한 몇 가지 특성들의 조합인지 등에 주목하면서 그곳
에서의 공적인 참여를 고려한다.

19_ Lynch, *After the Propaganda State* ; Taubman, "A Not−So World Wide Web"
참조.

시민사회단체들에 의한 인터넷 이용을 검토함에 있어 우리는 적어도 국가로부터 반자율적으로(semi-autonomously) 운영되는 공공영역의 조직들에 주목하여 느슨한 '시민사회' 개념을 채택한다. 그렇다고 시민사회단체들이 공공정책 문제들을 대상으로 취하는 활동이나 입장이 국가의 영향력으로부터 완전히 자유롭다는 것을 의미하지는 않는다. 또한 우리는 문제의 국가들에서 활발한 시민사회가 존재한다고 가정하지 않으며, 실제로도 우리가 살펴볼 대부분의 국가에서 활발한 시민사회는 존재하지 않는다. 우리는 어떻게 시민사회의 주요 조직들이 활동을 조정하고 다른 시민사회단체들과 네트워크하며, 국내외 대중들과 커뮤니케이션하기 위해 인터넷을 활용하는지를 고려하는 가운데 그런 조직들의 인터넷 이용을 검토한다. 우리는 시민사회단체들이 체제를 반대할 수 있을 뿐만 아니라 지지할 수도 있고, 또 그들이 본질적으로 중립적인 정치적 입장을 취할 수도 있다는 점을 주목한다. 더 나아가 인터넷 이용은 실질적으로 시민사회단체들의 정치적 영향의 차이를 만들지 않을 수도 있다. 우리는 집단 차원의, 그리고 개인으로서의 정치적 반대자들의 인터넷 이용도 시민사회 범주에 포함시킨다.

정치와 국가

이 범주에서 우리는 정당과 정부의 인터넷 이용을 검토한다. 우리가 분석하는 대부분의 사례 국가에서 합법적인 야당은 존재하지 않는다. 우리는 정당활동에서 전략적 협조(logistic coordination)를 위한 웹과 이메일 이용뿐만 아니라 투표자들과의 커뮤니케이션을 위한 웹사이트 이용도 고려한다. 훨씬 더 공통성을 보이는 것은 인터넷 이용 현황이며, 이는 전자정부와 선전(propaganda)이라는 두 개의 주요 범주로 구분할 수 있다. 많은 사례들에서 전자정부 수단은 시민 서비스를 효과적으로 제공하기 위한 국가 능력을 증진시키고, 따라서 정부에 대한 시민 만족도를 증진시키기 때문에 체제의 편익을 위해 활용되는 것으로 보인다. 전자정부는 또한 투명성을 증진시켜 부패를 폭로할 수 있다. (특히 만약 부패가 만연해 있다면) 이것이 체제에 대한 정통성의 위기를 촉발시킬 수도 있지만, 정직한 중앙정부가 역사적으로 지속되어 온 부패를 근절시키고 있는 것으로 보여진다면 오히려 체제의 정통성을 강화할 수도 있다. 선전을 위한 국가의 인터넷 이용은 주로 국내외의 일반인들을 대상으로 하며, 이것은 체제의 편익에 기여할 것으로 보인다.

경제

경제영역에서 우리는 국내 기업들의 인터넷 이용, 국가의 인터넷 주도적 경제발전 촉진, 그리고 인터넷 산업에 대한 외국인 투자 문제 등을 고려한다. 인터넷은 독립적인 민간 부문을 고무시키거나 새로운 국내 경제 엘리트의 출현을 가능케 함으로써 개발도상국의 기업가들에게 중요한 기회를 제공할 수 있다. 우리의 사례들과 관련하여 이러한 기업가 집단들의 정치적 선호와 정치적 영향력은 체제의 권력에 호의적일 수도 있지만 때로는 적대적일 수도 있다. 일반적으로 인터넷 주도적 경제발전에 대한 국가의 촉진은 다양한 차이를 보인다. 정부에 의한 인터넷 이용 촉진이 경제발전을 가져오는 데 도움을 줄 경우, 국민적 만족도를 증진시킴으로써 체제에 편익을 가져다 줄 수 있다. 특정 핵심 산업에서 인터넷 발전을 촉진하는 것은 국가의 달러(hard currency) 수입을 높이거나 경제적 다양화에 기여할 수 있으며, 이 모두는 체제의 안정성을 개선할 것으로 보인다. 그러나 결국에 가서는 인터넷 주도적 경제발전에 따른 중산층의 대두가 권위주의적 지배에 대한 도전을 야기할 수도 있다. 마지막으로, 한 국가의 인터넷 산업에 대한 외국인 투자의 역동성은 정치개혁에 대한 압력으로 작용할 수 있으며, 투자자들과 권위주의 정부와의 협력을 가져올 수도 있다.

국제적 영역

국제적 영역은 체제의 직접적인 권한 밖에 존재하지만 여전히 체제의 정치적 안정성과 관련되는 인터넷 이용을 포함한다. 이 범주의 주요 구성요소는 문제의 국가에 관한 정치적 의제들을 추진하는 초국가적 지지(advocacy) 네트워크들의 인터넷 이용이다.[20] 그러한 지지 네트워크들은 일반적으로 (소비자, 기업, 외국 정부, 국제기구 같은) 다른 행위자들의 행동에 영향을 미치며, 그들 노력의 성공 여부는 부분적으로 비기술적 요인들에 달려 있다. 국내 시민사회단체들과 마찬가지로 초국가적 지지 네트워크는 문제의 체제에 대해 반드시 반대하는 것은 아니며, 특유의 방식으로 그 체제를 지지하는 경우도 있다. 우리는 초국가적 지지 네트워크뿐만 아니라 디아스포라들(diasporas)의 인터넷 이용도 고려한다.[21] (인터넷

20_   Keck and Sikkink, Activists beyond Borders 참조.

대화방에서의 내국인들의 참여와 마찬가지로) 여기서 우리는 그 온라인 담론의 성격과 잠재적인 정치적 영향을 검토한다.

3. 사례 선택

우리는 인터넷 이용이 권위주의적 지배에 어떤 영향을 미치는지를 조사하는 데 목적을 두고 있다. 따라서 우리가 검토할 대부분의 사례는 국가 지도자가 국민들에 의해 선출되지 않으며 합법적인 야당도 존재하지 않는 권위주의 체제들이다. 선거와 합법적인 야당이 존재하지만 선거가 형식적으로 치러지고, 통치가 조작되거나 권력이 과도하게 행사되어서 공직 선출을 위한 어떠한 실질적인 경쟁도 존재하지 않을 때, 그러한 정치체제를 준권위주의적(semi-authoritarian)이라고 할 수 있다.[22] 본 연구의 사례들 중에는 두 개의 준권위주의 체제가 포함되는데, 이 사례들은 부분적으로 체제유형의 편차(variation) 때문에, 그리고 해당 지역에서 나타나는 인터넷 발전의 주요한 사례이기 때문에 연구사례로 선정했다.

본 연구의 분석을 위한 틀은 중국과 쿠바의 사례를 중심으로 구축되었고, 이 사례들은 2장과 3장에 각각 제시되었다. 이런 사례들에 관한 분석은 국내 인터뷰, 2차 문헌, 그리고 법률, 인터넷 발전계획, 대화방

21_ 디아스포라는 정치적 망명보다 더 광범위한 범주이다. 정치적 망명자들은 초국가적 지지 네트워크에서 활동할 수도 있지만 일반적으로 모국의 정치적 담론에는 별로 개입하지 않는 것으로 보인다.

22_ Olcott and Ottaway, "The Challenge of Semi-Authoritarianism" 참조.

담론 내용 같은 온라인 자료 조사 등의 조합을 토대로 했다. 우리는 중심적인 사례연구로서 중국과 쿠바를 선택했는데, 이는 부분적으로는 이들 사례에 대한 우리의 개인적인 지식과 그것들을 분석했던 경험이 작용했기 때문이다.[23)]

필자들의 선행연구를 확대하는 것이 실질적인 이점을 제공한다는 측면도 있지만, 중국과 쿠바는 인터넷 이용의 정치적 효과를 매우 다르게 관리하는 권위주의 체제의 상이한 두 유형을 대표한다. 이런 점에서 중국과 쿠바는 본 연구를 위한 분석의 뼈대를 구성하기 위한 사례로서 유용하다고 할 수 있다. 중국은 영토와 인구 양면에서 거대 국가이며, 급속하게 경제가 성장하고 있고, 세계 각국들과의 유대도 점차 강화하고 있다. 쿠바는 이보다 훨씬 작은 국가이며 경제적 역동성도 약하고 부분적으로는 체제 자체의 선택에 의해, 그리고 부분적으로는 미국의 경제봉쇄 조치 때문에 글로벌 경제에의 편입 정도도 미약하다. 중국과 쿠바 모두 공산주의 역사를 공유하며 엄격한 권위주의 정치체제를 유지하고는 있지만, 중국은 경제적 자유화와 시장경제 발전에 노력하고 있는 반면, 쿠바는 중국이 포기한 사회주의를 여전히 고수하고 있다. 중국의 인터넷에 대한 접근방식은 급속한 시장주도적 기술 확산을 촉진하고 있지만, 다른 한편으로는 인터넷 콘텐츠에 대한 필터링(filtering), 모니터링(monitoring), 억제(deterrence) 등을 통해, 그리고 자기검열(self-censorship)을 촉진함

23_   이들 사례에 관한 필자들의 선행연구로는 다음과 같은 것들이 있다. Boas, "www.cubalibre.cu? The Internet and Its Prospects"; Boas, "The Dictator's Dilemma?"; Drake, Kalathil, and Boas, "Dictatorships in the Digital Age"; Kalathil and Boas, "The Internet and State Control"; Kalathil, "Chinese Media"; Kalathil, "Community and Communalism."

으로써 인터넷 이용을 통제하고 있다. 반면, 쿠바는 기술을 제한된 자원으로 보고 중앙집중적으로 배분하면서 인터넷 발전을 위한 시장주도적 모델을 회피하고 대중들의 인터넷 접근을 치밀하게 통제하고 있다.

4장과 5장에서 우리는 6개의 다른 사례들, 즉 싱가포르, 베트남, 버마, 아랍에미레이트연합(UAE), 사우디아라비아, 이집트 등을 검토하며, 이 사례들을 분석하기 위해 중국과 쿠바를 분석하기 위해 사용했던 틀을 확대 적용했다. 이러한 사례들에 대한 분석은 인터넷 상에서 이용 가능한 2차 문헌과 국가별 자료들에 기초했다. 우리는 선택된 이들 사례에 대해 지역적 접근방법(regional approach)을 취하고 있으며, 동남아시아, 아시아, 중동에서 각각 3개국을 선정했다. 이러한 접근방법에 따라 별개의 장에서 각 지역 사례들을 제시하고 있지만 하나의 전체로서 지역을 일반화하려고 하지는 않는다. 중동과 아시아의 인터넷 연구는 이미 너무나 많다. 그러나 그런 연구들은 각 지역 내에 존재하는 편차를 감안하지 않거나 개별 국가들의 국가적 맥락을 인정하지 않고 있다.

오히려 지역적 접근방법에 따른 사례 선택은 실용적이고 실질적인 이유 때문에 이점이 있다. 이러한 사례들을 연구하는 데 의존하고 있는 권위주의 체제의 인터넷에 관한 많은 2차 문헌들은 지역적으로 편성된다. 뿐만 아니라 (ASEAN과 같은) 지역 국제기구들과 지역 특수적인 정치 지리학적 문제들은 각국에서 인터넷 규제와 기술의 영향에 대한 정부의 접근방법을 중요한 문제로 부각시켰다. 특정 지역에 대한 우리의 선택은 데이터의 이용 가능성과 인터넷 확산 및 이용 정도로부터 영향을 받았다. 권위주의 체제들이 집중되어 있는 또 다른 지역으로 아프리카와 중앙아시아가 있으며, 일반적으로 그런 지역들은 인터넷 발전이 취약한 편이고, 이런 지역들을 대상으로 한 2차 문헌도 많지 않다. 앞으로 더 많은 데이터가 이용 가능하게 된다면 우리는 다른 연구자들이 아프리카, 중앙아시아, 그 이외 지역 사례들을 검토할 수 있었으면 하는 바람을 가지고 있다.

우리는 국가 규모, 부(wealth), 경제체제, 그리고 인터넷을 다루는 접근방법 등에서의 차이를 보여주기 위해 각 지역 내의 사례들을 선택했다. 이런 측면에서 동남아시아 사례로 선정된 국가들은 상당히 다양하다. 준권위주의 체제인 싱가포르는 작지만 아주 부유하고 세계 경제와 긴밀하게 연계되어 있다. 싱가포르는 많은 다른 권위주의 (그리고 일부 민주주의) 국가들이 모방하려고 하는 인터넷 발전의 선두주자이다. 공산주의의 역사를 갖고 있는 베트남은 싱가포르보다 훨씬 더 가난하고 더 권위주의적인 나라이며, 서구와는 상극적인 관계를 갖고 있는 국가이다. 그러나 베트남 국민은 젊고 문자해득률도 높으며, 베트남 정부는 발전을 위한 지렛대로서 ICTs에 대해 높은 관심을 갖고 있다. 버마는 엄격한 군부체제에 의해 통치되고 있으며, 가난하고 경기는 침체되어 있으며 동남아 지역의 다른 어떤 국가들보다 더 고립되어 있다. 버마는 인터넷에 대해 가장 껄끄러워 하는 입장을 취하고 있으며, 지금까지 기술 확산은 거의 이루어지지 않았다.

중동지역 사례들에서도 유사한 차이가 있다. UAE는 여러 면에서 싱가포르와 비교될 수 있다. 즉 UAE는 지역금융센터의 기능을 하는 작고 부유한 국가로서 세계 경제와 광범위한 유대를 가지고 있으며, 열정적으로 ICT의 발전을 촉진하고 있다. 석유는 UAE 경제에 매우 중요하며, 다양한 국적의 외국인들로 구성된 국민은 독특한 정치적 역동성을 만들어낸다. 사우디아라비아는 국가 규모는 크지만 전통적 군주제에 의해 통치되는 인구밀도가 낮은 국가이다. 광대한 석유 부국의 정치적 결과와 군주체제 하에서의 이슬람의 강력한 영향력은 인터넷의 영향을 매개하는 중요한 요인들로 작용한다. 사우디아라비아는 지금까지 인터넷 발전에 대해 신중한 접근방법을 채택해 왔다. 이집트는 규모가 크고 인구도 많지만 준권위주의 체제에 의해 통치되는 가난한 국가로 공식적으로는 세속적인 국가이지만 이슬람은 이집트 정치에서 중요한 요인이다. 이집트는 인터넷에 대한 어떤 현실적인 제약도 두지 않는다는 점에서 우리 연구사례들 중에서도 독특한 사례이다.

현행 권위주의 체제들에 초점을 맞춘다는 것은 우리가 특정한 방식의 인터넷 이용이 정치적 도전을 촉진할 수도 있다는, 이미 알려진 역사적 사례들을 선택하지 않았다는 것을 의미한다. 예를 들면, 우리는 1991년 소련 쿠데타 당시의 이메일 이용, 1994년 멕시코의 싸빠띠스타(Zapatista) 봉기 지지자들에 의한 인터넷 이용, 또는 1998년 인도네시아 수하르토 체제를 붕괴시키는 시위를 주도한 학생들의 이메일 이용과 같은 사례들은 채택하지 않았다. 분석가들이 각각의 사례에서 인터넷 이용과 그 결과로 인한 정치적 변화 간의 직접적인 인과적 연계를 도출하는 데 어려움을 토로하고는 있지만,[24] 이러한 사례들은 인터넷이 권위주의 체제에 위협을 가하는 일화적 증거로 자주 제시된다. 우리는 두 가지 이유 때문에 이러한, 그리고 이와 유사한 사례들의 선택을 피했다. 즉 우리는 일화에 기반한 사례들을 선택하는 것을 경계했으며, 과거의 민주적 이행 사례들보다 현행 권위주의 체제들에 초점을 맞추려고 했기 때문이다.

24_ Hill and Sen, "The Internet in Indonesia's New Democracy" ; Rohozinski, "Mapping Russian Cyberspace" ; Arquilla and Ronfeldt, "Emergence and Influence" 참조.

우리가 선택한 사례들에 대해 보다 역사적인 접근방법을 채택했다면 이들 각국에서 나타나는 인터넷 이용의 모든 영역을 검토할 수 없었을 것이다. 인터넷은 개발도상국에서는 새로운 현상이며, 문제가 된 사건이 발생했던 당시 인도네시아, 멕시코, 소련에서 인터넷은 초기 기술이었다.

인터넷이 권위주의 체제에 미치는 영향에 관한 문제는 개발도상국 정치에서 ICT 이용이라는 보다 큰 문제의 한 부분이다. 따라서 우리는 브라질의 열대 다우림(多雨林)에 관한 환경적 행동주의를 위한 인터넷 이용이나 2001년 1월 에스트라다 정부 몰락 이전의 필리핀 정치시위를 조정하기 위한 이동전화 문자 메시지의 이용과 같이 개발도상국 정치에서의 ICT 이용과 관련된 사례들은 다루지 않는다. 몇몇 분석가들은 인터넷 이용이 우리의 논의 대상이 아닌 신생의 또는 취약한 민주주의 국가들에서 더 큰 정치적 영향을 발휘할 수도 있다고 주장한다.[25] 그러나 우리는 본 연구에서 초점을 맞추는 우리의 보다 협소한 초점을 정당화하기에 충분할 만큼 권위주의 체제에서 인터넷에 관한 사회적 통념이 만연해 있다고 생각한다.

4. 정책적 함의

우리는 본 연구가 권위주의 체제에 미치는 인터넷의 영향에 관한 사회적 통념에 의문점을 제기하고 이 문제에 대한 체계적 사고를 위한

25_   Norris, *Digital Divide* ; Corrales, "Lessons from Latin America" 참조.

틀을 제공하게 되기를 희망한다. 사회적 통념은 높은 수준의 레토릭(rhe-toric)으로 사회에 만연해 있다. 분명히 민주주의연구소(National Democratic Institute : NDI)와 미국 국제개발처(United States Agency for International Develop-ment : USAID) 같은 조직들에서 민주주의의 촉진을 주장하는 사람들은 권위주의 체제의 몰락에 기여하는 요인에 대해 보다 현실주의적인 견해를 보인다. 사회적 통념은 정책이 형성되는 구조(gestalt)의 한 부분이 되지만, 인터넷의 정치적 효과에 대한 보다 나은 이해를 통해 보다 좋은 정책을 이끌어내야 한다. 권위주의적 지배에 대한 인터넷의 불가피한 도전에 대한 신념에 따르면, 정책결정자들이 단순히 자유무역을 장려하고 기술발전을 촉진하기만 하면 그러한 행위들은 자연스럽게 긍정적인 정치적 결과로 연결될 수 있다는 것이다. 본 연구를 통해 우리는 그러한 사고가 지나치게 단순화된 것이라고 주장한다. 실제로 기술적 영역과 비기술적 영역 모두에서 민주주의를 촉진하기 위해 가장 중요한 것은 특정의 구체적인 행동이다.

그러므로 인터넷의 정치적 영향에 관한 사회적 통념에 의문점을 제기하는 것뿐만 아니라, 우리는 어떻게 다양한 인터넷 이용이 권위주의 체제에 영향을 미치는지에 대한 관심이 높아졌으면 한다. 권위주의 국가의 정책결정자들은 인터넷의 특수한 이용을 장려할 수 있다고 보며, 그렇기 때문에 그들은 그렇게 하려고 들 것이다. 그러나 우리는 권위주의 체제로부터 직접적인 변화를 요구하는 것이 항상 미국의 관심사는 아니었다고 생각한다. 캐서린 달피노(Catharin Dalpino)가 주장하듯이 권위주의 체제의 개방성은 그 자체만으로도 긍정적인 것이며, 점진적 자유화보다 급속한 변화를 주장하는 것이 오히려 더 많은 역효과를 불러올 수 있다.[26] 인터넷 이용이 단기적 · 중기적으로 권위주의 체제에 어떠한 도전도 제기하지 않는다고 하지만, 몇몇 형태의 인터넷 이용—투명성을 증진시키고 정부 부패를 감소시키는 전자정부 수단들—을 지원하는 것은 중요하다. 우리는 이 연구가 정책결정자들에게 미국과 기존 권위주의 체제 시민들의 주요 관심사인 인터넷이 정치적 변화를 지원하는 가장 적절한 방법이 무엇인지에 관해 다시 생각하는 계기가 될 것이다.

26_ Dalpino, *Deferring Democracy.*

2

중국의 **현대화**를 위한 정보화

중국에 인터넷이 뿌리내리는 경우를 상상해 보십시오. 그리고 자유가
어떻게 확산될지를 상상해 보십시오.

■■■ 조지 W. 부시, 1999년 12월 아리조나 피닉스에서의 연설 중에서

국제관계를 연구하는 학자들 대부분은 인터넷이 중국을 극적으
로 변화시킬 수 있는 잠재력을 갖고 있다는 주장에 대해 익히 잘 알고 있
을 것이다. 중국에서 1993년 인터넷이 개방된 이후 인터넷 이용은 폭발
적으로 증가했다. 가정과 직장에서 개인 컴퓨터를 이용해 인터넷을 이용
하는 인구가 수백만 명으로 증가하면서 인터넷 도메인과 웹사이트의 수
도 크게 늘었다. 주요 도시에서는 공산주의 이념보다 핸드폰과 소비주의

에 물든 젊은 세대들이 인터넷 카페를 점령하고 있다. 외국인 투자자들이 중국의 세계무역기구(World Trade Organization : WTO) 가입을 환영하는 동안 중국의 인터넷 기업들은 미국 증권시장에 상장을 모색하고 또 상장하고 있다. 베이징 시는 시민들의 민원을 시장에게 직접 이메일로 보낼 수 있는 웹사이트가 있다는 것을 자랑스럽게 내세운다. 이러한 전환기의 중국을 이끌어 가는 지도자 장쩌민은 "전 세계적인 국경 없는 정보공간"[1]을 열렬히 지지하는 연설을 하기도 했다.

하지만 이러한 미사여구의 이면에는 또 다른 현실이 존재한다. 중국의 정보공간은 개혁 시기 이전부터 내려오는 규제에 의해 제한을 받아왔다. 그러한 규제는 이미 수립된 5개년 계획에 따라 실행되고 또 갱신된다. 이른바 정보화된 엘리트(wired elite)가 증가하고 영향력을 얻게 됨에도 불구하고 온라인 상에서 반정부적 견해를 피력했다는 이유로 체포되는 사람들이 늘어가고 있고, 인터넷을 이용하여 정보를 확산시켰던 파룬궁 추종자들은 재교육 시설에 보내지고 있다. 한편, 수백만 명에 이르는 중국의 비도시지역 거주자들은 인터넷은 말할 것도 없고 전화도 부족한 형편에 놓여 있는 실정이다.

확실히 중국에서 인터넷의 정치적 영향력은 과대 포장되어 있고 현실의 상황은 훨씬 더 복잡하다. 이러한 현실 때문에 중국에서 인터넷의 정치적 영향력을 특정짓는 것은 쉬운 일이 아니다. 그럼에도 불구하고 많은 이들이 중국에서 인터넷의 정치적 영향력이 나타나고 있음을 입증하려고 노력해 왔다. 이들은 인터넷이 중국 정치체제에 강력한 위협

1_　"China Decides It's Internet Crazy," *Reuters*, August 21, 2000.

요인이며, 인터넷을 통해 쏟아져 나오는 금지된 이미지들과 사상들이 반세기 동안 유지되어 온 낡은 사고를 일소할 것이라고 주장해 왔다. 이에 반해 또 다른 이들은 인터넷이 중국 체제의 통치도구가 될 것이라고 전망한다. 이는 중국 정부가 민주주의를 지향하는 대중들보다 한발 앞서 더욱 더 강력한 모니터링과 감시기술을 사용할 것으로 보기 때문이다.

그러나 현실은 이러한 양 극단의 전망보다 훨씬 더 복잡하고 어렵다. 이는 일관성도 없고 때로는 의도하지 않은 결과를 가져오게 한 중국 정부의 모순적인 태도에 일정 부분 기인한다. 중국의 인터넷 이용자 또한 그 범위와 규모가 확장되어 감에 따라 규정짓기가 쉽지 않다. 이와 같은 복잡성의 원인 중에서 아마도 가장 중요한 것은 중국의 정보혁명에 대한 접근방법이 정보혁명을 위한 독립적인 계획과 전략에 기반해 진행된 중국의 현대화 과정에 맞추어지면서 점진적으로 진행되어 왔다는 점일 것이다. 중국의 현대화 과정은 그 자체로서도 엄청난 논쟁을 유발했다.

바로 이 지점에서 우리는 비효율적인 정부 관료집단에서 출발하여 현재는 중국 정부, 경제, 사회에 이르기까지 인터넷 이용이 엄청나게 증가하게 되는 과정을 추적하면서 중국의 인터넷 진화를 설명하는 미묘한 그림을 그리려고 한다. 정보라고 하는 경쟁적 자원들이 사회적 공론장을 확장시켜 나가는 시점에서 중국 정부는 인터넷이 이용되는 물리적·상징적 환경을 조성하기 위해 고안된 수많은 조치들—웹사이트 차단에서부터 처벌을 통한 통제에 이르기까지—을 취해왔다. 중국은 또한 특정의 정치·경제적 목표들을 달성하기 위해 인터넷을 이용하면서 인터넷에 의해 주도되는 발전을 적극적으로 도모하고 있다. 중국은 이른바 주도적 접근방식(a proactive approach)의 일환으로 부패, 투명성, 지방정부

개혁, 빈곤지역 개발과 같은 첨예한 문제들을 해결하기 위해 정보기술, 특히 인터넷을 이용하는 방법을 모색해 왔다. 군사 부문에서는 정보전의 개념도 포함시켰다. 중국은 ICT의 발전과 권위주의적 정치통제를 균형적으로 발전시키는 문제와 관련해서 해외 사례를 참고해 왔다. 한편, 중국의 국가 주도적 인터넷 발전은 다른 권위주의적 정권에 하나의 모델이 되기도 했는데, 쿠바 사례가 그 대표적인 경우이다(3장 참조).

결과적으로 우리는 중국에서 인터넷 이용의 정치적 영향을 지배하거나 제한하고자 하는 국가적 시도들이 현재까지는 성공하고 있다고 판단한다. 그러한 성공과 자신감으로 중국은 정보기술에 대한 대중적 접근을 실질적으로 증가하도록 고안된 시장주도적 접근방법을 택했다. 하지만 이는 인터넷 이용으로 발생하는 도전들에 대한 중국 정부의 취약성을 잠재적으로 증가시키고 있는 것이다.[2]

2_ 중국의 정보혁명에 대한 논문들은 본장에 널리 소개되어 있다. 그러한 논문들은 다음과 같다. Foster and Goodman, *The Diffusion of the Internet in China* ; Hachigian, "China's Cyber-Strategy" ; Hartford, "Cyberspace with Chinese Characteristics" ; Harwit and Clark, "Shaping the Internet" ; Keller, "China's Impact on the Global Information Society" ; Lynch, *After the Propaganda State* ; Qiu, "Virtual Censorship in China" ; Tipson, "China and the Information Revolution." 2001년에서 2002년 사이에 비보도를 전제로 한 중국 학자들, 기업인들, 그리고 정부 관료들과의 인터뷰 내용 또한 이번 장에 소개되어 있다.

1. 철밥통에서 WTO로

중화인민공화국은 1949년 10월 1일 이래로 중국공산당에 의해 통치되는 일당 권위주의 국가이다. 중국공산당은 언론매체와 정보기관뿐만 아니라 정부와 군부 요직 전체를 장악하고 있다. 현재는 장쩌민 전 당 서기를 이어 후진타오가 수결방식으로 선출되어 국가수반으로 있다.[3] 공산당 일당독재를 따르는 전국인민대표대회를 통해 국가 주석과 부주석이 선출되고, 국무원을 임명하면 국가 주석은 총리를 임명한다.

인구 13억의 나라 중국은 세계에서 가장 큰 나라이며, 이러한 요인 하나만으로도 중국의 발전에 관한 문제는 곧 세계적인 문제가 된다. 중국 경제는 공식적으로 연평균 경제성장률 7-8%를 유지하면서 전 세계에서 7번째 경제규모를 자랑하고 있다. 하지만 최근의 경제성장과 발전에도 불구하고 중국은 세계은행에 의해 중하위 소득국가(a lower-middle-income country)로 분류되며, 인구의 18.5%는 하루 1달러 미만으로 살아가고 있다.[4] 동부 연안 도시지역은 급속히 현대화되고 있지만 대다수의 인구는 여전히 내륙지방에 거주하고 있다. 2000년 도시지역 1인당 가처분

3_ 전 국가 부주석 후진타오는 2002년 11월 16차 중국공산당 전국인민대표대회에서 중국공산당 총비서로 선출되었다. 비록 13년간의 권좌에서 물러난 장쩌민이 장막 뒤에서 중요한 영향력을 지속적으로 행사할 수도 있지만 그는 2003년 3월에 국가주석을 승계할 것이다. 2002년 11월 권력이행은 새로운 세대의 지도자들이 최고위 당직을 담당하는 길을 열었다.

4_ World Bank, *World Development Report 2002 : Building Institutions for Markets*(New York : Oxford University Press, 2002).

소득은 759달러에 달하는 반면에 내륙지방 인구 1인당 순소득은 278달러를 기록하면서 현격한 소득격차를 보여주고 있다.[5] 앞으로 동부 연안과 서부 내륙 간의 이러한 불균등 발전을 해결하는 것이 정치·경제적으로 최우선 과제가 될 것이다.

　　비효율적이고 때로는 재앙에 가까운 결과를 가져왔던 수십 년간의 중앙집권적 계획경제체제를 경험한 중국은 1978년 덩샤오핑의 지도력에 의해 실시된 개혁에 따라 점진적으로 시장기반 경제로 이행하기 시작했다. 각 정부 부처와 정부 조직들에 경쟁원리가 도입되면서 재조직되었다. 국영기업들은 평생 사회보장을 제공하던 '철밥통'(iron rice bowls)에서 효율적인 이윤추구 기업을 목표로 고통스런 전환을 시작했다. 운송, 전기, 항공, 통신과 같은 부문들은 해외자본을 끌어들이는 데 주력했는데, 처음에는 외국 기업을 핵심 기반으로 하기보다 완제품을 인도하는 턴키(turnkey) 방식이나 장비제조 프로젝트를 이용한 합자형식을 추구했다. 비록 정치와 사업영역에서 윤활유와 같은 역할을 하는 개인 간의 관계를 통해 문제를 해결하는 방식인 '관시'(關係)가 여전히 중요한 요인으로 남아 있지만 정부는 시장개혁을 제도화하기 위해 노력했다. 정실 파벌주의를 제거하고 해외자본을 유입하기 위해 국가제도를 정비했다. 보다 최근에 중국 정부는 회사, 파산, 신용, 불공정 경쟁, 전신전화, 그리고 상표권과 특허권 등 WTO 가입과 관련된 법제를 발전시키고 수정하기 위한 5개년 법제 프로그램을 추진하기 시작했다.

　　1992년 덩샤오핑은 경제성장에 더욱 박차를 가하기 위해 남부에

5_　　U.S. State Department, "Country Report, 2001 : China."

위치한 성(省)들에 대한 현지 시찰을 단행했다. 그 결과 자본주의적 열정이 형성되기 시작했고, 특히 남동부 연안 지역에서 그 열정은 최고조에 달했다. 매력적인 투자 및 세금감면 정책을 통해 외국자본을 끌어들이기위해 설치된 특별경제구역 덕분에 이 지역의 경제성장은 내륙 및 지방을 급속히 추월하기 시작했다. 1990년대 초 홍콩 및 뉴욕 증시 상장을 통해 외자를 유입하기 위해 규모가 크고 유망한(그리고 경영상태가 좋은) 국영기업들이 선정되었다. 한편, 중국은 상하이와 선전(深圳)에 자체 증권시장을 열었다. 기업활동의 열풍은 전례 없이 많은 백만장자를 탄생시켰고, 중국공산당과 과거 비판의 대상이었던 민간기업가들 사이에 공생관계가 형성되었다.[6] 동시에 국영기업 개혁은 수백만 명의 노동자들을 계속해서 퇴출시켰고, 그로 인해 수많은 구직자들이 일자리를 구하기 위해도시로 이주하는 결과를 낳았다. 노동운동가들은 비공식적 노동조합 결성이 금지되었기 때문에 수많은 공장 노동자들이 위험하고 불결한 조건에서 일하고 있다고 주장한다. 결과적으로 노동자·농민 시위가 폭발적으로 늘어나고 있다. 이러한 배경을 바탕으로 중국 정부는 보다 많은 노동력을 수용하기 위한 동력으로서 인터넷을 이용한 경제활동과 교육을 강조해 온 것이다. 중국공산당 지도부 역시 지식기반경제로의 발전이 생활수준을 크게 향상시킴으로써 보다 광범위한 대중적 지지를 가져다 줄수 있음을 알고 있다.

    1960년대와 1970년대의 혼란스런 문화혁명을 경험한 현재의 중

6_ 민간기업가들은 공식적으로 2001년 7월 장쩌민에 의해 입당을 허락받았다. 중국 내의 연구들은 당의 전통적인 노동자 계급 기반이 지난 10년간 희석되었다는 것을 보여준다. 이에 관해서는 Ching Cheong, "Changing Face of China's Ruling Party," *Straits Times*, 14 May 2002 참조.

국 지도자들은 사회적 동요와 무정부 상태가 어떠한 결과를 가져오는지 잘 알고 있다. 이에 대한 두려움으로 그들은 경제개혁과 달리 정치개혁은 훨씬 조심스럽게 진행시켰고, 때로 안정을 위협한다고 판단되는 요인에 대해서는 가혹하리만치 엄중히 대처했다. 중국 정부는 범죄 그리고 특히 최우선의 고질병으로 떠오른 부패 문제에 대해 강도 높은 단속을 실시했다. 보통은 그러한 단속으로 유죄가 확정되면 대규모의 사형 집행이 이루어진다. 중국은 해마다 전 세계 다른 국가들을 합친 수보다도 더 많은 죄수들의 사형을 집행한다. 일부 추정치에 따르면 2001년 한 해에만 적어도 2,468명이 사형되었다.[7] 중국은 1989년 민주화 운동, 최근의 중국민주당 창당 사건, 그리고 파룬궁 사건 등을 포함하여 여타 다른 위협들에 대해 신속하고 단호히 대처해 왔다. 점점 더 많은 수의 반체제 인사들뿐만 아니라, 인터넷 상에서 논란을 불러일으키는 글을 올린 일반 시민들까지 억류되거나 처벌받는다. 이러한 맥락에서 보면 중국의 권위주의 체제는 최근 들어서도 별다른 변화를 보이지 않고 있다.

그럼에도 불구하고 정치개혁이 완전히 부재한 것은 아니다. 페이민씬(Pei Minxin)이 지적했듯이 1970년대 후반 이래 수많은 중요한 정치개혁들(비록 민주화로의 개혁은 아닐지라도)이 이루어졌다. 중국의 의회라 할 수 있는 전국인민대표대회와 지방인민대표대회의 강화, 법제개혁, 정부 관료의 정년제 실시, 공직자 선발시험 실시, (제한적) 지방자치제 등이 그 예이다. 그러한 조치들은 경제개혁을 보장하는 데 필수적인 제도적 기반을 세우는 데 기여해 왔다. 하지만 동시에 이러한 변화들은 공산당의 지속

7_　Amnesty International, "Asia/Pacific."

적인 국가권력 독점은 건드리지 않은 채 진행되었는데, 이는 지속적인 행정 서비스 개혁과 풀뿌리 자치제 실험의 효과를 제한하고 있다.[8]

정치적 변화는 아래로부터의 정치적 압력에 의해 추동된다고 보는 관점이 학계의 일반적 경향이다. 하지만 개혁을 위한 중요한 추동력은 정부 내부로부터도 나온다. 수많은 현직 정치지도자들은 경제학과 공학을 전공한 '기술관료'들이다. 이러한 전문 기술관료들이 현재 중국의 정보혁명에 대한 접근방식을 형성하는 데 기여했다. 중국의 신세대 지도자들은 당에 대한 충성도 및 공산주의자로서의 자격 검증이라는 항목 말고도 본인의 능력과 실적에 따라 지도부가 되었는데, 이들이 점차적으로 전문 관료직을 담당해 가고 있다. 1980년 중국 통치 엘리트들 중 단지 4%만이 학사학위를 가지고 있었지만 현재는 90% 이상이 학사학위를 가지고 있다. 이른바 4세대 지도부(베이비붐 세대)라 불리는 이들은, 물론 대부분 강한 민족주의적 정서를 가지고 있기는 하지만, 미국 대학에서 학위를 받고 이전 세대보다는 훨씬 자유분방한 것도 사실이다.

앞으로 중국 정부는 WTO 가입과 연계된 개혁에 착수함에 따라 사회정치적 소요의 증가를 경험할 수도 있다. 이와 관련된 많은 부분들이 새 지도부의 정치개혁에 대한 태도에 달려 있다. 만일 개혁이 정체된다면 불만을 표출할 통로가 제한된 실업자들이 늘어가는 상황에서 대규모 사회적 동요가 일어날 가능성이 있다. 더욱이 국제사회와의 점증하는 연관성 확대로 중국은 초국적 시민운동 네트워크와 그 밖의 다른 비정부 활동가들로부터의 압력에 노출될 수도 있다. 동시에 중국은 아시아태평양경제협력체(APEC)나 중앙아시아 국가들과의 동맹을 통해 지역 의사

8_   Pei, "Future Shock."

결정과 지도력에 있어 보다 강력한 권한을 행사하기 위해 훨씬 적극적으로 나올 수도 있다. 본질적으로 중국은 대내적으로 국내적 불안요소가 한층 심화되고 대외적으로는 외교정책의 중요성이 증가된 시점에서 정보 시대로 진입하고 있는 것이다.

2. 정부 계획에 의한 정보화 시대

정보통제는 중국공산당이 권력을 장악한 이후 통치전략의 핵심이었다. 현재 중국에서 인터넷에 대한 논의는 경제적 현대화와 정치적 통제 사이의 긴장을 통한 균형을 강조한다. 그러나 이 미묘한 균형은 시기적으로 초기 ICT에 대한 국가전략에 이미 언급되어 있었다. 정보화 시대의 탄생을 국가의 의도에 맞추어 지도하려는 현재의 시도들은 이러한 역사적 맥락에서 보다 잘 이해될 수 있다.

마오쩌둥 시대의 명령경제 하에서 언론매체의 기능은 이념적 헤게모니를 강요함으로써 국가에 봉사하는 것이었다. 이러한 목표는 현실에서 일어나고 있는 사실에 대한 설명과 정보 제공의 권한을 당과 정부가 장악함으로써 일상생활의 모든 측면에 있어 시민들을 완전히 압도하는 방식으로 달성되었다.[9] 마오 정권은 커뮤니케이션의 수직적 통제로 특징지어지는데, 예를 들어 언론매체는 당 사상을 지도자로부터 일반대

9_   Lee, *Voices of China*, p. 5 ; Lynch, *After the Propaganda State*, p. 3.

중에게 전달하는 단순 전달수단으로서 기능했다. 이러한 시스템은 특정 엘리트 집단만 전화통신망을 사용할 수 있게 함으로써 대중들 상호 간의 의사소통에 대한 제한을 통해 보완되었다.[10]

혁명적 가치관을 주입시킬 필요성으로 인해 선전 업무는 중국공산당의 가장 힘 있는 부서가 담당하게 되었다. 언론매체(라디오, 텔레비전, 그리고 신문)가 선전도구로 인식된 반면, 전화통신 부문은 재정과 경제의 분권구조 속에서 관료적으로 분화되었다. 한편, 전신전화망에 대한 감시는 중국 공안의 책임이었다.[11] 이러한 업무분권화는 오늘날에도 발견할 수 있다. 인터넷 콘텐츠 사업자들(ICPs)은 인터넷 서비스 사업자들(ISPs)로부터 인위적으로 분리되어 있고, WTO 체제 하에서 이는 외국인 소유 지분을 사실상 제한하는 형태로 허용될 것이다.[12] 한편, 광대역 서비스에 대한 통제권을 둘러싸고 선전 담당 부처인 국가광파전영전신총국(SARFT)과 전신전화 담당 부처인 신식산업부(信息産業部, Ministry of Industry and Information : MII) 간의 권한 다툼이 벌어졌다.

1970년대 후반 경제개혁의 시작과 함께 언론매체의 역할은 변화하기 시작했다. 언론매체들은 더 이상 계급투쟁의 도구로 한정되지 않았고, 사업과 여가생활에 대한 정보의 제공이 강조되면서 경제 및 문화발전의 도구로 활성화되었다.[13] 이후로 언론매체의 책임과 기능은 국내외

10_ Lynch, *After the Propaganda State*.

11_ Ibid.

12_ 정부 입장에서 ICP들은 자체적으로 정보를 해석할 것으로 보기 때문에 단순히 인터넷 연결 서비스를 제공하는 ISP들보다 훨씬 더 민감하게 취급된다. 중국은 ICP들과 ISP들을 인위적으로 분리하는 몇 안 되는 국가들 중 하나이다.

13_ Zhao, *Media, Market, and Democracy*, p. 34.

적 압력에 반응하면서 지속적으로 변화를 거듭해 왔다. 린치(Lynch)는 상업화, 세계화, 그리고 다원화, 이 세 요인이 모두 함께 국가의 "사상공장" 또는 이념적 환경을 형성하는 국가의 능력을 붕괴시키는 역할을 했다고 지적한다.[14]

확실히 상업적 압력들은 언론매체의 다변화와 지속적인 전문화를 이끈 중요한 요인의 하나였다. 국가보조금의 감소와 이윤추구의 강화로 국가적 통제를 받는 언론매체들이 탐사 저널리즘(investigative journalism)과 같이 기존에는 금기시되던 분야를 취재함으로써 독자를 늘리려고 노력하고 있다.[15] 이와 같이 보다 공격적인 형태의 보도는 중앙정부의 감시의 눈으로부터 멀리 떨어져 있는 지방 및 성단위 지역 저널들에서 특히 두드러지게 나타난다. 중국 인터넷 포털 사이트들은 한 곳에서 다양한 공식적인 뉴스를 이용할 수 있게 함으로써 뉴스 매체들 간의 경쟁을 불러일으키고 있다. 이러한 경쟁은 보다 치열해지고 있는데, 그 이유는 뉴스가 때론 인터넷에 독점적으로 게시되기도 하고 다른 전통적인 신문 매체들에서 인쇄되기 전에 나오기도 하기 때문이다.

그러나 중국 지도부는 양면성을 가지고 상업화와 다변화의 문제를 바라보고 있다. 비록 주룽지 총리가 2001년 언론매체들이 정부 관료의 부패와 잘못된 정부행태를 폭로함으로써 정부 감시기관으로 기능해야 한다고 언급했지만 국가 규제와 실제 행동은 모순된 모습을 보여주었다. 진보적인 출판사들이 통제되었고, 언론인들은 정부 관료의 범법행위를 폭로했다는 이유로 지속적인 탄압을 당하고 수감되고 있다. 2001

14_ Lynch, *After the Propaganda State.*
15_ Beach, "Running in Place." 또한 Kalathil, "Chinese Media" 참조.

년 8월 언론매체에 대해 내려진 조치는 언론매체가 7개의 영역에 관계하는 것을 금하는 '7개 금지'조항을 담고 있다. 이 조항은 국가기밀 관련 사항, 당과 정부 업무에 대한 간섭, 그리고 '마르크시즘의 지도적 역할' 폄하 등을 포함하고 있다. 이와 비슷한 규제조항들은 인터넷 상에서의 뉴스 및 정보에 대해서도 존재한다. 이러한 많은 조치들은 단순히 과거 언론규제 정책을 갱신한 것에 불과하다.

통신 부문의 기술융합과 통제

현재의 인터넷 확산을 가져오는 데 중요한 역할을 한 중국 통신 산업 발전의 최근 경향을 특징짓는다면 그것은 한층 강화된 경쟁과 상업화이다. 1950년대에서 1970년대까지 공공 통신망 건설은 정책 우선사항이 아니었지만, 1980년대 초 통신은 경제발전을 위한 필수적인 핵심 기반시설로 재정의되었다. 자오 위에지(Zhao Yuezhi)가 지적하듯이 지방의 시장 인센티브와 결합된 중앙의 계획이 역사적으로 가장 빠른 통신 구축에 기여했다.[16] 동시에 통신망에 대한 감독은 몇 개의 다른 정부 부처들의 관할에 속하게 되었다. 중국 공공 통신 부문은 국가 독점이지만 실상은 몇 개의 행정 부처가 규제를 실시하고 있다. 강력한 우정통신부(Ministry of Posts and Telecommunications : MPT)가 일반적인 관리·감독 업무를 관장하는 반면, 국무원은 통신 부문에 대한 최고의 중앙권력을 행사하고 있

16_   Zhao, "Caught in the Web."

다. 국가계획위원회는 우정통신부의 요금정책 승인권을 갖고 있고 국가
경제무역위원회는 전신총국(차이나 텔레콤의 전신)과 같은 국영기업을 운영
하고 있다.[17]

이와 같이 분할되었던 규제체제는 본질적으로 발전하고 있는 인
터넷 부문의 관할권을 놓고 각 부처 간에 벌어지는 관할권 경쟁을 예고
하는 것이었다. 비록 우정통신부가 1980년대 후반까지 정책들을 조율했
었지만 기술융합은 사안의 복잡성을 배가시켰다. 국무원이 부처들 간의
갈등을 조율하려고 했지만 구체적 법제의 미비로 인해 정책조율은 종종
협상과 행정조치에 의존해야 했다.[18] 이 시기 동안 몇몇 정부 부처들은
비효율적으로 운영되는 우정통신부의 공공 통신망과는 별도로 자체적인
통신망 개설을 시도하고 있었다. 철도부, 전자산업부, 그리고 전력부 등
의 정부 부처들은 개별 통신망을 설립하는 데 성공했고, 결과적으로 이는
통신 부문에서 나타나게 될 치열한 경쟁의 기반이 되었다. 1994년에 중
앙정부는 우정통신부의 전신총국과 경쟁시키려는 의도로 지금까지 언급
된 여타 다른 정부 부처의 후원을 받아 공식적으로 유니콤(Unicom)을 출
범시켰다. 이는 차이나 텔레콤으로 개칭되어 우정통신부의 유무선 통신
망을 관리·운영하는 업무를 맡게 되었고, 우정통신부는 대신 감독기능
을 계속 유지했다.[19]

통신 부문에 부분적으로 경쟁원리를 도입하고 독립적인 통신관
리감독기구를 설립했지만, 차이나 텔레콤이 여전히 정부 감독기관의 직

17_　　Gao and Lyytinen, "Transformation."
18_　　Ibid.
19_　　Tipson, "China and the Information Revolution" ; Gao and Lyytinen, "Trans-
　　　　formation."

접적 통제 하에 남아 있다는 점에서 그러항 변화는 다소 형식적인 것이었다. 지속적으로 경쟁을 촉진하고 통신 부문을 표준화하려고 시도했음에도 불구하고 관리감독권과 관련된 관료제적 혼란은 보다 심각한 정책 마비를 야기시켰다. 결과적으로 1998년 우정통신부와 전자산업부가 거대 부처인 신식산업부(MII)로 통합되었다. 신식산업부는 정보산업 전체를 관할·감독하고 정책결정, 행정, 시장규제, 그리고 내부 업무를 담당하도록 조직되었다.[20]

중국 통신 부문은 그럼에도 불구하고 부처 간 갈등 및 경쟁 시기 전 기간에 걸쳐 외부와의 경쟁으로부터는 철저히 보호되었다. 중국공산당은 전략적 부문에 대한 외국인 투자에 대해서는 강력한 제한을 두었다. 그 결과 최근까지도 외국기업들은 중국에서 통신망 또는 통신 서비스를 소유·운영하거나 또는 관리할 수 없었다. 몇몇 분석가들은 중국이 통신업에 외국인 투자를 허락한다면 WTO 가입을 위한 협상 카드로 이용할 가능성이 있다고 주장하는 반면에, 그러한 결정은 세계화의 불가피한 부산물이라고 주장하기도 한다.[21] 비록 중국 통신 부문 발전과정의 역사적 경험은 앞으로도 많은 난관이 놓여 있다는 것을 시사해 주고 있지만, 이유야 어찌되었건 많은 중국인들은 한층 강화된 경쟁이 중국의 통신산업 지형을 표준화하고 발전시키는 데 새로운 동력이 될 것이라고 환영하고 있다.

20_ Gao and Lyytinen, "Transformation."

21_ Mueller and Lovelock, "The WTO."

새로운 이권 다툼 : 인터넷

다른 나라들과 마찬가지로 중국에 최초로 컴퓨터 네트워크를 구축하고 1980년대 후반 독일에 있는 게이트웨이를 통해 중국 최초의 국제 이메일을 발송한 것은 학술단체였다. 1990년대 초 국가교육위원회는 중앙정부의 자금을 지원받아 보다 포괄적인 학술 네트워크를 구축하기 시작했다. 동시에 우정통신부는 음성 및 데이터 통신에 대해 초기 주도권을 쥐면서 자체적인 패킷 교환 네트워크를 구축하기 시작했다. 우정통신부와 경쟁관계에 있는 전자산업부 역시 이른바 금자공정(金字工程 : Golden Projects)으로 알려진, 관세와 자금 유통을 전산화한 새로운 네트워크를 가동하기 시작했다.[22] 바로 이 금자공정이 '정보화'의 초석을 다졌는데, 여기서 '정보화'는 원래 행정 업무를 현대화하고 지방정부의 행정 업무를 보다 효율적으로 관리하기 위해 정보기술을 이용한다는 의미로 사용되었다. 그러한 과정에 전자산업부의 참여는 오늘날까지 이어지는 정부 부처 간 경쟁의 시발점이라는 점에서 또 다른 중요한 의미를 갖는다.

국무원이 인터넷 발전과정에 관여하고 있는 각 부처들을 조율하고 있기는 했지만 1995년까지 인터넷은 다소 무질서하게 확장되어 왔다. 중앙집중적 통신망 발전을 이루기 위해 국무원은 결과적으로 인터넷 정책결정을 공고히 하고 중국의 정보화와 관련된 사안들을 책임질 국가

정보기반시설 운영위원회를 창설했다. 1996년 이 위원회는 인터넷 접근을 두 개의 수준으로 분류하는 것을 특징으로 하는 핵심적 결정을 내렸다. 인터넷 이용자들은 첫 번째 수준에서 인터넷에 접근할 수 있지만, 그 첫 번째 수준의 접근은 오직 국가에 의해 통제되는 두 번째 수준의 상호연결 네트워크(interconneching networks)를 통해서만 인터넷에 접근할 수 있다. 그러므로 모든 국제 인터넷 연결은 국가에 의해 통제되는 소수의 기간망(backbone networks)을 통해서만 가능하게 되었다.[23] 오늘날까지 이러한 기간망 숫자(현재 각 부처들과 다른 이해 관련 부서에 의해 운용)는 ISP들과 ICP들이 수천 개로 확산되었음에도 불구하고 여전히 제한되어 있다. 향후 그러한 기간망의 성공은 종종 정치권력의 향배를 가늠할 수 있는 지표가 될 것으로 보인다. 예를 들어, 현재 급부상하고 있는 차이나 네트콤은 부분적으로 중국과학원, 국가광파전영전신총국, 그리고 미국에서 교육받은 장쩌민의 아들이자 상하이 정보산업을 이끌어 가고 있는 장미앤홍의 지원을 받고 있다.

행정감독을 중앙집중화하려는 노력에도 불구하고 인터넷은 다양한 정부 부처 간, 특히 전자산업부와 막강한 영향력을 자랑하는 우정통신부 간에 이권 다툼의 장을 마련해 주고 있다. 비록 두 부서의 합병이 행정 마비를 상당 부분 제거하긴 했지만 감독권을 둘러싼 업무의 중복과 공백은 여전히 남아 있다. 예를 들어, 인터넷 감시·감독권은 여전히 국가안전부에 속한다. 현재 적어도 9개에 달하는 당정조직들이 인터넷을 자신들의 행정권한에 속하는 것으로 보고 있고, 지방과 중앙정부 부

23_   Tipson, "China."

처 공히 정보기술을 촉진하는 데 있어 상업적 이해관계를 가지고 있다.[24] 예를 들어, 2000년에 상하이 외국투자위원회는 외자기업에게 ICP 인가를 내주었는데, 이는 엄연히 국내법에 금지되어 있는 조항이다. 신식산업부 내에 다양한 '파벌들'은 현재까지도 여전히 그들이 합병되기 이전에 소속된 부처에 따라 나뉘어져 있고, 그에 따라 자신들의 권리를 주장하고 있다. 관료들 간의 커뮤니케이션 부족과 비효율성 또한 인터넷에 대한 효율적인 중앙집중식 통제를 방해하고 있다.

더욱이 기술융합은 다양하고도 복잡한 문제들을 야기한다. 인터넷은 본래 통신 네트워크의 부산물일 뿐만 아니라 대중매체 수단으로 이해되었다. 이와 같이 인터넷은 수직적으로 통제되고 상호 분리되어 있는 국가 선전기구나 통신 지부와는 잘 맞지 않았다.[25] 국가의 선전기관이자 유선방송을 관할하는 국가광파전영전신총국은 광대역 서비스 공급권을 둘러싸고 신식산업부와 반목하고 있다. 비록 그러한 반목이 사업의 동시성을 고양시키고 그럼으로써 보다 광범위한 정보기반시설 구축이라는 결과를 가져오기는 했지만, 그럼에도 그러한 정부 부처 간 이권 다툼이 때로는 통신선 절단기와 무장한 깡패들을 동원한 노상 다툼으로 치닫고 참극으로 끝나는 결과를 가져오기도 했다.[26] 중국의 2001-2005

24_ 인터넷 규제에 참여하고 있는 정부기관들은 신식산업부, 국가안전부, 공상행정관리국, 문화부, 국가언론출판국, 신문출판서, 국가광파전영전신총국, 국가가밀관리위원회, 중국증권관리감독위원회, 국무원신문판공실 호련망관리국 등이다. 각 기관의 기능에 대한 보다 자세한 설명은 U. N. Conference on Trade and Development, "Electronic Commerce"를 참조.
25_ Lynch, *After the Propaganda State.*
26_ 특히 주요 도시들을 제외하고 다양한 통신 이해관계를 대표하는 무장 깡패집단들 간에 격렬한 싸움이 벌어졌다. 정부 부처들 간의 이러한 물리적

5개년 계획상에 기술융합이 언급되어 있기는 하지만 기술융합 구조라든지 일정표에 대한 지침은 없었다.[27]

WTO 가입은 보다 더 많은 문제들을 제기했다. 중국은 가입 후 1년 안에 부가가치 서비스 산업에서 외국인 투자자본 지분율을 49%로, 가입 후 2년차는 50%의 외국인 소유 지분을 허가하는 데 동의했다. 또한 가입 6년차에 국내외 패킷 및 회선교환 서비스 산업 부문에서 외국인 소유 지분율을 49%까지 허가한다는 데 동의했다. 중국 당국은 구두상으로 ICP는 부가가치 서비스 산업에 포함되고 ISP는 회선교환 서비스 산업 범주에 포함된다고 말했지만, 핵심 기간망과 같은 분야에 어느 정도로 외국인 지분 참여를 허가할지 여부는 여전히 불투명하다.[28] 많은 이들이 진척 없이 진행되는 후기 WTO 협상과 그에 따른 분쟁을 예상하고 있다.

그러한 분쟁과 상관없이 향후 몇 년간 인터넷은 빠르게 확산될 것으로 보인다. 중국 인터넷 네트워크 정보센터(CNNIC)에서 실시한 중국 인터넷 사용자에 대한 공식 조사에 따르면, 인터넷 이용자 수가 2001년

인 다툼은 외부인에게는 잘 이해되지 않는 상황일 수 있다. 하지만 이러한 측면이 다양한 정부 부처들이 이권 다툼을 벌이고 있다는 것을 보여준다. Zhao, "Caught in the Web" 참조.

27_ 중국 정부가 신식산업부를 해체하고 국가발전계획위원회 내에 통신과 정보 네트워크 관리를 보다 더 중앙집중화 할 계획을 구상 중에 있다는 보도가 현재 나오고 있다. 비록 이러한 조치가 신식산업부와 국가광파전영전신총국 간 경쟁에 따르는 문제를 없애고 인터넷, 통신 네트워크, 그리고 유선 텔레비전 네트워크를 단일화된 부처에서 관리하도록 할 수도 있겠지만 실제로 가능할지는 미지수이다.

28_ 사실 중국이 상호 연결 네트워크 체제를 해체할 것인지, 그리고 만약 그렇게 한다면 언제 할 것인지는 명확하지가 않다. 보다 자세한 내용은 Foster and Goodman, *Diffusion* 참조.

에 비해 1,120만 명 증가하여 2002년 1월 조사 시점에는 3,370만에 달했다.[29] 비록 현재는 이용자 수의 증가폭이 감소되고 있는 것으로 보이지만, 마케팅 회사들은 여전히 2004년에 이르면 중국이 아시아에서 가장 많은 인터넷 이용 인구를 갖게 되면서 일본을 능가할 것이라고 보고 있다.[30] 조사는 또한 인터넷 이용자가 고소득 고학력 엘리트층을 넘어 증가하기 시작했고, 평균 연령 또한 지속적으로 낮아질 것이라는 점을 지적하고 있다. 인터넷 마케팅 전문조사 기관인 아임아시아(Iamasia)에서 실시한 여론조사에 따르면, 전형적인 인터넷 이용자는 대략 월수입 221달러의 대학교육을 받은 30대이다.

정보화와 그 불만

처음에 모호한 개념으로 인식되던 정보화는 정보기술이 경제·정치·사회 발전에 어떤 영향을 미치는가에 대해 완전히 다시 생각하도록 할 만큼 성장했다. 10차 5개년 계획은 한 단락 전체를 "국민 경제발전을 가속화하고 정보산업을 전 사회적으로 대중화"하는 데 할애하면서 중국의 ICT 산업 발전을 위한 야심찬 목표들을 상세히 나열하고 있다.[31]

29_ CNNIC의 수치와 조사방법은 논쟁의 여지가 많다. 독립적인 중국 및 해외 조사기관은 종종 엄청 다른 수치를 내놓고 있다. 홍콩 시장조사 회사인 아임아시아(Iamasia)가 독립적으로 조사한 바에 따르면 2001년 1월 인터넷 사용자 수는 CNNIC 추정치보다 25% 낮았다.

30_ "China To Rival Japan in Internet Users by 2004," *Reuters*, 7 February 2001.

31_ Xiaodong Li, "Looking Ahead at the Development of the IT Industry in 2001," State Council Development and Research Center, available on Sino-

정부 관료들은 교육과 보건으로부터 농공산업에 이르기까지 각 부문에서 ICT 실행과 혁신방안을 계획했다. 1970년대 후반 덩샤오핑의 전면적인 경제개혁의 기반을 형성했던 '4대 현대화'와 마찬가지로 정보화 시대로의 진입에 대한 열정은 현재 중국의 정치개혁과 경제발전을 특징짓고 있다.

경제개혁으로 초래된 압력들은 정보화를 통한 현대화를 중국의 최우선 과제로 떠오르게 만들었다. 국영기업들이 수백만에 달하는 노동자들을 해고하면서 중국은 거대한 노동력을 생산적으로 활용할 새로운 방법을 반드시 찾아야 할 필요에 직면했다. 많은 경제학자들은 광범위한 산업개혁의 결과들을 개선하기 위한 핵심적 대안이 지식기반경제의 발전이라고 보고 있다. 이와 같이 몇몇 다른 권위주의 국가들과는 대조적으로 종종 발견되는 혼란스런 규제에도 불구하고 중국 당국은 인터넷의 상업적 성장을 적극 장려하고 있다.

그러나 모든 이들이 정보화로부터 즉각적인 혜택을 입고 있는 것은 아니다. 빈곤한 서부지역의 부실한 통신기반 시설은 중국 내에서 국내 '정보격차'(digital divide), 또는 기술적 빈부격차를 어떻게 해소할 것인가를 두고 많은 논란을 불러일으켰다. 인터넷의 촉진은 이와 같이 부유한 동부 연안지역과 빈곤한 서부지역 간에 불균등 발전을 해소하는 대전략의 한 부분을 이루고 있다. 정부 관료들 또한 중국 동서부 간의 격차뿐만 아니라 중국과 선진국 간의 격차를 좁히고 경제도약을 이루는 데 있어 인터넷의 잠재력을 강조하고 있다. 정부의 상하급 기관을 포함한

---

file, Information Services, Ltd., http://www.sinopolis.com/Archives/TOPSTORY/ts_010302_01.htm.

다양한 수준에서 ICT 이용을 통해 내륙의 삶의 수준을 개선하기 위한 혁신적 조치들이 취해지고 있다. 이러한 많은 조치들은 다른 개발도상국들의 경험을 바탕으로 비정부 행위자와 민간 부문의 점진적 참여를 포함하고 있다.

물론 경제발전이 인터넷 촉진의 유일한 목표는 아니다. 그러나 몇몇 정부 관료들은 '개혁·개방' 캠페인의 선두에 서서 정보화를 행정의 범위와 구조를 바꾸는 그 자체로 바라보고 있다. 그러한 노력의 진실성에 의문을 제시하는 의견이 있기는 하지만, 많은 당원들을 비롯해 이들 정부 관료들은 비록 국가가 주도하고 있긴 하지만 어느 정도 수준의 정치개혁을 진정으로 염원하고 있다. 이들은 정보화를 국가구조 내에서는 낡은 위계구조를 타파하고 국가-사회관계에 있어서는 중간 층위의 새로운 조직들을 촉진시킬 수 있는 하나의 원동력으로 보고 있다.[32] 그러나 정보자원이 제한되는 권위주의적 환경을 선호하는 이들과 불투명한 관료주의로부터 개인적으로 혜택을 입는 사람들은 정보화가 약속하는 변화들에 대해 우려를 제기하기도 한다.

끝으로, 인터넷의 촉진은 서구와 오래고도 복잡하게 얽혀 있는 중국의 역사적 맥락에서 중요하다. 많은 연구자들이 지적해 온 바와 같이 정보화에 대한 수많은 언급의 이면에는 본래 서구에서 발전된 기술을 사용하고 채택하고 발전시킴으로써 중국이 종국적으로는 선진국의 전당에 입성함으로써 과거의 역사적 치욕을 극복하게 될 것이라는 의미가 깔려 있다.[33] 더욱이 WTO 가입에도 불구하고 중국은 경제 세계화의 효

32_ 2001년 중국 정부 관리와의 인터뷰.
33_ 예를 들어 Hachigian, "China's Cyber-Strategy" 참조.

과에 대해서는 이중적인 입장을 취하고 있다. 특히 중국은 서구의 ICT 제품과 시스템에 대한 과도한 의존이 중국의 주권을 약화시킬 수도 있다는 점을 우려하고 있다. 이러한 이유로 중국은 마이크로소프트 제품보다는 소스가 공개된 레드플래그(Red Flag) 리눅스 운용 시스템을 공식적으로 장려하고 있고, '중국적 특색'을 가진 온라인 지평(landscape)이라는 중국 지도부의 비전을 공유하는 국내 IT산업의 발전을 촉진하고 있다.

이러한 사실들은 모두 중국의 지도자들이 지식기반경제로부터 혜택을 받을 뿐만 아니라 그것을 강화할 기술적이고 전문적이며 잘 교육된, 그리고 정보를 가진 국민을 육성할 필요성을 인식하고 있다는 것을 의미한다. 그러므로 온라인 접근을 조심스럽게 할당하는 다른 권위주의 체제와는 달리 중국 정부는 완전히 통제할 수 없는 성격의 것이라면 차라리 형성되도록 도와줄 수 있는 환경에서 대중적인 인터넷 이용과 교육을 촉진하는 길을 선택한 것이다. 그러나 중국 지도부는 족쇄 풀린 듯 흘러다니는 정보 분출의 잠재적 결과에 대해서는 조심스러운 입장을 취하고 있다. 네트워크로 연결되고 분산된 성격을 갖고 있는 이 새로운 매체는 중국 지도부가 정치적 통제와 ICT 촉진 사이에 균형을 잡기 위한 노력을 지속적으로 견지해야만 한다는 것을 의미하기도 한다. 여러 정부 부처와 다른 조직들이 이 전략적 부문에 대한 이권 다툼에 한창인 바로 이 시점이, 중국의 권력 핵심부가 또한 집약적이고 단일화된 인터넷 발전을 구축하고 유지하기 위한 지속적인 투쟁을 해야 하는 시기이기도 한 것이다.

3. 논쟁적인 정보통신기술 이용 영역들

'건강하고 질서잡힌' 공론장

중국에서 인터넷의 정치적 효과에 대한 고민들 중 상당 부분은 대중에 대한 인터넷의 영향에 집중되어 있다. 어떤 이들은 이미지, 뉴스, 사상 등 다양한 정보에 대해 전례 없는 접근을 허용하는 그 매체의 속성 때문에 인터넷이 정보 및 이념 전파에 있어 국가 헤게모니에 도전할 수 있다고 생각한다.[34] 상당수에 달하는 중국 내 고학력 도시지역 전문가들과 젊은이들이 인터넷에 접근하게 됨에 따라 그들은 점차로 외국상품, 문화, 정치규범에 대해 정보를 얻고 있다.

공해 문제부터 동성애 문제까지 다양한 주제들을 다루는 새로운 상업 웹사이트들은 이전에는 금기시되던 이슈들을 공론영역에 쏟아내고 있다. 또한 공영 언론매체들조차도 그들의 웹사이트를 이용해 출판이나 방송으로 다룰 수 없는 뉴스들을 보도하고 있다.[35] 사람들은 장거리 전화 비용을 아끼기 위해 친구들이나 멀리 떨어져 있는 지인들과 연락을 주고받는 데 이메일을 이용하고 있다. 정치사회적 주제에 초점을 맞춘 채팅룸이나 게시판에서 인터넷 이용자들은 뉴스나 의견을 전달할 수

34_ Taubman, "A Not-So World Wide Web."

35_ 예를 들어, 중국 국영방송이 2001년 8월 미 국무부장관 콜린 파웰과 인권에 대해 다루는 인터뷰의 일부분을 삭제했지만 그의 전체 인터뷰 내용은 중국의 대표적인 국가 언론매체인 인민일보 웹사이트에 바로 올라왔다.

있는데, 그럼으로써 이전에는 불가능했던 전국적인 토론의 열기를 고조
시키기도 한다. 이러한 포럼에 참여하는 직접적인 결과의 하나로 중국인
들이 국가에 대해 정치적 자유화를 요구할 것이라고 주장하는 사람들도
있다.[36]

인터넷의 대중적 이용에 따른 잠재적 도전에 대응해 중국 당국은
그들이 말하는 '건강하고 질서잡힌' 온라인 환경을 만들기 위해 인터넷
이용의 모든 측면에 걸쳐 선제적 통제를 단행했다.[37] 이를 위해 그들은
두 가지 주된 전략을 채택했다. 콘텐츠 필터링과 규제, 감시, 그리고 처벌
을 통한 자기검열의 촉진이 바로 그것이다. 해외 인권단체와 특정의 뉴
스 단체와 같이 정치적으로 민감한 것으로 간주된 웹사이트들은 전국적
인 방화벽에 의해 차단된다.[38] 2000년 10월 신식산업부 규제사항에 따
르면 ISP들은 이용자에 대해 보고해야 하고, 정치적으로 민감한 정보가
인터넷 상에 확산되는 것을 금지하고 있다. 이를 포함한 다른 규제들도
대만 독립을 촉구한다거나 파룬궁 수련을 강조하는 것과 같은 문구를

36_ 예를 들어, Taubman, "A Not-So World Wide Web" 참조. 이와는 대조적
으로 *After the Propaganda State*에서 린치(Lynch)는 인터넷과 다른 ICTs은
독립적인 사상과 행동을 창출하는 것이 아니라 비정치적인 내용과 원자
화된 개인들로 채워진 혼돈의 공간을 만드는 데 일조하고 있고, 그러한
공간은 궁극적으로 독립적인 시민사회의 형성에 기여하지 않을 것이라
고 주장한다.

37_ 이 용어는 인터넷 환경 조성을 위한 정부의 목표를 설명할 때 중국 정부
에 의해 공통적으로 사용된다. Shanthi Kalathil, "Between the Lines : China's
Dot-Communism," *Foreign Policy*, January/February 2001 참조.

38_ 정부는 때로 정치적으로 필요할 때 이러한 차단을 해제한다. 예를 들어,
미국 대통령 조지 부시와 3천 명의 외국 언론인들이 참석했던 2001년 상
하이 APEC 회담을 전후하여 이러한 조치가 이루어졌다. 그러나 국제 지
도자들이 떠났을 때 그 사이트들은 다시 차단되었다.

포함해 '사회전복적' 잠재성을 갖고 있는 문제들은 절대로 용납될 수 없다는 점을 명확히 하고 있다.[39] 웹사이트 관리자들은 '클리닝 레이디스' (cleaning ladies)나 또는 '빅마마'(big mamas)라고 불리는 검열 소프트웨어를 사용해 게시판이나 채팅룸에서 도발적인 내용들이 올라오는 것을 차단하고 신속히 제거하도록 요구받고 있다.

2001년 3개월간 전국적으로 산재해 있는 6만 개에 달하는 인터넷 카페를 대상으로 감찰이 실시되어 카페 소유주에게는 이용자들에 대해 보다 주의 깊은 감시가 이루어지도록 권고되었으며, 카페 이용자들에게는 그들의 인터넷 활동에 대해 스스로 주의를 환기시키도록 했다.[40] 중국의 관영 뉴스 매체인 신화통신은 많은 카페들이 새로운 유형의 보안 소프트웨어를 설치해 지역 공안부서들이 24시간 이용자의 인터넷 검색 기록을 추적하고, 원거리 카페 웹 사용을 감시할 수 있도록 했다고 보도했다(보고에 따르면 그 소프트웨어는 또한 가정과 학교에서도 사용 가능하다). 지역 공안부서들은 사이버 공격에 전문적으로 대처할 수 있는 독자적인 '인터넷 경찰' 팀을 창설했다. 이와 같은 포괄적인 감시가 실시되는가의 여부와 관계없이 그러한 위협 자체만으로도 이용자들을 정치적으로 민감한 웹

39_ 정부 당국자들과 민간 부문 모두 그러한 규제들이 100% 강제되지는 않을 것이라는 공통된 견해를 갖고 있다. 그러나 이러한 규제들이 없을 때조차도 포털 사이트들은 소후닷컴(Sohu.com)이 국가적 통일을 훼손하는 것처럼 보이지 않도록 대만의 독립선언을 보도하지 않을 것이라고 했을 때와 같이 논쟁이 생길 여지가 없는 것조차도 무조건 멀리했다.

40_ Liu Yuan, "Cafe Crackdown : China Enlists the Public in Its Ongoing Campaign To Censor the Internet," *Asiaweek*, 2 February 2001 참조. 2002년 7월 허가받지 않은 인터넷 카페에서 화재가 발생하여 고객 수명이 사망했는데, 이 사건으로 정부는 마구잡이로 인터넷 카페에 대한 폐쇄조치를 내렸다(비록 결과적으로는 많은 수의 카페들이 다시 영업을 개시했지만).

사이트에 방문하지 못하도록 하는 데 충분한 효과를 거둘 수 있다. 정부 또한 이러한 감시기술을 보유한 외국 기술자들과 기업들을 적극적으로 구하고 있다. 국가보안부에 의해 조직된 관련 소프트웨어 전시회에는 차단 및 해킹 방지 소프트웨어와 같은 제품을 판매하는 수많은 거대 다국적 기업들이 참여했다.[41]

정부 방침을 강력히 전달하기 위해 중국 정부는 정부 규제에 따르지 않거나 정치적으로 민감한 사안에 빠져든 인터넷 이용자들을 체포하거나 억류했다. 물론 그러한 사람들이 반체제 인사나 반체제 활동가들은 아니다. 많은 이들이 그저 정치적으로 민감한 의견을 온라인 상에 올렸을 뿐이다. 예를 들어, 중학교 교사인 지앙 시후아는 난총 시 웹사이트에서 정부 부패 문제에 대해 토론하는 동안 "우리 모두는 그 어느 누구도 언급하지 않은 한 문장에 대해 생각한다. 공산당 타도"라는 구절을 올린 혐의로 징역 2년 형을 선고받았다. 그 밖에 법정에 선 사람들로 천안문을 주제로 한 사이트 운영자인 황치, 그리고 천안문 보고서의 중국어판을 배부한 리홍민 등이 있다. 중국 정부는 전통적으로 민주주의를 지향하는 인터넷 이용자들을 탄압해 왔지만, 동시에 중국의 경제적 현대화가 마르크스주의에서 이탈했다고 보는 강경 공산주의자들의 비판에 대해서도 압력을 행사하기 시작했다.

이와 같이 규제, 감찰, 위협, 그리고 처벌을 혼합해 실시함으로써 중국 정부는 새로운 형태의 독립적 의사소통을 봉쇄하고 제한하고자 한다. 중국 정부는 또한 인터넷을 일종의 '선제 자유화'(preemptive liberaliza-

---

41_ Tyler Marshall and Anthony Kuhn, "China Goes One-on-One with the Net," *Los Angeles Times*, 29 January 2000.

tion)의 한 형태로 사용하고 있을 수도 있다. 몇몇 권위주의 정권들의 경우 국가는 일정 형태의 정치적 자유화(용인될 수 있는 **토론의 범주를 확대하는 것과 같은**)를 선제적으로 단행함으로써 그로부터 확보된 정통성을 가지고 사회로부터의 압력을 완화시키고 경제자유화로부터 발생하는 도전들에 대응해 왔다.[42] 이 경우 중국 정부는 국민들이 국가의 감시범위를 넘어선 곳에서 개인의 의견을 피력하는 것보다는 차라리 인터넷 채팅룸이라는 어느 정도 통제된 환경 내에서 그들의 의견을 개진하는 것을 암묵적으로 장려하고 있는 것처럼 보인다.

그러나 이와 같이 새롭게 등장하고 있는 공론장을 어떤 한 범주로 특징짓기는 쉽지 않다. 어떤 이들은 자유 민주주의를 찬미하는 반면, 다른 어떤 이들은 문화혁명과 홍위병을 칭송하기도 한다. 그러한 의견들의 다양성과 규모가 확대됨에 따라 국가의 온건한 대응조치들이 점점 더 시험대에 오르고 있다. 몇몇 사건들이 이슈화되었을 때 인터넷 이용자들은 친정부적인 입장과 반정부적인 입장이 대립하는 정치토론에 동시다발적으로 참여하는 모습을 보여주었다. 이러한 토론들은 경우에 따라 국가의 정보통제를 심각하게 위협하는 것이었다. 이것들은 또한 중국의 온라인 및 오프라인 공론장에서 나타나고 있는 새로운 조류를 보여주기도 한다.

예를 들어, 2001년 2월 장시성의 한 학교에서 건물 폭발사건이 발생했을 때, 중국 인터넷 이용자들은 어떤 한 정신병자가 그 폭발의 주범이었다는 정부의 발표를 믿지 않았다. 대신에 그들은 학생들이 학교 운

42_   Bell, Brown, Jayasuriya, and Jones, *Toward Illiberal Democracy.*

동장에 폭죽을 설치하도록 불법적으로 동원되었다고 주장했다. 많은 이들이 자기검열을 거부하고 아동 노동과 부실한 학교 재정과 같은 문제들을 해결하는 데 실패한 정부 정책을 강하게 비판했다. 그러한 논쟁적인 주장들이 삭제되고 채팅룸이 폐쇄되기는 했지만 논쟁을 확산시키기에 충분한 글들이 남아 있었고, 장시성을 넘어 교육받은 대중들에게 확산되었다. 대중들의 분노가 연이어 고조되자 급기야 주룽지가 나서 그 사건에 대한 정부의 처리방식에 대해 공개 사과해야만 했다. 그 공개 사과는 전례 없는 일이었는데, 이 사건은 여론과 그러한 여론을 형성하도록 한 인터넷이 점차적으로 중국의 정치 지도부에 중요한 의미를 갖게 되었음을 보여준다. 정부 관리들은 지방의 한 성에서 발생한 조그만 사건이 전국적인 중요 이슈로 부각된 인터넷의 잠재적 위협에 최초로 직면했던 것이다.

중국의 정치지도자들은 민족주의적 비판에도 역시 민감하다는 것이 밝혀졌고, 어쩌면 이 문제가 오히려 더 민감할 수도 있다. 2001년 하이난 섬에서 발생한 미국 정찰기 사건 또한 극심한 온라인 논쟁을 촉발시켰다. 중국을 대변하는 신문인 인민일보는 이 사건에 앞서 베오그라드 중국대사관 폭격사건 직후 민족주의 감정에 불을 지피기 위해 개설된 '강국논단'이라는 웹 포럼을 가지고 있었는데, 그 포럼 상에서는 신랄한 대외 강경론과 반미주의가 분출되었다. 이와 비슷한 성격의 글들은 미국에 9·11 테러가 발생했을 때 엄청나게 올라왔다. 두 경우에서 보여준 정부의 검열작업은 가장 극단적인 반미 관련 글들을 삭제하면서 분출하는 의견들의 범위와 규모를 따라가느라 안간힘을 쓰는 모습을 보여주었다.

그러한 사건들은 인터넷이 어떻게 민족주의적 감정을 인위적으로 증폭시킬 수 있는지, 그리고 정부에 대한 대중의 불만을 어떻게 점점 더 구체화시킬 수 있는지를 보여주는 사례이다. 불만과 민족주의가 겹쳐졌을 때 그것은 정권에 중대한 압력이 될 수 있다. 중국 정부는 역사적으로 민족주의를 대중적 지지를 고취시키고 국내 문제에 대한 관심을 다른 곳으로 돌리는 데 이용해 왔다. 이와 같이 평상시에는 국내 웹사이트에 게시되는 많은 공식적 뉴스들이 민족주의적 성격을 갖거나 또는 반(反)대만 또는 반미적인 내용을 갖고 있다. 그러나 위기 시에 중국 정부는 정권의 정통성에 의문을 제기하는 민족주의적 비판에 특별히 민감하게 반응하는데, 이는 특히 그러한 비판이 과거에 중국 통치자들을 타도할 때 사용되었기 때문이다. 중국 정부는 기본적으로 정권의 정통성을 고취시키기 위해 민족주의를 자극하는 한편, 정권의 통치능력에 의문을 제기하는 매우 공격적인 여론을 무심코 고양시켜 버리고 마는 이러한 미묘한 선상에서 이를 능숙하게 처리하기 위한 노력을 지속적으로 펼치고 있다. 물론 온라인 상에 표출되는 여론들이 반드시 전체를 대표한다고는 볼 수 없지만 웹 포럼들은 의심의 여지없이 이러한 현상을 확대해 왔고, 국가가 이에 대해 구체적으로 대응하도록 만들었다.[43]

요컨대, 인터넷의 대중적 이용은 중국 정부에 수많은 문제들을 제기하고 있다. 이와 같은 문제들은 대응적·주도적(reactive and proactive) 전략의 조합을 통해 수립한 중국 정부의 인터넷 통제전략 구조 내에서 일어나고 있다. 이는 대부분의 인터넷 이용자들이 정치적으로 민감한 웹사

43_ 민족주의가 중국 정부 관리들에 의해 조작될 수도 있지만 그것 또한 더욱 활기찬 공론장을 창출하는 데 도움이 될 수 있다고 주장하는 사람들도 있다. 보다 자세한 내용은 Qiu, "Chinese Opinions" 참조.

이트를 회피하고 정치적으로 민감한 주제들에 대해 논쟁이 될 만한 의견 표출을 피하는 것과 같은 자기검열을 하고 있다는 사실에서 발견할 수 있다. 정부 또한 많은 중국 인터넷 이용자들의 이러한 자연스런 선호 경향에 의지하고 있다. 전 세계 인터넷 카페 이용자들과 같이 중국 인터넷 카페 이용자들도 해외 파룬궁이나 서구 뉴스 사이트에 접속하기보다는 친구들과 이메일을 주고받거나 게임을 즐기는 데 훨씬 더 많은 시간을 할애하고 있다. 인터넷 이용자들에 대한 여론조사는 대부분의 이용자들이 금지된 사이트에 접속하기 위해 프록시 서버(proxy sever)에 접속하려는 노력을 별로 하지 않는다는 것을 발견했다.[44] 많은 이용자들은 또한 인터넷에 대한 어느 정도의 규제에 찬성한다.[45] 많은 측면에서 현재의 인터넷 이용과 정부의 인터넷 발전방향에 대한 계획 사이에 점점 더 많은 수렴현상이 나타나고 있는 것이다.

그럼에도 불구하고 인터넷 이용자들이 인터넷과 자신들의 표현 방식에 보다 더 친숙해질수록 현재 중국 정부의 전략만으로는 발전하는 온라인 공론장을 제한하지 못할 수도 있다. 국가의 정보화 목표를 완벽하게 실현하기 위해서는 가정에서의 인터넷 접근 확대를 포함해 인터넷

44_ 프록시 서버들이 종종 검열에 대항하는 무기로 환영받지만 중국의 경우 논쟁의 여지가 많은 주제이기도 하다. 프록시 사용자의 실제 숫자가 여론 조사 결과보다 많다고 주장하는 사람들이 있지만 그것들 대부분이 접근 하기 곤란하고 상업적으로 실용성이 없으며, 정부에 의해 쉽게 추적당하고 차단되는 것 또한 사실이다. 정부가 가짜 프록시들을 배치하여 자료 수집 도구로 이용하고 있다는 소문도 있다. 그러한 소문들은 잠재적인 미래의 사용자들이 더욱 더 자기검열을 하도록 만든다. 이 주제에 대한 보다 자세한 내용은 Tsui, "Internet in China" 참조.

45_ Guo and Bu, *Survey.*

에 대한 대중적 접근을 확대하는 전략을 지속적으로 전개해야 한다. 그러나 그 결과 현재 인터넷 이용 세대보다 감시하기가 더 힘들고 제한하기 더 어려운 인터넷 이용 세대가 나타날 수도 있는 것이다. 특히 위기 시에 온라인 토론을 통제하려는 정부의 노력은 2001년 한 해에 걸쳐 발생한 다양한 사건에서 볼 수 있듯이 역부족인 상황에 놓일 수도 있는 것이다. 이와 같이 온라인 세대가 발전함에 따라 중국 정부도 그에 맞는 온라인 전략을 발전시키게 될 것으로 전망된다.

시민사회의 발전과 저항

인터넷을 이용하는 데 있어 시민사회 조직 또한 동일한 어려움을 겪고 있다.[46] 최근 중국의 개혁은 국가–사회관계에 변화를 가져왔는데, 이는 급속히 형성되고 발전하는 단체들이 점점 더 많은 경제적 · 정치적 힘을 행사할 수 있도록 만들고 있다.[47] 국가는 대규모 독립단체의 등장을 하나의 위협으로 바라보기 때문에 정치적으로 위협적이라고 판단되

46_ 파룬궁 수행운동의 이완된 네트워크에서부터 당에 근거한 '대중조직'들에 이르기까지 존재하는 조직들에 대해 상당히 많은 논쟁이 있다. 중국전국부녀연합(ACWF)은 독립적인 시민사회를 위한 기반을 구성한다. ACWF와 같은 조직들이 국가의 중요한 구성요소로 알려져 있지만 우리는 본장의 목적에 맞게 시민사회적 맥락에서 그러한 조직들을 분석할 것이다. ACWF와 같은 조직들의 변화하는 역할에 대한 보다 자세한 내용은 White, Howell, and Xiaoyuan, "In Search of Civil Society" ; and Moore, "China's Fledgling Civil Society"를 참조.

47_ Moore, "China's Fledgling Civil Society."

는 조직들에 대해 신속한 무력화를 시도해 왔다. 이러한 단체들이 인터넷을 조직화와 의사소통의 도구로 사용했을 때 국가는 일련의 기술적 조치들, 규제법들, 그리고 잘 알려진 탄압 등을 동원해 대응했다.

　　서구 언론매체들은 중국 정부에 조직적으로 저항하고 전 세계에 정보를 확산하는 데 인터넷을 사용하는 정신수양 운동단체인 파룬궁에 대해 많은 관심을 보여왔다. 파룬궁은 그후 초국적 운동으로 발전했지만, 설립자 리훙지의 수행법을 전파하기 위해 추종자들이 인터넷을 사용하기 시작했을 때인 1990년대 후반에 이미 중국에 결정적 다수(critical mass)를 확보했었다. 파룬궁은 곧이어 새롭고도 필수적인 수행법을 다운로드 받을 수 있고, 지역적으로 널리 분산된 수련자들이 지역 모임을 가질 수 있도록 하기 위해 인터넷을 최우선의 매체수단으로 이용했다. 파룬궁은 또한 전 세계에 자신의 존재를 알리고 파룬궁 수행에 대한 중국 정부의 음해에 대처하기 위해 인터넷을 이용해 오고 있다.[48]

　　1999년 4월 부분적으로 인터넷을 통해 조직된 항의운동 이후에 정부 당국은 국내 파룬궁 웹사이트를 폐쇄하고 해외에 개설된 사이트에 대중적인 접근을 하지 못하도록 차단하면서 중국 내에서 그 단체의 웹사이트 이용을 신속하게 탄압하기 시작했다. 이에 따라 개정된 인터넷 규제법에는 '사교 교리'의 전파를 금지한다는 구절이 포함되었다. 초국적으로 조직된 파룬궁 단체는 여전히 인터넷에 의존하고 있지만 중국 내의 추종자들은 현재 해외 신도들과 이메일로 연락하는 데 어려움을 겪고 있다. 국내 신도들은 점차 당국의 추적을 따돌리기 쉬운 전화나 또는

48_　　Bell and Boas, "Falun Gong."

다른 ICTs에 의존하고 있다.[49] 일부 중국 내의 파룬궁 신도들이 해외 파룬궁 웹사이트에 접속하는 데 필요한 기술을 가지고 있기는 하지만, 중국 내에서 파룬궁 수행을 근절하려는 중국 정부의 정책은—한편으로는 기술적으로 해외 웹사이트에 접근하려는 시도를 차단하고, 다른 한편으로는 체포 및 사상개조를 통해—성공하고 있는 것으로 보인다.

정보를 확산시키기 위해 인터넷을 이용하려고 시도했던 다른 단체들과 반체제 인사들 또한 체포·구속당했다. 비록 공식적으로 야당의 지위를 확보하지는 못했지만 현재 해산된 중국민주당 또한 당 설립과 초기의 신속한 동원에 인터넷이 결정적으로 중요했다고 주장했다. 민주당 창립자에 따르면, 1998년 그 단체는 당 강령을 공표하는 데 이메일을 사용해 당원이 처음 12명에서 200명으로 확대되었고, 결과적으로는 전국적인 당 지부를 건설했다.[50] 정부는 당원들을 체포하고 해외 반체제 인사들에게 이메일을 보냈다는 혐의로 그들을 구속함으로써 중국민주당 창당운동을 중지시켰다. 한편, 상하이에서 소프트웨어 기업을 운영하던 린 하이는 미국 워싱턴에 본부를 둔 민주주의 운동 출판물인 VIP 레퍼런스(VIP Reference)에 국내 이메일 주소를 제공했다는 혐의로 체포되었다.

반면, 중국 정부 당국에 등록된 시민사회단체들은 인터넷에 접근할 수 있을 뿐만 아니라, 중국의 정보화 추진계획 선상에서 조직화와 정보 확산을 위해 혁신적인 방법을 사용하도록 장려된다. 중국 전국부녀연합(ACWF)과 같은 조직들은 그 조직 내에 각 수준별로 인터넷 이용과 기

49_ 2001년 5월 7일 외국에 있는 파룬궁 대변인과의 인터뷰.

50_ Maggie Farley, "Hactivists Besiege China," *Los Angeles Times*, 4 January 1999 ; Jasper Becker, "Review of Dissidents, Human Rights Issues," *South China Morning Post*, 12 January 1999.

술교육을 최우선 사업으로 추진해 오고 있다. 본래 대중과 당을 이어주는 중간 매개조직으로 활동하도록 고안된 '대중조직'인 전국부녀연합은 이메일과 웹페이지를 이용해 해외 여성단체들과 연락을 증대시키면서 현대적인 조직으로 변화하고 있다. 전국부녀자연합은 비록 그 단체의 캠페인 자체가 지방에서 인터넷 접근 여부에 상당 부분 달려 있기는 하지만, 농촌 여성들에게 보건 및 정보를 확산하는 데 웹사이트를 집중적으로 이용하기 시작했다. 그 단체 관리자들은 인터넷이 농촌지역 여성들을 교육시키고 빈곤에서 탈출하도록 하는 데 결정적인 수단이라는 사실을 명확히 인식하고 있다.

본질적으로 중국 당국의 암묵적 정책은 정치적으로 민감한 인터넷 이용은 몇 개의 핵심적인 본보기로 단호히 처벌함과 동시에 여타 다른 공론장에서의 인터넷 접근 및 이용은 증가시키는 것이다. 하지만 이러한 정책만으로는 정치적으로 충성스런 사람들만 조심스럽게 가려내서 인터넷에 접근할 수 있도록 할 수는 없기 때문에, 반체제 인사들은 제재를 받고 있는 조직들과 동일한 범주로 위협적이라고 탐지되거나 반체제 인사로 확인되기 전까지는 적어도 인터넷을 이용할 수 있을 것이다. 전문가단체, 공인 노조, 그리고 다른 언론매체 조직들과 같이 정부에 등록된 시민사회단체들 또한 그들의 증가하고 있는 독립성을 활용하여, 어쩌면 국가의 목표와 충돌할지도 모르는, 비전통적인 발전 분야를 위해 인터넷을 이용하게 될 수도 있는 것이다.

관료주의의 전환, 여론의 형성

공식적인 야당의 부재 속에 중국 정부는 정치영역에서의 인터넷 이용을 지배하고 있다.[51] 인터넷의 성공적인 이용은 행정과 정치과정을 현대화하도록 설계된 중국의 선도적 개혁·개방 프로그램에 결정적인 것으로 보인다. 이러한 분야에서 국가의 인터넷 이용은 두 개의 주요 세부 분야, 즉 전자정부와 선전으로 분류할 수 있다.[52]

중국 정보화 전략의 상당 부분은 다양한 층위의 관료제에 전자정부 프로그램을 실시하는 것이다. 인터넷과 관련된 기술들은 온라인 행정 서비스를 제공함으로써 행정에 대한 시민들의 만족도를 향상시키고, 경우에 따라 행정의 투명성 향상을 촉진시키면서 행정의 현대화와 자동화를 통한 국정관리 능력을 강화하는 데 도움을 주는 것으로 보인다. 1999년 1월 차이나텔레콤과 국가경제무역위원회는 몇 년 내에 모든 중앙정부 부처의 업무를 온라인화하는 '온라인 정부'(Government Online) 계획을 추진했다. 정부 기능을 온라인에 게시하는 것과 같은 단순한 목표로 시작해 그 계획은 행정 효율성을 향상시키기 위해 전산자료와 전자문서를 사용하면서 광범위한 전자행정을 실행하는 것을 목표로 한다. 비록 전자

51_ 중국민주당이 초기 단계에 인터넷을 이용하여 결성되었지만 정부로부터 공식적인 야당의 지위를 얻지는 못했다. 이 부분은 본장의 시민사회 부분에서 논의할 것이다.

52_ 물론 시민들에 대한 정부의 감시와 모니터링은 정부의 인터넷 이용의 많은 부분을 차지하고 있다. 하지만 그러한 조치들은 인터넷의 대중적 이용에 대응해 취해진다.

정부를 위한 중국의 야심이 실질적인 성과를 앞서가고 있긴 하지만, 많은 정부 부처와 조직들이 웹사이트에 점점 더 많은 자료들과 기록들을 올리고 인트라넷을 이용해 효율성을 제고하면서 유용한 웹사이트를 구축했다.

사실 몇몇 정부 부처 및 부서들, 지방정부, 그리고 다른 조직들은 그들만의 혁신을 이뤄냈다. 농업부의 경우 1997년 이래 중앙정부 프로그램에 2년 앞서 자체의 정보화 과정을 조용히 실행한 바 있었다. 1998년 정부 각 부처들이 조직 현대화를 명령받았을 때 농업부는 직원을 45%까지 축소시켰는데, 이는 인력 부족 상태를 야기했다. 이것이 결과적으로 업무 자동화를 도입할 수밖에 없는 상황을 가져왔던 것이다. 2000년 1월까지 전체 정부 부처가 이러한 과정을 경험했다. 인트라넷 이용을 통해 서류들은 이제 온라인 상에서 검토되고 결제된다. 한편, 인트라넷은 행정 과정을 보다 투명하게 관리할 수 있게 하며 내부적인 출판 플랫폼의 역할을 한다. 농업부의 정보 센터 역시 관리자들에게 대규모의 농업통계 구축을 지원하는 내부 농업정보 네트워크를 제공한다. 정보는 지방정부에서 정보 키오스크(kiosk)를 통해 수집되고 전파된다.

도시에서는 시 정부들이 시민들에게 온라인 서비스를 제공하기 위해 적극적으로 움직이고 있다. 베이징 시 웹사이트는 전문적으로 디자인된 그래픽과 유용한 많은 링크 기능을 특징으로 하면서 굉장히 세련되게 구축되어 있다. 그 웹사이트를 보면 정부 서비스 정보, 새로운 법규와 규제사항, 지역 뉴스 센터, 그리고 시 정부에 대한 제안사항이나 비판을 베이징 시장에게 이메일로 보낼 수 있는 전용 이메일 등을 갖추고 있다. 이와는 별도로 방문자들이 질문하고 웹 상에서 답변을 받을 수 있는 기능도 제공한다.[53] 베이징은 다른 시 정부들에게 전자정부의 모범적 사례를 제공하고 있다.

그러한 움직임들이 보다 책임성 있고 투명하며 시민들이 정부와 상호작용할 수 있는 방향으로 발전해 가는 과정 속에서 일어나고 있는 중이다. 중국에서는 현재 반부패 운동과 인터넷의 연관성에 대해 점점 더 많은 정부 및 학술적 연구가 진행되고 있다. 새로운 ICTs을 이용해 투명성과 책임성을 향상시키기 위해 작지만 점점 더 많은 조치들이 취해지고 있다. 2000년 신식산업부와 매탄공업국은 중국의 전형적인 석탄 조달방법으로 통용되어 온, 수단과 방법을 가리지 않고 석탄을 확보하는 관행의 개선을 위해 온라인 경매 시스템 구축 사업을 하는 민간회사인 이칸타타(ECantata)와 제휴관계를 맺었다. 중국 정부의 '햇볕구매'(sunshine purchasing) 정책의 일환인 그러한 조치들은 조달 업무의 부정을 줄이고 효율성을 제고하기 위해 인터넷을 이용하는 것이다.

전자정부 프로그램과 함께 중국 정부는 사상 선전을 위한 사업에서 인터넷 이용을 강화하고 있다. 오랜 기간 중국공산당 정권의 효율적인 기능에 중요한 의미를 갖고 있는 이러한 정책들은 정보화 시대에 적응하여 새롭고도 때로는 보다 섬세하게 정부의 시각을 전달하기 위해 웹사이트를 이용하고 있다.

중국 정부는 현재 벌어지고 있는 사안들에 대한 정부의 시각을 전달하기 위해 전문적인 웹사이트를 구축했다. 이는 파룬궁 사례에서와

53_ 2001년 6월 웹사이트의 한 방문자의 질문은 최근 산동에서 대학을 졸업한 사람이 베이징에서 취직하기 위해서 베이징으로 그의 공식적 주소지를 어떻게 옮길 수 있는가에 대한 것이었다. 웹사이트에 제공된 답변은 특별 규제를 인용해 어떻게 적절한 절차를 받을 것인지에 대한 권고사항을 제공했다.

같이 정부가 반체제 단체에 의해 '잘못된 정보'가 유포되고 있다고 주장할 때 특히 필요하다. 영어와 중국어로 된 다양한 보도물들에서는 '사상교화된' 파룬궁 수행자들과 천안문사건에서 희생양이 된 시위자들의 사진을 보여준다. 인민일보는 촌스럽기 그지없는 오프라인 신문에 비해 훨씬 치밀하게, 그리고 보다 세련되고 강력한 웹사이트를 운영하고 있다. 인민일보 웹사이트는 민간 웹사이트와 경쟁하면서 대중적이고 민족주의적 주제를 비롯해 스포츠와 생활 뉴스 등이 점점 더 많이 혼합된 채팅룸을 제공하고 있다.[54] 전 세계에 현대적인 면모를 보여주기 위해 디자인된 인민일보 영문판 웹사이트는 정부백서, 덩샤오핑 선집 그리고 중국헌법에 링크할 수 있는 기능뿐만 아니라 뉴스도 제공한다. 이 모든 조치들은 대규모의 온라인 선전 시스템을 구축하려는 중국 정부의 계획에 잘 부합하는 것이다. 중국 국무원 신문판공실은 인터넷 뉴스 내용을 '지도하고 조정할' 책임을 갖는 인터넷 정책관리국을 신설했고, 선전국장 딩 구앙은 주요 국영 언론매체들이 인터넷을 최대한 이용하도록 지도관리하는 임무를 맡고 있다.[55]

중국 정부는 전 세계 인터넷을 대상으로 선전사업을 진행하는 것 외에 국가 인트라넷이라고 하는 아이디어를 부활시키고 있다. 이는 중국 시민들에게 허용될 수 있는 내용(그것이 정확히 어떤 것인가는 아직 세부적으로 결정되지 않은)만을 제공함으로써 전 세계에 열려 있는 인터넷의 속성을 제한

54_ "Much Achieved by Government Online Project in China," *People's Daily Online*, 13 July 1999 ; "The Complete Reference to the Web Sites of Chinese Government Agency," http://www.chinasite.com/government.html.

55_ Michael Ma, "China Wants Net To Spread Propaganda," *South China Morning Post*, 10 February 2001.

하려는 의도에서 나온 것이다.[56] 시넷(CNet)으로 불리는 이 인트라넷은 한층 개선된 보안성과 '국내기반기술'로 특징지어지는 하나의 독점적 커뮤니케이션과 데이터 네트워크를 그 속성으로 하고 있다. 비록 그러한 아이디어가 논의수준이고 수년째 지연되고 있지만, 이러한 논의가 국가적 우선순위로 재론된다는 것은 외국 사상의 범람을 차단하고자 하는 중국 정부 당국의 강력한 의지를 보여주는 사례이다.

　　일반적으로 정치적 영역에서 인터넷 이용은 중국 정부에 순이익이었음이 증명됐다. 점점 더 정교해진 전자정부 구현을 위한 조치들이 서비스 제공을 위해 취해지고 있는데, 이는 정부에 대한 시민들의 만족도를 높이고, 아마도 대의제를 대신하여 일종의 정치적 정당성을 제공해 주는 데 도움이 될 수도 있을 것이다. 개혁지향적 정부 관료들은 거버넌스 그 자체를 개혁할 뿐만 아니라, 중국 정부 구조를 현대화하는 하나의 도구로서 온라인 정부 계획을 추진하고 있는 중이다. 다른 여러 나라의 전자정부 프로그램을 반영한 그러한 노력들은 내부로부터 국가 능력을 강화하는 데 도움을 줄 것이다. 한편, 선전조직들은 정부가 젊은 신세대 이용자들을 확보하도록 도와주면서 인터넷 이용의 혜택을 톡톡히 보고 있다.

전자상거래 : 제한된 첨단영역

　　중국 인터넷 산업 투자자들은 종종 그들의 경험을 엄청난 부나

56_　"China To Build Own 'Superhighway,'" *Associated Press*, 8 January 2001.

예기치 않은 고통이 상존하는 미지 탐사에 비유하곤 한다. 실제로 중국 인터넷 산업은 수많은 백만장자를 출현시켰는데, 그들 대다수는 인터넷 부문에서 발견될 수 있는 기업가의 개척정신을 강조한다. 하지만 그러한 환상적인 비전들은 중국 정부가 아주 세밀하게 중국 ICT 산업을 경제 발전의 주요 요인으로 설정했고, 굉장히 유동적이고 예측할 수 없는 환경에 대한 국가의 통제를 유지하기 위해 모든 신경을 집중시키고 있다는 사실과 모순된다는 점을 간과했다.

많은 사람들이 광범위한 수준에서 인터넷 주도 경제발전이 결과적으로 정치 자유화를 지지할 기업가 정신을 갖춘 시장지향적인 사회계층을 형성하는 데 도움을 줄 수 있다고 생각한다. 중국과의 정상적인 무역을 지지하는 사람들은 또한 중국 인터넷 부문에 대한 외국인 투자가 중국에 보다 객관적인 뉴스와 정보를 제공하고 민주주의를 촉진하는 국내 자본가 계급의 창출에 기여할 뿐만 아니라, 중국 정부에 정보 자유를 덜 침해하는 정책을 펼치도록 압력을 가하도록 도와줄 것이라고 주장한다. 하지만 지금까지 중국 당국(신식산업부, 지방정부, 또는 그 밖의 다른 관료기구들)은 여전히 초기 단계에 있는 민간 부문에 대한 강력한 통제를 유지하고 있다. 중국 당국은 ISP 부문에 대한 지배에서 민간 ICP들에 의해 제공되는 콘텐츠에 대한 감시에 이르기까지 다양한 방법으로 분명하게 영향력을 행사하고 있다.

중국 경제 전반에 걸친 ICT 산업의 점증하는 관련성을 감안해 볼 때, 그러한 국가의 영향력을 그냥 지나쳐 버릴 문제는 아니다. 1996년에서 2000년 사이에 ICT 산업은 중국 경제에서 가장 빠르게 성장하는 부문이었다. 정부 당국자들은 2000년 전자상거래 규모가 93억 달러에 달할 것으로 보는데, 전 세계적 기준으로 봤을 때는 적은 규모일지 모르지만 지속적으로 발전하는 중국의 금융시장을 감안한다면 높은 수준이다. 전자산업 또한 최근 들어 뚜렷한 성장세를 보여주고 있는데, 2000년 총수입의 23% 그리고 총수출의 21%가 전자제품이었다.[57]

　　중국 당국은 지방수준에서 국내 인터넷 산업 출범과 인재를 육성하는 최첨단 산업단지(베이징의 중관춘과 같은)의 설립을 촉진해 왔다.[58] 중국은 또한 중국 최고 명문대 졸업생들을 외국에 취업하기보다 국내에 남아서 기술 부문에 종사하도록 독려하고 있는데, 이는 경제 현대화에 힘을 실어줄 전문적 기술진을 육성하고자 하는 중국 정부의 야심찬 전략의 일환이다.

　　인터넷 서비스 사업 분야에 대한 정부의 영향력 행사는 강력하고도 교묘하기까지 하다. ISP들의 급속한 확산을 보면서 많은 이들이 민간 업체들이 이 부분의 발전을 주도하면서 엄청난 이익을 챙기고 있다고 추정했다. 그러나 사실상 그 부문은 처음에 우정통신부에 의해 시작되었고, 나중에 고용량 대역폭을 자랑하는 차이나넷(ChinaNET)의 기간망을 통해 신식산업부가 지배해 왔다. 이러한 정부기관과의 연관성과 재정력을 바탕으로 초기의 어려움을 잘 극복해 온 차이나넷 협력업체들은 가장 많은 수의 이용자들을 끌어들이고 유지할 수 있다. 독립적인 ISP들은 높은 수준의 우정통신부 대여료와 부족한 자금에 맞서 싸우느라 안간힘을

57_　모든 통계치는 2001년 5월 25일 'IT혁명과 아시아 경제 : 세계경제의 증가하는 상호 의존성' 의 주제로 개최된 12차 아시아 포럼에서 발표된 국무원 발전연구 센터의 기술경제부 부국장 웨이 루의 '중국 IT산업' 에 근거한다.

58_　John Markoff, "Silicon Valley's Primal Spirit Lives, in a Part of Beijing," *New York Times*, 4 August 2000.

다하고 있다. 주룽지 총리와 그 밖의 다른 중앙 지도부의 명령으로 회선 임대료가 지난 몇 년간 현격히 내리기는 했지만 자금난에 허덕이는 독립적인 ISP들은 그러한 감소분의 혜택을 소비자에까지 돌아가도록 할 만한 여유가 없었다. 많은 업체들이 사업을 중단했고, 지역 차이나넷에 사업체를 팔았다. 2000년 말 ISP들의 90%가 재매각 협정을 맺었다.[59]

　　중국 정부는 규제정책에서 다소 이중적인 태도를 취해왔는데, 이는 전체적인 전략 때문이라기보다는 정부 부처 간 조정이 부족했기 때문이었다. 그 결과 국내외 인터넷 기업가들은 혼란스러운 상태에 빠져들게 되었다. 한편으로는 지적 재산권을 보호하고 투자법을 제정할 뿐만 아니라, 위험회피 지향적인 외국인 투자자들을 끌어들일 수 있는 안정된 형태의 전자상거래 환경을 조성하기 위해 공평한 투자환경을 제공하려는 노력이 취해지고 있다. 하지만 다른 한편으로는 모순되는 규제들이 남발되고 있는데, 이러한 규제의 많은 부분들이 발전도상에 있는 인터넷 기업 부문을 위협하거나 무원칙한 수탈의 장으로 만들 수 있는 요소를 가지고 있는 것이다.

　　ISP들과 ICP들은 과거 언론매체 규제를 흉내낼 뿐만 아니라 새로운 기반을 형성하려고 하는 새로운 법규에 불만을 제기해야 했다. 새로운 법령들은 ICP들이 '사회안정을 해치는' 정보를 공급하지 못하도록 강제하고 있고, ISP들에게는 이용자 목록을 만들어 관리할 것을 요구하고 있다. 해외 인권 및 자유언론 활동가들로부터 강력한 항의를 유발시킴에도 불구하고 인터넷 업체들은 그러한 규제사항의 상당 부분을 수용

59_　　Harwit and Clark, "Shaping the Internet."

하고 있는데, 이는 자기규제, 자기검열, 그리고 엄격히 적용될 만한 규제 사항을 스스로 결정하는 경향을 보여준다.[60] 중국 최대 규모의 포털들은 스포츠, 오락, 그리고 현재 이슈들에 대한 내용을 모두 담고 있지만, 많은 포털들이 당 노선에 맞지 않는 국제뉴스와 같이 정치적으로 민감한 문제들은 다루지 않고 있다. 국가가 광범위한 규제환경을 조성하고 인허가권과 관련해 사소한 점에 이르기까지 간섭하기 때문에 많은 업체들이 다양한 수준의 정부 부처들과 좋은 관계를 맺기 위해 애쓰고 있다.

사실 중국 내 많은 수의 인터넷 기업가들은 정부의 인터넷 부문에서의 역할을 이해하고 있고, 그러한 역할이 증가할 것이라고 보고 있다. 종종 보다 자유로운 중국의 미래상으로서 서구 언론매체에 소개되는 이러한 기업가들은 일반적으로 그 본질이 실용적일 뿐만 아니라 국가전략을 보조하는 중국 인터넷 발전을 위한 비전을 가지고 있다. 예를 들어 2002년 초, 100명 이상의 인터넷 산업 기업가들이 자기통제를 고취하고 '인터넷 상에 해로운 정보 제거'를 약속하는 서약서에 서명했다. 비록 단순한 미사여구 정도로 보일 수도 있지만 중국의 많은 인터넷 기업들은 자유로운 의사표현에 대한 의지가 부족한 것처럼 보인다. 그들은 그러한 행위가 사업을 위험하게 만드는 것 그 이상도 이하도 아닌 것으로 간주하는 듯하다.[61]

따라서 인터넷 기업가들이 정부 정책결정 과정에 자신들의 의사를 반영시키는 것을 보고 정부와의 관계가 점점 대등한 위치에서 상의하

60_   Craig S. Smith, "Little Anxiety over China Web Rules," *New York Times*, 3 October 2000 ; Kalathil, "Between the Lines."

61_   "China's Internet Industry Wants Self-Discipline," *People's Daily*, 27 March 2002.

는 관계로 발전하고 있다고 지적하고 있지만, 정치적으로 민감한 주제에 대해 국가에 압력을 가할 만한 인터넷 기업가는 거의 없다. 많은 IT 산업 재벌들이 언론자유와 관련된 문제에 대해서는 확연할 정도로 침묵하고 있다. 그러한 기업들은 돈을 벌고자 창업된 것이지 정치적 변화를 추구하려고 설립된 것이 아니라는 점을 감안한다면 이는 별로 놀랄 만한 일은 못 된다. 일부 중국 인터넷 기업가들은 서구 학자들이 중국에서 인터넷의 정치적 영향에 대해 뭔가 잘못된 기대를 가지고 있으며, 이는 그들이 중국 개혁의 현실적 상황과 정부의 선도적 역할에 대해 잘 알지 못하기 때문이라고 지적한다.[62]

외국의 다국적 언론매체들 역시 그동안 중국 정부의 방침에 도전하기보다는 오히려 그 방침에 순응해 왔다. 이런 행태로 볼 때 이들은 중국에서 바람직한 언론매체 환경을 조성하기 위해 노력하는 것 같지 않다.[63] 2001년 아메리카 온라인(AOL)은 정치적으로나 문화적으로 전혀 문제가 없는 프로그램만 방송하는 중국어 유선 채널을 중국 남부지역에 공급하기 위해 중국 정부와 획기적인 계약을 체결했다. AOL은 또한 최근에 중국 컴퓨터 회사인 레전드(Legend)와 합작회사를 설립했다고 발표했다. 그런데 만약 앞으로 중국 당국이 요구할 경우 그 회사에서 운영하는 인터넷 서비스와 관련된 정치적 반체제 인사들의 이름, 이메일, 그리

62_ 2001-2002년 다양한 인터넷 담당자들과의 인터뷰. 중국 인터넷 산업과 기업가들에 대한 보다 자세한 내용은 Sheff, *China Dawn* 참조.

63_ 한 가지 유명한 사건을 예로 들면, 1990년대 초 위성 텔레비전이 중국 지도자들을 전체주의 정권에 대한 위협으로 규정하여 이들을 분노케 한 후에 뉴스 재벌 루퍼드 머독(Rupert Murdoch)은 결과적으로 그의 스타(Star) TV 위성 네트워크에서 BBC 뉴스 프로그램을 제외시켰다. 보도에 의하면 이는 정부 당국자들을 달래고 호감을 얻기 위한 조치였다.

고 다른 인터넷 기록들을 정부 당국에 제공할 것인지의 여부에 대한 질문에 대해서는 확인해 주기를 거부했다. 한편, 미국의 인터넷 기업들은 인권단체들이 웹사이트 상에 문제가 되는 글을 올린 혐의로 체포된 중국 기업인을 변호해 줄 것을 요구했을 때 침묵으로 일관했다.[64]

그러한 행태(또는 미온적 행동)는 정부 관리들과 좋은 관계를 유지하는 것을 중요시하는 기업경영의 맥락에서 보면 상식적인 것이다. 비록 자유무역을 주장하는 사람들은 외국인 투자가 이른바 정실주의 자본가 행태를 감소시키는 데 도움을 줄 것이라고 주장하지만, 외국인 투자자들이 선천적으로 관시문화에 반대한다는 증거는 찾기 힘들다. 국내 기업가들과 같이 많은 이들이 정부와 관계를 맺고 종종 완곡하게 말해 지역적 경영방식을 따르는 데 힘을 쏟고 있다. 그러므로 WTO 가입 후 따라야 할 이행기준으로 외국인 소유 지분에 대한 확대가 중국의 정보 자유화에 어느 정도로 영향을 줄 것인지에 대해 현재로선 예측하기 곤란하다.

외국인 투자의 또 다른 정치적 효과는 의도적이건 또는 그 밖의 다른 이유에서건 인터넷 이용을 감시하고 통제하는 국가의 능력을 강화시킬 수도 있다는 것이다. 국가안전부는 진둔공정(金盾 : Golden Shield Project)을 통해 차단 및 해킹 방지 프로그램을 만드는 외국기업들을 끌어들였다. 해외 인권단체들은 이 계획과 더불어 정보통제를 위해 외국기술을 접목시키려는 다른 계획들에 대해 우려를 표시해 왔다. 2001년 9·11 테러 이후 미국에서 전자감시전술에 대한 관심이 고조된 점을 감안한다면

64_ Mark Landler, "AOL Gains Cable Rights in China by Omitting News, Sex, and Violence," *New York Times*, 29 October 2001 ; Michael Dorgan, "U.S. Firms Silent over Chinese Net Arrest," *San Jose Mercury News*, 6 July 2000.

외국인 투자자들과 정부 정책결정자들은 기술유출을 제한할 것이고, 이는 중국 정부의 구매감소로 이어질 수도 있다.

일반적으로 국내외 투자자들의 재산을 통제하고 투자의 방향을 설정하도록 했던 국가의 능력은 새로이 형성되는 기업가 계급(entrepreneurial class)으로 하여금 그들이 돈 버는 능력에 환호하고 있는 바로 그 시점에서조차 '의존과 강박의 문화'에 기반하도록 만드는 효과를 가지고 온 것으로 보인다.[65] 그와 같이 만약 (1) 기업가 계급이 경제적으로 독립적이고 강력한 사회세력으로 등장한다면, 그리고 (2) 그 계급이 정치에 적극적인 관심을 갖는 반면 정치적 반대에는 이보다 훨씬 적은 관심을 갖는다면 그러한 효과는 지속적으로 나타날 것이다. 국내외 인터넷 기업들은 정치적 자유화를 촉진하는 데 제한된 역할을 할 것으로 보이며, 특히 만약 많은 기업들이 국가와 대립하기보다는 협력하고 협의하려는 그들의 경영정책을 지속적으로 유지한다면 그들의 역할은 향후에도 제한적일 것이다.

국경을 가로지르는 사이버 행동주의와 사이버 전쟁

다른 권위주의 정권들과 같이 해외에 체류하는 중국 반체제 인사들과 활동가들은 정보 수집과 확산에서부터 명백한 정치적 행동을 요구하는 내용에 이르기까지 중국 문제를 다루는 가장 규모가 크고 풍부한

65_ Bell, Brown, Jayasuriya, and Jones, *Towards Illiberal Democracy*, p. 13.

내용이 담긴 웹사이트를 운영해 오고 있다. 휴먼라이츠와치, 중국의 인권 (Human Rights in China), 그리고 언론인 보호위원회(Committee to Protect Journalists)와 같은 단체들은 체포와 인권침해 뉴스를 올리고, 온라인 청원을 돌리며, 중국 반체제 인사들과 다른 활동가들의 이메일 자료들을 관리한 다.[66] 미국을 근거로 하고 있는 중국 반체제 인사들 또한 중국어 웹사이트를 운영하고 때론 중국 내에 정보를 확산시키기 위해 이메일을 사용한다.[67] 파룬궁 국제지부도 중국에 대한 국제사회의 정책에 영향을 미치기 위해 인터넷을 이용해 왔는데, 이들은 외국 호스트 서버에 기반한 웹사이트들에 중국 정부의 탄압 사례에 대한 세부사항을 올리고 있다.

반체제 인사들과 다른 활동가들은 점차적으로 중국 정부의 검열을 피하기 위한 방법들을 정교하게 개발하고 있다. 미국 워싱턴에 본부를 둔 이메일 소식지 출판자인 VIP 레퍼런스(VIP Reference)와 같은 단체는 이메일 출처를 위장하기 위해 제목을 바꾸고 소식지를 발송할 때 쓴

66_ 기업인인 후앙 치가 그의 웹사이트에 천안문 학살에 대한 기사를 올린 혐의로 재판에 회부된 후 뉴욕에 본부를 둔 휴먼라이츠와치는 서구 정부들과 인터넷 기업들이 후앙을 변호하도록 호소하기 위해 웹사이트에 선언문을 올렸다(미국 인터넷 기업들은 그 단체가 후앙이 체포된 바로 직후 같은 청원을 올렸을 때 침묵으로 일관했다). "Subversion Trial Set for Web Site Creator," *South China Morning Post*, 10 February 2001 ; and Dorgan, "U. S. Firms Silent" 참조.

67_ 비록 몇몇 국제단체들이 중국의 지지자들과 연락하기 위해 이메일에 의존했지만 이러한 시도는 아마도 대중적으로 알려진 것보다 덜 알려져 있다. 추방된 노동운동가이자 반체제 인사인 한동팡이 홍콩에서 발행하는 소식지 『중국노동회보』(*China Labour Bulletin*)는 외부 지지자들과 연락하기 위해 이메일에 의존하지만 중국 내부와의 연락은 전화를 우선으로 사용하고, 정규 라디오 프로그램을 이용하고 있다(출처 : 2000년 5월 5일 『중국노동회보』 웹 관리자와의 이메일).

이메일 주소를 계속 바꾸는 식으로 스팸메일과 비슷한 전술을 사용한다.[68] 다른 단체들은 피커부티(Peekabooty)와 같은 소프트웨어를 사용하는데, 이는 이메일 발송자를 익명으로 하기 위해 암호화와 P2P(peer-to-peer)를 결합한 소프트웨어를 사용한다.

그러한 행동들이 일차적으로는 초국적 시민 네트워크의 영역이었지만 미국 정부도 이와 비슷한 노력에 참여해 왔다. (하지만 2001년 테러리스트 공격 이래 중점 사안은 변화를 보이고 있다). 미국의 소리(Voice of America's : VOA)의 새로운 웹사이트는 53개 언어로 뉴스 및 라디오 방송을 한다. 한편, 캘리포니아에 본부를 둔 세이프웹(SafeWeb)은 이미 미국 CIA로부터 일정 부분의 자금을 받아 운영되고 있는데, 특별히 중국 청취자들을 위한 소프트웨어를 운영하는 새로운 컴퓨터를 제공하기 위해 VOA의 상부기관에 자금을 요청하고 있다.[69] 비록 국가의 자금을 받은 초국적 활동들이 중국 내부정치에 영향을 미칠 수 있을지의 여부는 불확실하지만 중국의 대외관계에는 이미 영향을 끼치기 시작했다.[70]

68_ Kevin McLaughlin, "China's Two-faced Internet Policies(and the People Who Skirt Them)," *Business 2.0*, 14 August 2000.

69_ 그 계획은 인터넷과 라디오를 포함해 중국으로의 방송을 증진시키기 위해 의회로부터 5백만 달러가 배정돼 추진되고 있다. 보다 자세한 내용은 Jennifer 8. Lee, "U.S. May Help Chinese Evade Net Censorship," *New York Times*, 30 August 2001 참조. 익명 소프트웨어 개발을 위한 지속적인 미국의 지원은 특히 중국을 대상으로 하고 있는데, 이는 미국에 대한 9·11 테러 이후 몇 가지 변화된 요인들에 달려 있는 것 같다. 테러리즘에 대한 협력적 대처는 변화하고 있는 중-미 관계의 동학을 고려한다면, 미국과 그 밖의 다른 지역에서 온라인 상에서 사적 자유 개념이 약화되고 있는 경향과 맞물려 그러한 노력들이 테러와의 전쟁으로 인해 피해를 볼 수도 있다.

70_ 그러한 단체들의 국제적인 정보 확산과 로비가 외교적 수준에서도 벌어

대부분의 경우에 있어 국제적인 인터넷 사용은 중국의 직접적인 통제로부터 자유롭다. 중국 정부는 그래서 해외에 중국 정부의 입장을 먼저 알림으로써 반체제 인사들의 온라인 활동에 대응해야 하는 것이다. 주된 전략은 국내외 의견들에 동시에 영향을 미치기 위해 중국 정부와 정부의 지원을 받는 웹사이트에 중국 정부를 비판하는 정보에 대한 반박 정보를 올려놓는 것이다. 아직 초보적인 단계이기는 하지만 선전 담당자들이 웹 자원을 최대한 이용하게 됨에 따라 그러한 전략적 시도들은 앞으로 보다 정교해질 것 같다.

몇몇 국제단체들은 해외에서 정치적으로 민감한 인터넷 사용에 맞서는 데에 있어 단순한 선전수준을 넘어서고 있다고 주장한다. 예를 들어, 파룬궁은 중국 정부가 파룬궁 조직들을 무력화시키고 신뢰가 떨어지게 하기 위해 정보전 기술—웹사이트 해킹 및 바이러스 유포—을 사용하고 있다고 주장한다.[71] 보도에 의하면 중국 정부는 반체제 해커 단체에 의한 공격에 대응해 이러한 기술들을 사용하는 것으로 알려져 있다.

그러한 활동들은 국제적 규모에 있어 보다 효과적으로 주권을 행사할 수 있도록 정보전 능력을 발전시킨다고 하는 중국 군부의 전략과 일맥상통할 것이다.[72] 통신 네트워크 및 잠재력에 대한 인민해방군(PLA)

지고 있다는 증거가 있다. 캐나다 수상 쟝 크레티앙(Jean Chretien)은 2001년 2월 중국 주룽지 총리와의 회담에서 그러한 탄압에 대한 우려를 표시했다. "China Vows War against Falun Gong," *Reuters*, 12 February 2001 참조.

71_ 2001년 2월 7일 해외 파룬궁 수행자와의 인터뷰. 또한 Bell and Boas, "Falun Gong" 참조.

72_ 중국 군 현대화에 대한 포괄적인 전망에 대해서는 Mulvenon and Yang,

의 관심은 새로운 것이 아니다. 1970년 중반 인민해방군은 자체적인 별도의 네트워크를 추진했는데, 이는 당시 신뢰도가 떨어질 뿐만 아니라 느린 우정통신부 네트워크를 대체하는 정부의 최우선 사업들 중 하나였다.[73] 인민해방군 전용 통신 네트워크의 발전은 현재 국가 최우선 정책이며, 1990년대 초기 이래 인민해방군 통신 네트워크 능력을 10배 증가시켰다. 어떤 조사결과에 따르면 인민해방군 전용 통신 시스템은 중앙정부 통신 예산의 20%를 차지하고 있는 것으로 알려져 있다.[74]

중국 군사 전문가의 최근 글에 따르면 중국은 게릴라전 및 적 데이터망에 대한 사이버 공격 등을 포함하는 '비대칭전쟁'(asymmetric warfare)에 점차적으로 초점을 두고 있다.[75] 최근 들어 미국 신문들은 중국 해커로 의심되는 미국 무기실험실들에 대한 해킹 사례를 보도하고 있고, 군사 전문가들은 중국이 '다양한 정보공학도들과 단순한 군인 대신에 노트북으로 무장한 시민들'에 점점 더 의존하면서 상비군에 대한 감축을 기꺼이 단행하고 있다고 본다.[76] 비록 2001년 5월 미국 웹사이트들에 대한 중국 해커의 공격이 홈페이지를 다운시키는 정도였지만, 정보전에 대한 지속적인 연구와 발전은 일반적인 정보화 전략과 현대적 군대로의 전환이라고 하는 국가적 목표와 같은 선상에 있는 중국 정부의 최우선 정책이라고 볼 수 있다.

The People's Liberation Army ; and Karmel, China and the People's Liberation Army 참조.

73_ Tipson, "China and the Information Revolution."

74_ Stokes, "China's Strategic Modernization."

75_ Zhang, "War without Rules."

76_ Thomas, "Like Adding Wings to the Tiger."

　　마지막으로, 국제적인 인터넷 이용의 중요한 정치적 효과는 해외에 거주하는 중국인들의 민족주의 표출에 있다. 현재 인터넷 상에 국내 민족주의의 극단적 표출이 중국 지도부의 골칫거리 중의 하나인 것과 마찬가지로 해외에 거주하는 중국인들은 보다 분산적이고 다루기가 쉽지 않다는 문제를 가지고 있다. 1998년 인도네시아에서 중국인을 대상으로 한 폭동이 발생했을 때, 인터넷은 해외 거주 중국인들의 광범위한 시위를 촉발시키면서 전 세계에 중국 민족주의의 응집적인 표출을 가능하게 했다. 비록 중국 정부 언론은 자카르타에서 일어나고 있는 사건들에 침묵으로 일관했지만, 인터넷은 중국의 인터넷 사용자들에게 그 사건을 알리고 베이징에서 학생주도 시위를 촉발시키면서 정치적 관심을 불러일으키는 주된 역할을 했다.[77] 해외에서의 온라인 무력시위가 수도 한복판에서의 구체적인 시위로 전환되는 것은 의심할 바 없이 중국 지도부가 가장 우려하는 사태 중의 하나였다. 앞으로 중국 정부는 민족주의적 반발을 조장하려고 하는 해외 사이트를 차단하려고 할 수도 있지만, 그러한 감정은 중국을 주제로 하는 그 어떤 사이트나 게시판에 신속하게 게시될 수 있기 때문에 완전한 차단이란 것은 불가능할 것이다. 이와 같이 위기시에 국내 및 초국적 민족주의 주장들의 결합은 중국 정부에, 직접적인 영향은 작지만 더할 나위 없는 심각한 도전이 될 수 있다.

　　중국의 인터넷 이용자가 증가함에 따라 보다 광범위한 중국인들이 국제적인 시민단체 캠페인들을 접하고 그들이 보다 큰 영향력을 갖

77- 　사실 보도된 잔악행위들 중 많은 부분들이 검증된 것들이 아니라 민족주의 감정에 불을 지피기 위해 사용되었을 수도 있다. 이런 현상에 대한 보다 많은 내용은 Hughes, "Nationalism" 참조.

게 될 수도 있다. 중국이 점점 더 서구에 시장을 개방하고 정치경제적으로 세계적인 강대국으로서 국제적인 정통성의 확보를 시도함에 따라 인터넷에 기반한 시민운동에 보다 쉽게 영향받을 수도 있다. 더욱이 다이시우디안(Dai Xiudian)이 지적한 바와 같이 비록 해외에서 활동하는 중국 반체제 인사들이 현재는 단지 극소수의 사람들과 접촉할 수 있지만, 그들의 주된 대상은 인터넷 사용 첫 번째 세대에 속하는 지식인과 학생들이다. 지식인과 학생들은 또한 역사적으로 저항운동과 민주주의 운동을 조직하는 데 참가한 집단이기도 하다.[78]

4. 결론 : 몰락 없는 변화

가차 없는 처벌에서부터 민간 부문에 대한 교묘한 조종에 이르기까지 다양한 조치들을 통해 중국 정권은 인터넷 사용의 광범위한 정치적 영향을 관리하는 데 있어 현재까지는 대체로 성공을 거두었다. 하지만 이를 인터넷의 모든 측면에 대한 중앙의 완벽한 통제와 혼동해서는 안 된다. 많은 중국 연구자들은 중국 정권이 점차 응집력이 약해지고 있고, 인터넷을 완벽하게 감시할 수도 없다는 사실을 정확하게 지적하고 있다. 관료적 이권 다툼이 그러한 감시체계의 발전을 저해하고 있고, 금지된 정보도 기술이 확산됨에 따라 훨씬 더 용이하게 접근할 수 있게 되

78_　Dai, "Chinese Politics."

었다. 이러한 지적들은 모두 의심할 바 없이 타당해 보인다. 그럼에도 불구하고 그러한 주장들이 국가가 인터넷의 중요한 정치적 영향을 효과적으로 통제하고 있다는 주장을 완벽히 반박하는 것은 아니다. 이러한 정치적 영향은 시민사회, 정치, 경제, 그리고 국제적 영역에서의 인터넷 이용을 포함한 몇몇 분야들에서 흘러나온다. 이러한 모든 분야들에 있어 국가의 통제력은 그것이 의도한 바대로든 아니면 부지불식간에 성취되었는지의 여부에 상관없이 여전히 높은 수준을 유지하고 있다.

시민사회 영역에서 중앙정부는 주로 인터넷 상에 흘러다니는 엄청난 양의 정보에 대해 자기검열을 하도록 조장함으로써 인터넷 사용 환경을 형성시킬 수 있다. 몇몇 선제적인 자유화를 단행함으로써 중국 정부는 또한 앞으로의 보다 심각한 도전들을 사전에 차단해 버릴 수도 있다. 경제 분야에서 정부 당국은 대중들에 대한 인터넷 접근과 콘텐츠 서비스를 제공하는 민간업체의 증가에도 불구하고 국내외 업체들에 대한 관리감독 능력이 인터넷 부문에 잘 확장되어 적용되고 있음을 보여주었다. 동시에 중국 정부는 반부패 및 전자정부 정책을 통해 국가의 제도적 능력을 강화하는 데 인터넷을 활용하고 있다. 또한 중국과 중국 정부의 정책에 대한 전 세계적 인식에 영향을 미치기 위해 높아진 기술력으로 인터넷의 국제적 이용에도 대처하고 있다.

물론 이러한 점이 인터넷 이용의 정치적 분출을 관리하는 중국 정부의 능력이 장기간에 걸쳐 완벽하게 유지될 것이라고 주장하는 것은 아니다. 예를 들어, 인터넷의 대중적 이용은 인터넷의 잠재적인 정치적 영향력이 증가하는 것을 의미한다. 한 인터넷 기업가는 5년 안에 중국의 인터넷 이용 인구가 핸드폰과 컴퓨터 사용 인구에 육박해 3억 명에 달할 것이라고 예측했다.[79] 비록 그러한 추정치가 높긴 하지만 인터넷 이용이 가까운 시기 안에 중국 정부의 염원대로 상당한 수준으로 지속적으로 확대될 것이다. 중국공산당 정권은 시장지향적 인터넷 발전 모델을 채택하고 대중적 접근을 촉진시킴으로써 인터넷 이용으로부터 파생되는 점점 더 높은 수준의 정치적 도전들에 직면해 있다.

사실 국가에 도전하는 대부분의 인터넷 이용은 미국 첩보 정찰기 사건 발생 동안에 벌어진 사례에서 볼 수 있듯이 위기시에 발생했다. 미국에 대한 테러리스트들의 공격 이후에 최고조에 달했던 반미감정은 수많은 웹 포럼 상에서 여전히 들끓어 오르고 있고, 9·11 이후의 환경에서도 언제 터질지 모르는 상태로 남아 있는 것이다. 니나 해치지언(Nina Ha-chigian)이 주장한 바와 같이 위기시에 인터넷은 전례 없는 방식으로 전국적 불만을 한곳에 모을 수 있다.[80] 예를 들어, 예상치 못했던 국제적 사건이 인터넷 상에서 해외의 중국 민족주의자들의 정서와 맞물려 대중의 불만을 고조시킬 수도 있는데, 이는 정권에 대한 강력한 도전으로 발전할 수도 있다. 그러한 예들에서 중국 당국은 두 가지 선택지를 가지고 있는 것으로 보인다. 하나는 일련의 반격을 가함으로써 단호히 대응하거나, 아니면 점점 더 선동적인 되는 국민들을 안정시키기 위해 보다 강경한 외교정책으로 선회하는 것이다. 다만 이러한 두 가지 선택지 모두 자유화를 위한 초석을 놓을 것으로 보이지는 않는다. 그리고 그 두 가지 방법 모두 적어도 일시적으로나마 권위주의적 경향을 강화시킬 것으로 보인다.

79_ 차이나넷콤의 회장이자 최고경영자 에드워드 티안(Edward Tian), 세계경제포럼 "2006년 중국 경제전망(Envisioning China in 2006)," http://www.weforum.org.

80_ Hachigian, "China's Cyber-Strategy."

중국의 WTO 가입에 의해 고양된 개방과 경쟁 또한 비록 점진적이긴 하겠지만 인터넷의 정치적 영향력을 형성할 것이다. 중국의 시장경제로의 이행이 정부 관료들을 이권 다툼에 몰두하게 하는 것처럼 인터넷은 일종의 거부할 수 없는 함정이 될 수도 있다는 것을 보여주었다. 그러한 이권 다툼이 기반시설의 빠른 발전을 가져올 수도 있지만 효율적이고 중앙집중적 조정과 감독을 저해할 수도 있다. 이는 중국 정부가 직면하고 있는 가장 큰 문제들 가운데 하나, 즉 중앙집중적으로 계획된 일정표와 청사진에 따라 미래의 인터넷 발전을 확보하는 문제이다. WTO 가입은 정부 운영에 있어 비록 중대한 불안정을 야기하지는 않더라도 교란을 야기시킬 수는 있다. 정치·경제 개혁을 위한 중앙정부의 계획에서 정보화가 높은 우선순위를 차지하고 있음을 감안한다면 그러한 과정에 대한 통제의 추가적 상실은 중국 정권의 정치적 퇴보를 의미하는 것이다.

본질적으로 중국의 인터넷은 상당히 유동적인 배경에 대응하면서 발전하고 있다. 다양한 형태의 인터넷 이용은 여러 방식으로 권위주의적 통제를 침식해 나갈 수 있다. 특히 인터넷의 대중적 이용의 발전은 중국의 정치적 변화를 구체화해 가는 선상에서 촉매제는 아니라 하더라도 하나의 변곡점은 될 수 있을 것이다. 그러나 이러한 변화가 반드시 민주주의로의 변화를 의미하는 것은 아니다. 만일 대중적인 민족주의적 정서가 인터넷 상에서 반체제 운동과 연합한다면 그 결과는 안정 또는 자유화에 불길한 징조가 될 수 있다. 온라인 상에서 자발적으로 민주주의를 요구하는 사람들의 주장은 서구 정치인들에게 호소력을 가질 수 있다. 그러나 국가 능력을 강화하는 인터넷 이용이 국가 능력을 약화시키는 인터넷 이용보다 장기적으로 자유화에 보다 더 도움이 될 수 있다. 투명성을 촉진하고 효율성을 제고하도록 고안된 현재 전자정부 계획은 사실 상 국가제도에 미래의 정치적 이행을 헤쳐나가기 위한 능력을 부여할 수도 있다.

인터넷 이용 그 자체만으로는 중국에서 새로운 정치 시대의 여명 을 열어나갈 것으로 보이지는 않는다. 구체적인 정치적 변화는 인터넷과 는 연관이 없을 수도 있는 몇몇 느리고 점진적인 단계들에 달려 있을 수 도 있다. 동시에 인터넷 이용은 권위주의적 통치로부터의 정치적 이행을 촉진하면서 점진적인 자유화의 길로 가기 위한 기반을 놓을 수도 있다. 논의를 종합해 보면, 인터넷은 국가의 붕괴를 촉진시키기보다는 중국 내 의 변화에 기여할 것으로 전망된다.

3

쿠바의 '제한된' 자원 속에서 **활로 뚫기**

여러분도 아시다시피 인터넷은 전 세계 곳곳에 민주적 자본주의(demo-cratic capitalism)를 퍼트리는 데 많은 기여를 해왔습니다. 인터넷은 베를린 장벽을 무너뜨리는 데, 그리고 동독지역에서는 학생들이 정부 정책에 항의하는 수단으로 이용되었습니다. 또한 CNN과 각종 네트워크들 그리고 인터넷은 구소련연방을 해체시키는 데도 크게 기여했습니다. 이제 우리는 쿠바에서도 그와 같은 일들이 일어날 것이라고 생각합니다.

■■■ 제임스 커터, 전 공화당 하원의원, 2000. 6. 5.

쿠바에서 최초로 컴퓨터 네트워크가 구축된 지 10년이 지난 지금, 많은 이들은 그동안 인터넷을 통해 쿠바에서 일어난 일들에 대해 주목하기 시작했다. 먼저 많은 인터넷 산업 관련 저작물들은 쿠바의 관광산업에 전자상거래를 적용시키려는 외국기업가들의 노력을 집중적으로 조명해 왔다.[1] 또한 워싱턴 포스트(*Washington Post*)와 BBC에 이르기까지 다양한 신문방송매체들은 쿠바 정부의 인터넷 접근 규제와 그러한 규제를 피해 몰래 인터넷에 접근하는 놀랄 만한 쿠바인들에 대한 기사를 보도해 왔다.[2] 쿠바는 자국의 인터넷 정책에 비판적인 외국 방송과 언론에 대해서는 국영매체를 통해 강한 불만을 토로하는 한편, 국가 인트라넷 (national intranet)에 국민들의 접근을 확대하려는 노력은 집중적으로 선전해 왔다.[3] 쿠바에서 이루어지는 다른 부문의 발전과 마찬가지로 인터넷 부문의 발전도 쿠바의 대외관계(일반적으로 미국과 쿠바의 관계)와 밀접하게 연관되어 있는데, 이 부분은 수년 동안 지속된 논쟁거리이다. 쿠바에 정치적 변화를 촉진하기 위해 ICT를 활용하는 문제는 미국의 대쿠바 정책에 그 뿌리를 두고 있다. 쿠바에서 인터넷 발전이 지속적으로 이루어지면서 권위주의 정권에 미치는 인터넷의 영향에 대한 일반적 통념에 비추어 쿠바에서도 이들 매체들의 정치적 영향력이 크게 발휘될 것이라는 기대감도 점차 커지고 있다.[4]

　　그러나 한편으로 쿠바 정부가 인터넷 발전이 필연적으로 정치적

1- Hinchberger, "Netting Fidel" ; "InCUBAdora."

2- "Cuba Test Online Waters," *BBC News*, April 4, 2002 ; Laurie Goering, "Cubans Find Ways To Access Internet, E-mail," *Chicago Tribune*, February 22, 2001 ; Scott Wilson, "Web of resistance Rises in Cuba," *Washington Post*, December 26, 2000, p. A1.

3- "Distinformation about Cuban Internet Access," Radio Havana Cuba, February 7, 2001 ; Felix Lopez, "La verdal bloqueada," *Granma*, February 7, 2001.

4- 이 장 첫 부분에서 인용했던 제임스 커터의 발언과 "More Internet access on the Way to Cuba," *San Antonio Express-News*, March 8, 2001, p. B6 참조.

변화를 동반할 것이라는 이러한 일반적 통념을 수용하지 않는다는 사실은 놀랄 일이 아니다. 이와는 반대로 쿠바 정부는 사회의 여러 중요 분야들에서 자신들에게 이익을 가져오면서, 한편으로 잠재적인 위험과 불안요인을 방지할 수 있는 경로를 따라 매체들을 육성하는 정책을 취하고 있다. 이러한 경로의 선택은 쿠바 또한 우리가 이 책에서 검증한 여러 국가들, 특히 여러 권위주의 정권들과 마찬가지로 인터넷 발전의 문제를 다루는 데 상당한 공통점을 가지고 있음을 보여주는 것이다.

아직까지 쿠바는 다른 권위주의 국가들과 달리 인터넷 발전에 대한 구체적 접근방법에서 차별성을 보여주고 있다. 대다수의 권위주의 정권들은 사이버 카페와 가정용 다이얼업 계정(dial-up account)을 통한 인터넷 접근의 확대를 용인하는 대신에 웹사이트 차단, 감독의 강화, 자기검열의 확대와 같은 시장주도적 인터넷 발전 모델을 따라왔지만, 쿠바의 경우에는 급속한 시장주도적 인터넷 모델의 확산은 고려하지 않고 있다. 이와는 반대로 쿠바 정부는 매체들의 발전속도와 인터넷 접근이 허용되는 분야들을 통제하면서 쿠바 내의 인터넷 확대를 위한 계획을 신중하고 치밀하게 수립했다. 쿠바 정부는 대규모의 중앙집중화된 검열 메커니즘을 통해서가 아니라, 잠재적으로 위험이 높은 특정 분야의 인터넷 접근을 차단함으로써 인터넷 전반에 걸친 통제를 추구하고 있는 것이다.

쿠바의 이러한 독특한 인터넷 확산에 대한 접근방식에도 불구하고 여타 권위주의 정권과 마찬가지로 쿠바에서도 인터넷 발전이 정치·사회·경제적 목표에 이바지해야 한다는 인식은 예외가 아니다. 쿠바 정부는 교육과 공공 의료용 컴퓨터 네트워킹을 오래 전부터 구축해 왔으며, 또한 인터넷에 대한 전면적인 접근을 허용하지 않고서도 국민들이 편리하게 이용할 수 있는 국가 인트라넷을 구축했다. 쿠바 정부는 인터

넷과 관광산업의 접목을 적극적으로 추진하면서 성장가도에 있는 전자
상거래 벤처기업에 외국인 투자를 장려하고 있다. 쿠바의 인터넷 발전상
을 보면 기본적으로 중국의 미디어 국가통제 모델을 따르면서 중국과
적극적인 협력을 추진하고 있음을 알 수 있다. 쿠바에서 컴퓨터통신부가
출범했을 당시 컴퓨터통신부 장관은 "중국의 경험을 많이 고려했다. 중
국은 다른 여타 분야뿐만 아니라 컴퓨터 통신 분야에서도 국가가 중요
한 역할을 수행해 왔다"[5]고 언급했다. 중국의 투자가들은 쿠바의 노후화
된 국가 통신 시스템의 현대화 작업을 지원했고, 중국의 신식산업부 장
관은 "중국은 쿠바의 통신망 개선에 중요한 역할을 수행할 것이다"[6]라
고 밝히기도 했다.

　　이 장에서는 쿠바에서 이루어지는 인터넷 접근이 기본적으로 권
위주의 정권에 대한 잠재적 위협 요인으로서의 가능성을 최소화하는 동
시에 그것의 확산으로부터 오는 실질적인 이익을 얻는 수준에서만 허용
되고 있음을 논증할 것이다. 과거에 쿠바 정권이 인터넷 접근 정책을 변
화시켰다면 인터넷을 이용한 반정부적 활동이 일어났을지도 모른다. 그
러나 쿠바는 이제까지 이루어진 인터넷에 대한 성공적인 통제정책들을
포기할 것으로 보이지 않는다. 가까운 미래에도 쿠바는 여전히 인터넷이
권위주의적 통치에 대한 심대한 위협이 될 것이라는 일반적 통념을 부
정하는 사례가 될 것이다.

5_　　Norman Márquez González, "Acerca del nuevo ministerio," Giga no. 2 (2000).
6_　　I. J. Toby Westerman, "Beijing Gives Boost to field : China Helps Cuba Get
　　　Current on Communications Technology," WorldNetDaily.com, June 4,
　　　2000.

1. 공산주의, 권위주의, 그리고 미국의 정책

쿠바는 1959년 쿠바혁명을 통해 바티스타(Fulgencio Batista) 정권이 무너진 이후 카스트로(Fidel Castro)가 통치하고 있는 공산주의 국가이다. 쿠바는 카리브 연안의 가장 큰 도서국가로, 인구는 1,100만 명에 달해 카리브 연안 국가들 중에서 가장 높은 인구밀도를 보이고 있다. 쿠바는 2000년에 1인당 GDP로 1,700달러를 기록했으며, 세계은행의 분류에 따르면 이는 중하위 소득 국가에 해당하는 것이다. 쿠바는 이전부터 사회 기초부문의 발전을 강조해 왔고, 그 결과 쿠바 국민들은 다른 개발도상국 국민들보다 건강하고 높은 교육수준을 보여주고 있다. 쿠바는 전 세계에서 유아사망률이 낮은 25개 국가 중의 하나이며, 문자해득률은 96%에 이르고 있다.[7]

쿠바는 우리의 연구대상 국가들 중에서 경제적으로 가장 고립되어 있는 국가이며, 이는 부분적으로는 사회주의가 가져온 역사적 산물인 동시에 부분적으로는 미국의 대쿠바 정책의 산물이기도 하다. 1962년 이후 미국은 대쿠바 정책으로 전면 교역금지 조치를 취했다. 최근 들어 통신설비의 제공과 식량, 의약품과 같은 일부 품목에 한해 예외적으로 교역을 허용하고 있지만 여전히 기본적인 미국의 대쿠바 통상금지 정책에는 변화가 없다. 1990년대 들어 미국에서 발의된 2개의 주요 법안은 오

---

[7] Figures are from the *CIA World Factbook*, 2001.

히려 대쿠바 교역금지를 더욱 강화했다. 1992년에 공포된 '쿠바 민주화 법'(the Cuban Democracy Act)은 미국 기업의 해외 지사에까지도 쿠바와의 교역을 금지토록 확대했으며, 논란을 불러일으킨 1996년의 '헬름스–버튼 법'(Helms-Burton Act)은 쿠바와 거래하는 외국 회사에 경제적 제재를 가할 수 있도록 규정했다.

쿠바 경제는 상당히 유리한 조건으로 이루어졌던 소련과의 교역이 붕괴된 이후인 1990년대 전반기 동안에 상당한 경제적 어려움을 겪었다. 이에 대한 대응조치로 쿠바의 지도자들은 경제위기 극복을 위해 제한된 범위의 경제자유화 조치를 취할 수밖에 없었다. 1989–1993년 동안에 쿠바의 GDP는 35.9% 하락했고, 원유 도입량은 급격히 감소했으며, 이는 다시 심각한 전력난과 원료난을 불러왔다.[8] 식량 수입도 감소해 1959년 쿠바혁명 이후 최초로 일부 국민들의 심각한 영양실조를 야기할 정도였다. 최악의 경제위기를 방지하기 위해 쿠바 지도자들은 1993–1994년에 걸쳐 여러 경제개혁 조치들을 취해야만 했다. 이러한 조치들에는 미국 달러의 합법화, 제한적인 자영업 허용, 농민시장(farmer's market)의 재개, 그리고 일부 국영농장의 협동농장화와 같은 조치들이 포함되었다. 그리고 이듬해인 1995년에는 정보통신 분야를 포함한 경제 전반에 걸쳐 외국기업의 전면적인 소유를 인정하는 새로운 외국인 투자법이 제정되었다. 그 결과 쿠바 경제는 1994년에 반등하기 시작해 이후 최대 7%에 달하는 상당히 양호한 경제성장률을 유지하고 있다.[9] 쿠바의 경제회복

8_ United Nations, CEPA, and Fondo de Cultura Económica, *La económica cubana*.

9_ Ibid.

은 부분적으로 경제자유화 조치 덕분이기도 하지만, 한편으로는 쿠바의 막대한 두 가지 현금 수입원인 관광산업의 성장에 따른 수입 증대와 해외 망명자들로부터의 국내 송금에 기인한다.

그러나 전반적으로 볼 때 쿠바는 자본주의의 수용 문제에서 상당히 유보적인 태도를 취하고 있다. 1990년대 초반에 취해진 국내 경제개혁 조치들을 예외로 한다면 쿠바는 모든 경제자유화 조치를 달러를 확보할 수 있는 대외지향적 경제에 한정하고 있다. 쿠바 정부는 쿠바의 관광, 설탕 그리고 광업 등의 핵심 산업에 외국인 투자를 유치하려고 애쓰는 한편, 일반 국민들의 삶에 자본주의 유입을 차단하기 위해 많은 노력을 기울여 왔다. 우리가 앞으로 살펴보겠지만 이러한 쿠바 경제의 이중적 패턴은 인터넷 이용 문제에도 적용될 수 있다. 이전에 취해졌던 국내 경제개혁 조치들의 상당수는 실제로 최근 몇 년 동안에 다시 과거로 회귀하고 있다. 예를 들어, 1996년 이후 쿠바 정부는 세금 증대와 새로운 규제를 통해 자영업의 성장을 제한하고 있다. 일반적으로 쿠바의 국내 민간기업 부분은 소규모 수준에 머물러 있고 정부의 정책 의도에 따라 좌우되고 있다. 그러나 한편으로 암시장 상인, 관광 가이드, 그리고 매춘부를 비롯한 비공식 영역은 국가의 통제경제에 도전하는 주요한 부분들이다.

쿠바는 1959년 혁명 이후 엄격한 권위주의적 정권에 의해 통치되고 있으며, 경제 분야에서 1990년대에 취해진 제한된 개혁조치들과는 달리 정치적 자유화를 위한 중요한 조치들은 전혀 취하고 있지 않다. 쿠바 공산당은 유일한 합법정당이며, 대통령과 국가평의회 의원들을 선출하는 선거는 단독 후보자만이 인정되는 가운데 국민투표로 이루어진다. 반면 각 직위에 복수 후보자가 지명되는 지방자치 선거는 좀 더 자유로운 편이다. 쿠바의 권위주의 정권은 내무부 산하의 광범위한 국내 보안 기관들을 통해 정치적 통제를 유지하고 있다. 경찰은 혁명수호위원회 (Committees for the Defence of the Revolution)의 지원을 받으며 일상적인 감시를 수행하고 있다. 이 위원회는 '반혁명' 행위들을 감시하는 폐쇄적인 조직으로, 반체제 인사들을 탄압하는 데 동원되기도 했다.

1998년 교황 요한 바오로(John Paul) 2세의 쿠바 방문기간 동안을 비롯해 지난 10년간 쿠바에서는 수차례에 걸쳐 개방 조치들이 취해졌다. 그러나 이러한 개방 조치가 이후 지속적인 정치 자유화로 이어지지는 못했다. 개방 시기 이후에는 권위주의적인 반동 조치들이 빈번하게 취해졌는데, 1999년에 가혹한 반국가전복법(antisubversion law)의 제정과 민주화 성명서(political manifesto) 작성을 주도한 반체제 인사 4명의 구속이 대표적인 예이다. 그러나 2002년 5월에 일어난 두 가지 중요한 사건은 쿠바 개혁을 위한 희망의 불꽃을 다시 타오르게 만들었다. 하나는 지미 카터 전 미국 대통령의 방문으로, 그는 방문기간 동안 국영 TV를 통해 이루어진 연설에서 쿠바 정부가 정치체제에 대한 국민들의 비판을 용인하도록 촉구한 바 있다. 또 하나는 쿠바 반체제 인사들이 추진한 바렐라 프로젝트(Varela Project) 운동이다. 이 운동은 쿠바의 정치경제적 자유화를 위해 국민투표를 제안한 것으로, 11,000명에 달하는 쿠바 국민의 서명을 받아 진행되었다. 쿠바에서 이처럼 광범위하고 치밀하게 이루어진 유례없는 일들은 분명 환영할 만한 것이지만, 카터의 방문과 바렐라 프로젝트 운동이 의미 있는 정책개혁으로 전환될지 여부는 앞으로 더 지켜봐야 할 것이다.[10]

쿠바 정부는 정치, 경제 전반에 걸쳐 강력한 영향력을 행사하고 있지만, 정치적으로 반대편에 있는 소수의 시민사회단체들에게 불가피하게 일정 부분을 할애하고 있다.[11] 비록 불법적이긴 하지만 소수의 인권운동가와 독립 언론인, 일부 반체제 단체들은 정부의 끊임없는 압박 속에서도 오랫동안 끈질긴 생명력을 보여주었다. 이들 반정부 단체 이외에도 정부의 공식 인가를 받은 수많은 시민사회단체들이 등장했고, 이들은 지속 가능한 개발, 환경 보존, 종교 자선사업이나 정치 · 사회 · 경제 연구 분야에서 활동하고 있다.[12] 정부의 허가를 받은 시민사회단체들은 정치적 성향에 있어 정부에 대한 온건 비판에서부터 노골적인 지지에 이르기까지 다양한 범주에 걸쳐 있다. 다만 이들 시민사회단체들은 모두 쿠바 법무부의 승인을 획득해야만 법적으로 활동할 수 있기 때문에 이들의 실질적 독립성에 대해서는 앞으로도 논란의 여지가 남아 있다. 그럼에도 불구하고 상당수에 이르는 이들 시민사회단체들은 정치권력의 분산과 경제 문제에 대한 새로운 해결책에 호의적이기 때문에 개혁에 대한 잠재적 지지자로 간주할 수 있다. 아직까지 이들 시민사회단체들은 쿠바 정부와 원만한 관계를 유지하고 있지만, 만약 이들의 활동이 쿠바 정부와 충돌한다면 곧 정부의 탄압에 직면하게 될 것이다.[13]

10_ 일부 논평가들은 지미 카터 미국 대통령의 방문과 발언이 카스트로에 의해 계획된 것이라고 주장하고 있다. 그 이유로 카스트로가 향후 정치적 변화에 아무런 실질적 약속도 하지 않았기 때문이다. David Gonzalez, "Castor's Door : Both Opened and Closed," *New York Times*, May 16, 2002, p. A12. 참조.

11_ 앞의 서론에서 언급했듯이 이 책에서는 시민사회의 폭넓은 정의를 채택하고 있다. 이 글에서 사용되는 시민사회단체들은 정치적 성향과 관계없이 최소한 국가로부터 반(牛)자율성을 가지고 활동하는 모든 단체들을 포괄하는 것으로 본다. 쿠바에서의 시민사회단체는 공식적인 합법단체와 비공식적인 반체제 단체 모두를 포함한다.

12_ Gunn, "Cuba's NGOs" 참조.

쿠바 정치는 쿠바와 미국 관계의 역사와 배경을 알지 못하고는 이해할 수 없다. 그 이유는 지난 한 세기 동안 쿠바 역사의 상당 부분이 미국의 역사와 밀접하게 연관되어 있기 때문이다. 쿠바는 4년간의 미국의 군사적 점령을 거친 후 1902년에 독립했다. 당시 미국은 철군 조건으로 쿠바의 제헌헌법에 플래트 수정안(Platt Amendment)을 삽입시켰는데, 플래트 수정안은 쿠바의 국내 문제에 미국이 개입할 수 있는 권리를 보장하는 것이었다. 이 수정안은 1934년에 폐지되었지만 미국은 1959년 쿠바 혁명 전까지 강력한 정치·경제적 영향력을 유지했다. 미국이 부패한 독재자인 바티스타 대통령을 지지하는 동안 아이티티(ITT)와 유나이티드 프룻(United Fruit) 같은 미국 기업들이 쿠바 경제를 장악했고, 미국 마피아들도 하바나의 유흥가와 관광산업에 깊숙이 개입했다. 이렇듯 쿠바에 대한 미국의 전방위적인 개입의 역사는 1959년 혁명 발생 전까지 장기간에 걸쳐 쿠바 민족주의자들의 분노를 불러일으키는 비옥한 토양을 제공해 주었고, 이는 현 쿠바 정권이 미국에 적대적인 태도를 취하는 가장 큰 이유라고 할 수 있다.

카스트로가 1959년 혁명을 승리로 이끈 이후 미국은 공식·비공식 수단들을 동원해 쿠바 정부를 전복시키려는 노력을 끊임없이 추구해 왔다. 가장 널리 알려진 시도로는 1963년 미국 정부의 지원을 받은 쿠바 망명자들이 쿠바의 피그스 만(Bay of Pigs)을 침공한 일과 미국 CIA 주도

13_ 예를 들어 1996년에 쿠바 공산당 주도로 설립했던 미국연구센터(the Center for Study of the Americas)의 경우, 쿠바를 위한 진보적인 정치·경제개혁 아이디어들을 가지고 미국 학계와 접촉했던 소속 연구원들을 대거 해고한 바 있었다. Bengelsdorf, "Intellectuals under Fire"; Giuliano, *EL Caso CEA* 참조.

의 카스트로에 대한 수많은 암살 기도들이 그러한 예에 해당한다. 특히 이러한 미국의 대쿠바 전략 속에서 ICTs은 핵심적인 요인으로 활용되어 왔다. 미국 CIA는 1960년 초반 쿠바에 라디오 방송을 비밀리에 송출하기 시작했고, 1985년에는 미 의회의 지원을 받아 설립된 마르티 라디오 (Radio Marti)를 통해 쿠바 전역에 반카스트로 방송을 송출했다. 1990년에 들어서는 마르티 TV(TV Marti)도 방영을 시작했지만, 쿠바 정부의 효과적인 전파 방해와 같은 채널대의 쿠바 내 프로그램과의 경쟁으로 인해 현재는 마르티 TV의 프로그램을 시청하는 쿠바인은 극소수에 불과하다.

1992년에 미 의회는 쿠바민주화법을 가결했다. 이 법안에는 "쿠바 국민들에 대한 지원" 조항이 명시되었는데, 그 결과 미국의 대쿠바 정책은 새로운 국면에 접어들게 되었다. 이 정책은 양국 간 정보교류의 활성화를 주요 목표로 삼고 있는데, 이 정책을 추진하는 과정에서 대쿠바 교역금지 품목이던 정보통신 설비가 최초로 제외되었던 것이다. 이렇듯 쿠바민주화법 이면에 도사린 전략적 사고는 미국의 대쿠바 정책에 영향을 미치고 있으며, 대다수의 정책결정자들 또한 쿠바 내 반정부 세력들을 지원하기 위해 ICTs을 활용하는 데 동의하고 있다. 2001년 2월 재미쿠바인재단(Cuban American National Foundation)의 초대 의장으로 선출된 산토스(Jorge Mas Santos)는 그의 첫 대중연설에서 쿠바의 반체제 인사들이 사용할 휴대폰, 프린터, 팩스, 그리고 인터넷 접근 장비의 지원을 미국측에 요청했다.[14] 3개월 후 이 요청은 미 의회에 제출된 헬름스-리버만 법안에 반영되었다.[15]

14_ Carol Rosenberg, "Cuban American Group Seeks U.S.Aid against Castro," *Miami Herald*, February 9, 2001.

2. 쿠바혁명의 목표를 달성하기 위한 정보혁명

쿠바는 미국과의 극심한 갈등관계를 빚게 된 주요 원인이 언론 때문이라고 보고 ICTs에 대한 강력한 통제 상태를 오랫동안 유지해 왔다. 카스트로는 권력을 잡자마자 대중매체와 통신 부문의 국영화와 경영진에 대한 협박, 그리고 경영 제재조치 등을 통해 이들에 대한 통제체제를 구축했다. 쿠바 정부는 1959년 8월에 전화 통신 시스템을 국영화했고, 1960년 말에는 출판과 방송매체 전반에 걸쳐 강력한 통제를 실시할 것임을 천명했다.[16)]

1960년 이후 쿠바 내의 모든 ICTs은 쿠바혁명이 추구하는 정치적 목적을 달성하기 위해 국가가 소유·운영해 왔다.[17)] 혁명 직후 쿠바 정부는 국제적인 체제 선전을 위해 하바나 라디오(Radio Havana Cuba)의 설립을 비롯한 ICTs을 이용했으며, 내부적으로도 혁명 초반기에 필수적인 대규모 군중의 정치적 동원을 위해 대중매체를 이용했다. 여기에 더해

15_   의회에 제출된 헬름스-리버만 법안은 의회 S. 894의 번호를 받았고, 약칭 2001년 연대법안(Solidaridad Act of 2001)으로 이름붙여졌다. 상원에 동시에 제출된 이 법안은 H. R. 1271로 명명되었다. 그러나 2002년 4월까지 상원외교위원회는 물론 하원 국제관계위원회에서도 이 법안에 대해 더 이상의 논의는 이루어지지 않았다.

16_   Nichols and Torres, "Cuba"; Nichols, "Cuban Mass Media"; Ripoll, "The Press in Cuba" 참조.

17_   이 장의 후반부에 자세히 설명하고 있듯이 쿠바의 국영 전화회사는 부분적으로 1990년대에 사유화되었으나 쿠바 정부는 아직도 51%의 지분을 가진 지배적 지위를 점하고 있다. Peters, "Cuba Goes Digital" 참조.

쿠바의 지도자들은 미디어와 ICTs의 국가주도적 개발만이 국민 전체를 위한 사회적 이익을 확대시킬 수 있다는 신념을 오랫동안 표명해 왔다. 이러한 신념은 쿠바에서 지속적으로 강조되어 왔는데, 실례로 농촌지역에서 전화 보급률을 높이려는 시도들이 여기에 해당한다. 그 결정적인 계기는 1990년대에 들어 쿠바 정부가 지속적인 경제위기에 직면했을 때였다. 즉 경제 문제로 인해 ICTs 개발에 있어서 정부통제가 중요한 관심사로 떠오른 것이다. 결국 쿠바 지도자들은 달러를 벌어들일 수 있는 분야에 한해서만 국내의 부족한 통신자원들을 사용할 수밖에 없었다.

다른 권위주의 정권들과는 달리 쿠바의 경우, ICTs에 대한 통제는 ICTs을 통해 구현될 콘텐츠에 대한 규제를 의미한다. 쿠바에는 미디어를 검열하는 중앙정부 기구가 존재하지 않는 대신에 콘텐츠에 대해서 편집 차원의 통제를 실시하고 있으며, 대부분의 편집자들은 정부 권력층과 연계되어 있거나 정권 엘리트들과 동일한 시각을 가지고 있다.[18] 중앙정부는 정보전달 매체에 대한 접근 통제에 주력하고 있으며, 공식 채널 이외의 접근 시도에 대해서는 강력하게 제재하고 있다. 쿠바의 소수 독립 언론인들은 일상적인 탄압에 직면해 있으며, 간혹 그들이 작성한 기사가 쿠바 국민들에게 알려지기라도 하면 곧 체포되었다.[19] 1999년에 쿠바 정부는 반국가전복법을 통과시켰는데, 이 법은 쿠바 정부를 전복하

18_ Nichols, "Cuban Mass Media" 참조.

19_ 쿠바의 독립 언론인들은 일반적으로 국제전화를 통해 미국에 있는 지지 세력들에게 기사를 전송하고 한다. 이렇게 전송된 기사들은 인터넷에 게시되거나 마르티 라디오을 통해 방송된다. 그러나 인터넷 접속에 대한 규제와 마르티 라디오에 대한 전파방해로 인해 독립 언론 기사들은 제한된 쿠바인들에게만 청취되고 있을 뿐이다.

려는 미국의 시도에 협력한 것으로 판단되는 쿠바 내 독립 언론인을 비롯해 여러 인사들을 장기간 투옥할 수 있도록 규정하고 있다.

쿠바 정부는 정부의 허가를 받지 않은 정보의 유포를 법적으로 금지하는 한편, 대중매체 및 출판장비의 구매에 엄격한 제한을 두고 있다. 예를 들어 복사기와 인쇄기를 비롯해 팩스와 컴퓨터, 모뎀 등이 여기에 해당한다. 이러한 장비들은 국영상점에서만 취급되며, 그것의 구매 또한 쿠바 국영회사나 정부 부처 등과 같이 공식적으로 허가받은 기관에서만 가능하다. 외부와의 통신에 직접적으로 이용되지 않는 키보드, 모니터와 같이 일부 컴퓨터 부품들의 경우에는 일반인들도 구매가 가능했지만, 2001년 12월 통과된 새로운 결의안은 이러한 구매에 대해서도 규제를 강화했다. 현재는 개인과 시민사회단체를 막론하고 대량출판 매체 장비는 물론 그간 허용되었던 컴퓨터 일부 품목 및 액세서리에 대해서도 전면적인 판매금지가 시행 중이다. 예외를 인정받기 위해서는 상무부로부터 구체적인 구매목록의 허가를 받아야 한다.[20] 컴퓨터 전문가라면 암시장에서 이들 장비를 구입하여 그러한 규제를 우회하거나 각기 다른 종류의 장비들에서 빼낸 부품으로 컴퓨터를 조립하기도 한다. 하지만 여전히 컴퓨터는 합법적 혹은 비합법적 방법을 막론하고 상당히 고가이며, 암시장에서 컴퓨터를 구입하는 데 따르는 어려움과 위험을 감수할 수 있는 사람만이 컴퓨터를 소유할 수 있다.

---

[20]_ Julia Scheeres, "Cuba Bans PC Sales to Public," *Wired News*, March 25, 2002. 참조.

통신 부문의 침체와 회복

쿠바는 라틴아메리카 지역에서 최초로 전화회사를 설립했고, 이 지역에서 미국과 최초로 국제전화를 연결했을 정도로 통신 부문의 선두 주자였다.[21] 1959년 혁명 이전까지 쿠바가 현대화된 통신 시스템을 유지할 수 있었던 것도 쿠바의 통신 부문에 대한 미국의 대규모 투자 덕분이었다. 그러나 혁명 이후 아메리카 지역 전체와 비교할 때, 쿠바의 국내 전화 기반시설과 해외 통신시설은 낙후되었다. 이러한 시스템의 낙후는 미국의 대쿠바 교역금지 조치에 기인한 것으로, 이러한 조치로 인해 초기 미국 기술에 의해 구축된 쿠바 통신 시스템의 부품 교환은 물론 업그레이드도 어렵게 되었다. 그 결과 쿠바는 어쩔 수 없이 미국으로부터 도입한 1940년대의 장비와 동유럽으로부터 도입한 1970년대의 기술이라는 어울리지 않는 결합에 기초한 전화 시스템을 구축하게 되었고, 이는 양자 간의 심각한 호환성의 문제를 야기하게 되었다.[22]

열악한 쿠바의 통신현황은 쿠바 정부가 전화 시스템을 부분적으로 사유화한 1990년 중반에 다시 회복되기 시작했다. 1994년 6월 쿠바 통신부는 국영 전화회사의 지분을 팔고 새로운 통신 독점기업으로 에텍사(Telecommunications Corporation of Cuba, S.A. ; ETECSA)를 설립했다. 에텍사의 외국인 소유 지분은 지난 수년간 계속해서 변동되어 왔다. 현재 지분

21_ Nichols and Torres, "Cuba" 참조.
22_ Press, *Cuban Telecommunications* ; Mosaic Group, "the Global Diffusion of the Internet Project : An Initial Inductive Study," http://www.mosaic.unomaha.edu/GDI1998/GDI1998.html 참조.

구성은 쿠바 정부가 51%, 쿠바 중앙은행이 8%, 이탈리아 텔레콤(Telecom Italia)이 29%, 그리고 파나마 투자 컨소시엄이 12%를 소유하고 있다.[23] 에텍사 설립 이후 쿠바의 국내 통신 시스템은 점진적인 현대화 작업에 착수했으며, 매우 인상적인 결과를 낳았다. 2000년에 들어 쿠바 통신교환국의 절반 가량이 디지털화되었으며, 에텍사는 디지털화를 2004년까지 84%로 끌어올릴 것을 목표로 하고 있다.[24] 에텍사는 또한 중국 투자자들의 지원을 받아 쿠바 전역에 광섬유망을 부설할 계획이다.[25] 이러한 지상 통신 시스템 외에도 쿠바에는 1992년에 멕시코와 합작하여 설립한 꾸바셀(Cubacel)과 쿠바 내 유럽 관광객들에게 편의를 제공하기 위해 설립된 씨-콤(C-COM) 등 2개의 이동통신 회사가 있다.

쿠바의 국제 통신교환 능력도 1990년대 중반 이후 향상되었는데, 이는 1992년 미국에서 제정된 쿠바 민주화법을 통해 쿠바의 신규 통신 서비스 분야에 미국의 투자가 허용되었기 때문이었다. 1994년에 쿠바에 직통전화 서비스가 구축되었고, 1998년에는 최소 7개의 미국 중계업체가 쿠바와의 장거리 전화 서비스를 제공하고 있다. 당시 에텍사는 이를 통해 2억 5천만 달러의 수익을 벌어들였다.[26] 그럼에도 불구하고 최근 들어 미국과 쿠바의 긴장관계로 인해 국제전화 서비스는 중단되었고, 향

23_ Peters, "Cuba Goes Digital."

24_ 이 수치는 에텍사의 자료에 근거한 것이며, Peters, "Cuba goes Digital"에서 인용되었다.

25_ "China To Help Cuba Revamp Communications, Electronics System," *Cuba-Info* 12, no. 8 (2000) ; "Government Paints Bright Digital Future, But Money and Politics Stand in the Way," *CubaNews*, March 2001, p. 6.

26_ "Cuba Sets Deadline on Telephone Income Dispute, Threatens Cutoff," *CubaInfo* 11, no. 3 (1999) : pp. 3-4.

후 재개통 전망 역시 불투명하다.[27]

인터넷에 대한 국가통제의 구축

쿠바에서 노후화된 국내 전화 시스템과 낮은 수준의 국제통신 교환 능력 때문에 인터넷 접근의 확대는 상당히 제한받고 있지만 일부 가시적인 성과를 얻기도 했다. 쿠바에서 국제 컴퓨터 네트워크에 연결하려는 최초의 실험은 개발도상국가들 가운데서도 매우 이른 시기에 이루어졌으며, 그러한 실험에 대한 정부의 감독은 최소한의 수준에만 머물렀다. 1980년대 후반기에 쿠바 거주 외국인들과 학자단체들은 외부와의 이메일 연결을 제안했고, 이러한 의견이 샌프란시스코에 본부를 둔 진보통신연합(Association for Progressive Communications) 캐나다 지부에 전달되었

27_ 1999년 3월 미국 플로리다 법원은 쿠바 정부가 망명조직인 '구원을 위한 형제단'(Brothers to the Rescue) 회원들이 탑승한 2대의 민간 비행기를 격추시킨 데 대해 에텍사에 지불할 장거리 이용요금 1억 8,760만 달러에 대해 압류 결정을 내렸다. 이에 대한 대응 조치로 쿠바 정부는 미국 업체가 운영하는 국제전화 서비스를 중단시켰고, 이에 미국 회사들은 제3국을 경유하는 무선통화 서비스(routing call)를 시작했다. 쿠바 정부의 이러한 조치는 항소 법원에서 번복되어 서비스 재개 결정이 내려졌지만, 쿠바 정부는 미 법원의 압류 결정에 따른 손실을 보전하기 위하여 10%의 세금을 부과했으며, 이에 미국 업체들은 세금 납부를 거부했다. 결국 2000년 12월 또 한번의 국제전화 서비스가 단절되었다(당시 제3국을 통한 통화 역시 중단되었다). 국제통화 서비스는 2001년 여름 재개되었지만 캐나다 업체를 통해 캐나다를 경유해서만 이루어지고 있다. Chris Oakes, "Cuban Telephone Crisis," *Wired News*, March 2, 1999 ; "Canadian Fix Allows calls To Go through More Easily," *CubaNews*, August 2001, p. 5.

다. 이메일 연계작업 협상은 상호 이견 없이 진행되었고, 실질적인 이메일 연결작업은 1991년 4월 쿠바 공산당(Communist Party)의 공식 승인 아래 이루어졌다. 하루에도 수차례씩 토론토에 있는 웹 네트워크 컴퓨터로 쿠바를 왕래하는 모든 이메일이 쿠바 국가중앙데이터교환센터(National Center for Automated Data Exchange, CENIAI)를 거쳐 나가게 되었다. 수년이 지나 그러한 접속은 더욱 확산되었고, 1996년에 이르러 쿠바 내에서 해외와 이메일을 주고받을 수 있는 4개의 컴퓨터 네트워크를 갖추게 되었다. 이들 각각의 네트워크들은 향후 발전계획을 가지고 있으며, 네트워크의 관리인들은 접근 자격에 대한 일정 기준을 가지고 있다.[28]

　　네트워크에 대해 간섭하지 않던 쿠바 정부의 초기 정책은 1996년에 쿠바의 CENIAI가 인터넷과의 직접 연결 시스템을 구축한 이후부터 극적으로 변했다. 모든 이메일 왕래는 정부가 통제하는 단일 게이트웨이를 통해 이루어지고 있으며, 인터넷을 규제하려는 정부의 노력 또한 더욱 강화되기 시작했다. 1996년 6월에 쿠바 국가이사회(Executive Council of Ministers)는 쿠바 내 인터넷 접근을 통제하는 시행령 209호(Decree-Law 209)를 의결했다. 인터넷의 전 지구적 확산이 쿠바에 가져올 여파 때문에 제안된 이 법안은 "국토방위와 국가 안보상 이익은 물론 향후 인터넷의 적절하고도 균형잡힌 발전을 보장하려는 규제"를 수립하는 데 필요한 조치였다. 시행령 209호에 따라 쿠바 내 인터넷의 발전을 다각도로 통제하기 위한 6개 정부 부처의 장관들로 구성된 규제위원회가 구성되었다.[29] 이러한 6개 부처에 달하는 많은 부처가 위원회를 이룬 구조는 인터넷 발

28_　　Nelson Valdés, "Cuba" 참조.
29_　　이러한 정부 간 위원회의 설립에 대해서는 Valdés, "Cuba" 참조.

전의 여러 측면들이 자신들의 권한에 해당한다고 판단한 각 부처의 양해에 따라 이루어졌다.

쿠바에서 인터넷 규제는 철강기계전자산업부, 과학기술환경부, 통신부 등 3개 부서가 주도하고 있다. 통신과 관련한 규제위원회의 의장 부서인 철강기계전자산업부는 인터넷 보안정책 수립과 인터넷을 중앙 정부 부처에 연결하는 업무를 담당하고 있다. 과학기술환경부는 네트워크의 기술 분야를 책임지고 있으며, 그 산하기관에 CENIAI를 두고 있다. CENIAI는 초창기 쿠바 네트워킹 구축에 중요한 역할을 수행했으며, 도메인 네임과 어드레스 관리를 담당하고 있다. 에텍사 출범의 산파역을 담당했던 통신부는 쿠바 네트워킹의 기반시설 관리를 책임지고 있다. 이들 3개 부서 외에도 이 위원회에는 법무부, 내무부, 그리고 혁명군이 참여하고 있으며, 각기 법률과 내부 치안 그리고 국방 분야에서 자신들의 이해관계를 대변하고 있다.

그러나 사실상 쿠바에서 이처럼 여러 정부 부처들 간의 인터넷 규제를 둘러싼 업무 분담은 너무나 관료적이고 비효율적인 것으로 판명되었다. 그 결과 2000년 1월 인터넷 규제를 전담할 단일 부서로 컴퓨터통신부가 창설되었다.[30] 컴퓨터통신부는 철강기계전자산업부 산하의 컴퓨터산업국을 인수하고 구통신부에서 다루던 업무의 통폐합을 거쳐 탄생했다. 정부 부처 간 통폐합을 거쳐 탄생한 컴퓨터통신부는 현재 쿠바에

30_   앞에서 언급한 것처럼 쿠바의 인터넷 통치(internet-governance) 기구들의 재편은 중국에서 전자산업부(Ministry of Electronics Industries)와 체신부 (Ministry of Posts and Telecommunications)가 통합하여 정보산업부(MII) 를 창설했던 초기 2년간 관료기구의 개편 모델을 참고한 것이다. 좀 더 자세한 것은 2장 참조.

서 인터넷 규제를 전담하는 부서이며, 총괄적인 쿠바 ICTs의 발전계획을 담당하고 있다. 또한 컴퓨터통신부는 ISP들을 비롯해 모든 사설 근거리 통신망(LAN) 운영 업체들에 대한 인허가는 물론 에텍사가 관할하는 네트워킹 기반시설의 접속요금 수준을 정하는 권한도 가지고 있다.[31] 여전히 CENIAI가 쿠바 내 도메인 네임 지정은 물론 게이트웨이의 기술적 측면까지도 담당하고 있지만 점차 에텍사로 국제 데이터 전송과 관련된 업무가 이관되고 있다. 쿠바에는 이전부터 인터넷 서비스를 제공해 왔던 인포콤(Infocom), 콜럼버스(Colombus), 텔레다토스(Teledatos) 및 CENIAI 등 4개 사업자가 상업적인 인터넷 서비스를 제공하고 있다. 쿠바 최대의 이동통신 업체인 쿠바셀 또한 인터넷 서비스 사업자 인가를 받아 현재는 단문문자 메시지(SMS) 제공에 이를 사용하고 있다.

　　쿠바의 인터넷 이용자 수와 인터넷의 전반적 영향력을 분석하기 위해서는 세 가지 차원의 네트워크 접근방식, 즉 국내 이메일과 인트라넷(국내에 호스트를 두고 있는 웹페이지) 접근, 인트라넷을 통한 해외 이메일 접근, 그리고 월드와이드웹을 통한 접근을 면밀하게 구분해야 한다. 이러한 접근방식의 차이는 인터넷 서비스 업체들이 부과하는 요금 간 차이는 물론 접근 자격에 있어서도 서로 다른 기준이 요구된다. 이러한 차이는 종종 해외 분석가들이 간과하는 부분이기도 하지만, 한편으로는 쿠바의 네트워크 통계를 보고할 때 정부 관료들에 의해 의도적으로 은폐되는 것이기도 하다. 국내 전용 접속은 일반적으로 쿠바 페소화로 요금이

31_　쿠바 컴퓨터통신부가 수행하는 인터넷 서비스 사업자들에게 인허가권 부여 업무와 ETECSA의 요금 결정권에 대한 사항은 쿠바 정부의 웹사이트인 〈www.cubagob.cu〉를 통해 확인할 수 있다.

부과되지만 국제 광대역을 필요로 하는 해외 이메일 또는 웹에 대한 접속 요금은 달러로 청구된다. 쿠바의 인트라넷을 거쳐 해외 이메일에 접근하는 공용 접속 시스템이 도입되었기 때문에 국내 전용 접속은 가까운 미래에 그다지 중요하지 않겠지만, 여전히 달러가 부족하거나 해외와 연락이 빈번하지 않은 기관 이용자들에게는 아직도 유용한 편이다.

이와 같은 다양한 접속방법들로 인해 쿠바 내 인터넷의 보급은 다른 권위주의 정권들처럼 극적이지는 않지만 1996년 인터넷의 등장과 함께 점진적으로 확대되어 왔다. 해외 이메일 접속과 인터넷 접속은 1999년과 2001년 사이에 약 2배 가량 증가했는데, 이는 중국에서 인터넷 발전 초창기에 6개월간 2배 성장한 것에 비견될 수 있다. 정부 발표에 따르면 2001년 말 현재 쿠바에는 약 10만여 개의 이메일 계정이 있으며, 이 계정들 중 약 절반 가량이 해외로 메시지를 보낼 수 있다. 쿠바 내의 22만 개에 달하는 컴퓨터 중에서 약 6,000여 개가 인터넷과 연결되어 있다.[32]

32_ 쿠바에서 인터넷에 관한 믿을 만한 자료는 물론 얻기도 어렵지만 쿠바 정부의 통계를 검증할 수 있는 외부 평가도 존재하지 않는다. 앞에서 인용한 자료는 Patricia Grogg, "Communication, Cuba : Internet Access Growing, But with Limits," Inter Press Service, Janurary 23, 2002. 정부 자료는 또한 MIC의 웹사이트 www. cubagob.cu/des_eco/mic/mic_indicadores/informati zacion_sociedad.htm ; 그러나 2002년 6월 현재 1년 동안 업데이트되지 않고 있다. 쿠바의 인터넷 확대에 대한 초기 통계자료들은 Jesús Martínez, "The et in Cuba," *Matrix News* no. 901 (January 1999), www.mids.org/pay/mn/ 901/cuba.html ; Patricia Grogg, "Communications, Cuba : Government To Set up Public Internet Terminals," Inter Press Service, October 18, 2000 ; Dalia Acosta, "Cuban Cybercafe for Intellectuals, Artists," Inter Press Service, November 27, 2000 ; 그리고 유선 서비스의 수치는 2001년 3월 기자회견에서 발표된 정부 보고서에 따른 것이다("Limitaciones técnicas y no políticas impiden acceso masivo de cubanos a Internet," Agence France-Press, March

다만 쿠바에서는 인터넷 계정을 공유하는 것이 일반적이기 때문에 인터넷 이용자는 계정 숫자보다 훨씬 많다고 할 수 있다. 대략 추측해 본다면 각 계정당 10명의 사용자들이 존재한다고 볼 수 있다.[33] 그럼에도 불구하고 정식 인터넷 이용자들은 쿠바 전체 인구인 1,100만 명에 비해 극히 소수에 불과한 실정이다.

인터넷 접근 규제와 신중한 발전

1996년에 쿠바에 인터넷 연결이 처음 시작된 이래 대중매체에 대한 "느리지만 꾸준한" 접근을 통해 인터넷 발전 유형에 대한 신중한 통제가 이루어졌다. 이러한 통제는 중앙정부의 치밀한 계획에 따라 이루어졌는데, 부분적으로 이러한 신중한 접근은 쿠바 정부가 인터넷을 이용한 반정부 세력들의 활동 가능성을 우려하고 더불어 이 문제가 현재 적대적인 미국과 쿠바 관계에 의해 더 악화될 수도 있다는 인식에 근거한 것이었다.[34] 1990년대 초반 들어 쿠바 내 초기 데이터 접속이 이루어지게 되면서 미국 내 활동가들은 이메일을 통해 쿠바를 개방시키는 방안에

3, 2001). 이 기자회견에서 쿠바 정부 관료는 인터넷을 검색할 수 있는 12,000개의 계정이 존재한다고 말했으나 이것이 의미하는 것이 인터넷에 대한 접속 계정인지 아니면 쿠바 내의 인트라넷에 대한 접속 계정인지 여부는 불분명하다.

33_ Dalia Acosta, "Internet Overcomes Gov's Resistance," Inter Press Service, April 12, 2001.

34_ Boas, "The Dictator's Deliemma?"와 Valdés, "Cuba" 그리고 Masaic Group, "Global Diffusion" 참조.

주목하기 시작했다. 예를 들어, 1992년 미국 국방부 정책담당 차관에게 제출된 랜드연구소(RAND)의 보고서에서는 쿠바에서 최근에 이루어진 이메일 접속을 언급하면서 미국 정부에게 "좀 더 자유로운 정보의 유통이 다원주의적 경향을 촉진할 것이라는 가능성에 따라 … 컴퓨터 네트워크들을 연결하는 다리(bridge)를 건설할 것"을 촉구하였다.[35] 그 다음 해에 하바나 주재 미국이익대표부 문정관(cultural attaché)이 쿠바 네트워크에 이메일 계정을 등록하고 전자게시판에 미국 정책에 대한 정보를 게시한 적이 있었다(이 계정은 즉시 회수되었다). 마이애미의 쿠바 망명자 단체 구성원들 또한 쿠바와의 이메일 접속을 인지하고, 이메일 주소로 반체제 선전을 담은 스팸메일을 발송하기 시작했다. 이러한 일련의 사건들과 여태까지 쿠바 정권을 전복하기 위해 미국이 동원했던 다양한 매체들의 이력에 비추어 볼 때, 많은 쿠바 관료들이 인터넷을 "적"의 땅 "북쪽에서 오는 불순한 세력"으로 간주한 것은 수긍할 만한 것이다.[36]

　쿠바에서 안보에 대한 우려는 인터넷에 대해 신중한 접근을 결정한 중요한 요인으로 작용해 왔지만, 그럼에도 불구하고 쿠바 정권은 오래 전부터 인터넷이 잠재적인 이익을 가져다 줄 것이라고 인식해 왔다. 쿠바 정부가 인터넷 접속을 허용하기로 결정한 데에는 각 매체들이 가져올 다음과 같은 잠재적 이익들이 반정부 활동에 인터넷이 이용될 위험성을 뛰어넘는 것이라고 판단했기 때문이다. 첫째, 인터넷은 쿠바의 사회적 선결과제를 다루는 데 이용될 수 있다. 쿠바에서는 이미 해외 이

35_　Gonzalez and Ronfeldt, *Cuba Adrift*, pp. 73-74.

36_　Geri Smith, "Yahoo, Stay Home," *Business Week*, November 29, 1999, p. 206 에서 인용.

메일 접속을 통해 공공 의료 서비스가 개선되었음은 물론 교육과 과학 연구도 이를 통해 활성화되었다. 인터넷은 이러한 효과를 더욱 극대화시킬 수 있다. 둘째, 인터넷은 잠재적인 경제적 이익을 제공할 수 있다. 쿠바 내 기업들과 합작회사들은 국제적인 커뮤니케이션의 확대를 통해 이익을 얻을 수 있는데, 인터넷은 해외 투자와 쿠바 관광산업을 촉진시킬 수 있는 방안을 제공해 줄 수 있다. 마지막으로, 인터넷은 정치적 이유 때문에 중요한데, 인터넷은 해외 언론의 쿠바에 대한 부정적 이미지를 해소하고 국내외 사건들에 대한 쿠바의 시각을 세계가 공유하도록 할 수 있기 때문이다.

쿠바 정부는 인터넷이 가져올 잠재적인 반정부 활동의 위험성을 회피하는 동시에 쿠바의 사회적 선결과제 해결에 역점을 두면서 국내의 인터넷 발전에 대한 통제를 매우 조심스럽게 추진해 왔다. 1997년 이후 쿠바 정부는 '쿠바 정보화 계획'에 따라 각종 정보매체들의 성장을 조절하고 있는데, 이 계획은 쿠바의 사회, 교육, 정치, 경제 등 전 영역에 걸쳐 인터넷 이용의 조화로운 균형을 달성하는 데 그 목표를 두고 있다. 다른 권위주의 정권들이 인터넷의 급속한 상업적 성장을 추구하고 있는 데 반해, 쿠바 정부는 시장주도적 인터넷 발전 모델을 의도적으로 회피하고 있다. 그 이유는 시장주도적 인터넷 발전 모델이 정보매체 접속의 불평등과 그것의 사회정치적 적용에 따른 상업주의의 만연, 그리고 인터넷을 이용한 잠재적인 반정부 활동을 초래할 가능성이 높기 때문이다.

대부분의 개발도상국들이 인터넷을 잠재적인 성장동력으로 보는 것과는 달리 쿠바 정부는 정보매체들을 제한된 자원으로만 보고 있는데, 그 이유는 미국의 대쿠바 교역금지 조치가 각종 컴퓨터 설비와 국제 광대역의 획득은 물론 정보통신 분야의 투자를 얻는 데도 가장 큰 장애물로 작용하고 있기 때문이다. 결론적으로 쿠바 정부는 인터넷이 사회에 가장 긍정적인 영향을 미치도록 적절하게 활용되기 위해서는 통제가 이루어져야 한다고 판단하고 있다.

쿠바의 이러한 태도는 특정의 사회적 선결과제에 대해서는 인터넷 발전을 도모ㆍ장려하는 것을 의미하는 반면, 정부의 계획에 포함되지 않은 분야의 인터넷 성장에는 규제를 가한다는 것을 의미한다. 이러한 전략에서 가장 주목할 것은 인터넷에 대한 개인적 접속이 전면 금지되어 있다는 점이다. 쿠바에 인터넷이 등장한 이후 인터넷 접속은 개인이 아닌 오직 기관들에게만 허용되었다. 쿠바에는 가정용 인터넷 접속을 위한 합법적 시장이 존재하지 않는다. 물론 일부 상업적 인터넷 서비스 업체들이 정부기관의 보증을 받은 일부 개인들에게 개별 계정을 제공하고는 있지만 그 수는 극히 소수에 불과하다.

쿠바인들은 사이버 카페와 같은 공공 편의시설에서 요금을 내고 인터넷에 접속할 수 있지만, 이러한 시설도 매우 제한적이어서 이용할 수 있는 기회는 거의 없다. 쿠바 최초의 사이버 카페는 1999년 과학기술환경부 청사가 위치한 하바나의 카피톨리오(Capitolio) 빌딩에 설치되었다. 인터넷 접속 요금은 시간당으로 지불하며, 주로 관광객들이 이용하고 있다. 일부 언론 보도에 따르면 쿠바인들이 인터넷에 접속하기 위해서는 그들의 고용주나 다른 보증기관의 위임장이 필요하다고 한다.[37] 2000년 11월에 쿠바 내 두 번째 사이버 카페인 알렙(El Aleph)이 하바나에 문을 열었지만 쿠바 작가예술가동맹(Cuban Union of Writers ans Artists : UNEAC)의 회

37_ 예를 들면, Maria F. Durand, "Cuba Goes Online," ABCNews.com, July 24, 2000. 참조.

원들에게만 이용이 허용되었고, 그것도 단순한 웹페이지 목록만을 제공하고 있을 뿐이다.[38] 일부 쿠바 내 관광 호텔들에서 인터넷 접속을 할 수 있지만 일반적으로 쿠바인들은 관광 호텔의 출입을 제한받고 있기 때문에 오직 소수의 쿠바인들만이 관광 호텔을 통해서 인터넷에 접속할 수 있을 따름이다.

쿠바에서 인터넷 접속 자격은 정부 각 부처들을 비롯해 각종 대학들과 학교, 국내외 기업체, 국영기자협회와 같은 전문가 단체 및 쿠바여성연맹(Federation of Cuban Women)과 같은 대중조직, 그리고 법무부에 합법적으로 등록된 시민사회단체들에게 주어져 있다. 그러나 이들 단체 모두에게 제도적인 접속이 반드시 보장된 것은 아니다. 현행 법규에는 인터넷에 접속할 수 있는 근거리통신망을 설치하려는 단체는 반드시 컴퓨터통신부로부터 인가를 얻을 것을 명문화하고 있다.[39] 물론 이러한 법규는 전화를 이용한 다이얼 업 계정에는 적용되지 않는 것이지만, 컴퓨터통신부에 전화접속 계정의 승인을 요청한다 하더라도 거부될 가능성이 있다. 쿠바 정부는 각 기관들의 인터넷 접속 승인을 통제함으로써 인터넷 발전이 정부의 종합적인 계획에 따라 이루어지도록 하고 있다.

38_   Goering, "Cubans Find Ways" ; Wilson, "Web od Resistance" ; Acosta, "Cuban Cybercafe" 참조.

39_   MIC Resolution 23 of the year 2000, available through the Cuban government's web site, www.cubagob.cu/ 참조.

3. 논쟁적인 정보통신기술 이용 영역들

인포르마티쿠스(*Informáticos*)와 국가 인트라넷

쿠바에서 개인들의 인터넷 접속을 규제하는 것은 컴퓨터가 일반 국민들에게 가져올 수 있는 잠재적 이익을 무시해서가 아니다. 수년 동안 쿠바 정부는 '컴퓨터 문화의 보급'이라는 목표를 적극적으로 추진해 왔다. 여기에는 컴퓨터에 관한 교육은 물론 심지어 컴퓨터 네트워킹에 대한 교육까지 포함되었지만 인터넷 접속에 관한 교육은 포함되지 않았다. 쿠바 정부는 우체국과 학교, 그리고 청년공산주의연맹(Union of Young Communist) 산하의 유소년 컴퓨터 클럽 등을 이용해 대규모 컴퓨터 기초교육 프로그램을 시작했다. 이러한 정부의 조치는 1960년대 쿠바에서 추진된 대규모 문맹퇴치 운동에 비견되는 것이었다. 당시 수천 명에 달하는 자원봉사자들이 가난한 농민들에게 기초적인 읽고 쓰기 능력을 가르치기 위해 시골로 몰려들었다. 물론 당시 쿠바 정부도 문맹을 퇴치하기 위해 지속적인 노력을 기울였지만, 한편으로는 정치권력으로부터 독립적인 출판물들의 유통을 막고 관영 신문과 잡지들을 혁명의 정치적 목표를 달성하는 데 이용했던 것이다. 이와 마찬가지로 쿠바 정부는 국민들에게 컴퓨터를 통해 얻을 수 있는 다양한 이익을 제공하는 한편, 인터넷 접속자들을 신중하게 통제하고 있다.

이러한 쿠바 정부의 인터넷 전략에서 핵심은 국가 인트라넷의 구축에 있다. 쿠바 국민들은 쿠바 전역에서 있는 우체국 네트워크와 유소년 컴퓨터 클럽을 통해 인트라넷에 접속할 수 있다. 2001년 11월 현재까지 30곳의 네트워크 시설이 운용 중에 있으며, 쿠바 정부는 향후 이 네트워크 시설을 2,000여 개로 늘릴 예정이다. 인트라넷 이용자들은 해외 이메일 계정을 만들 수는 있지만 웹에 대한 접속은 쿠바 내 웹사이트로 한정되어 있다. 하바나의 인터넷 카페에서 인트라넷을 사용할 경우에는 달러로 요금을 지불해야 하고, 인트라넷 요금은 3시간당 4.5달러 정도로 인터넷 요금보다 저렴한 편이다.[40] 그러나 월 10달러 정도인 쿠바인의 평균 임금수준에 비하면 지나치게 높은 편이다. 다만 달러를 벌어들이는 관광산업 종사자들에게는 감당할 만한 수준이다. 인트라넷을 통해 국제 이메일을 보내는 것은 국제전화를 통한, 예를 들어 미국 통화시 분당 2.30달러에 달하는 요금에 비해 훨씬 저렴하기 때문에 인트라넷은 해외에 가족과 친구들을 둔 사람들에게 인기가 있으며, 특히 최근 들어 미국과의 전화 서비스가 중단되었던 점을 고려한다면 더욱 그렇다고 할 수 있다.

향후 쿠바 정부는 쿠바 국외 지역에 개설된 웹사이트에 대해 접속을 확대할 가능성이 있지만, 인터넷 카페 알렙의 경우처럼 엄선된 우수 사이트들만 접속을 허용할 가능성이 높다. 실제로 쿠바 전자상거래위원회의 위원장은 국가 인트라넷과 연결된 엄선된 사이트들이 외국인 투자자들에게 잠재적인 사업기회를 제공하게 될 것이라고 언급한 바 있다.[41] 쿠바에서 향후 해외 웹사이트에 대한 실질적인 접속이 이루어질지 여부와는 상관없이 우체국 및 유소년 컴퓨터 클럽 등의 인터넷 네트워

40_　Peters, "Cuba Goes Digital" 참조.
41_　Hinchberger, "The new E-Man" 참조.

크 접속 지점들에 대한 쿠바 정부의 통제와 이용자들에 대한 일상적·비기술적 감시는 민간에서 운영하는 사이버 카페에 비해 훨씬 용이하게 이루어져 왔다. 이렇듯 국민들의 인터넷 접근 장소에 대한 규제와 감시는 쿠바를 비롯해 다른 많은 권위주의 정권들에서도 중요한 관심 사항이다.

쿠바의 지속적인 인트라넷 구축에도 불구하고 인터넷에 접속할 수 있는 쿠바인의 수는 매우 제한되어 있기 때문에 진정한 의미의 대중적인 인터넷 접근은 이루어지지 않았다. 따라서 쿠바 정부는 다른 권위주의 정권들과는 달리 대규모의 중앙집중화된 웹사이트 차단 시스템을 개발하지도 개발할 필요성도 느끼지 못하고 있다. 이따금씩 쿠바 내에서 특정 웹사이트가 차단되었다는 보도가 있었지만 쿠바 정부는 그러한 검열은 단순히 기관 차원에서 수행된 것일 뿐, 즉 인터넷 접근권을 가진 고용주가 피고용인들의 특정 사이트에 대한 접근을 제한하기 위해 시행하는 것일 뿐이라는 입장을 보였고, 이러한 주장은 대부분 사실로 확인되었다.[42] 이러한 쿠바의 인터넷 통제 유형은 과거 쿠바 정부가 대중매체에 대해 중앙정부 차원의 검열을 실시하기보다는 지방기구의 차원에서 통제를 행사했던 이력과도 일치하는 것이다. 게다가 쿠바의 선별적 인터넷 접근 허용 정책은 쿠바 내 인터넷 이용자들에게서 상당한 정도의 신뢰성을 얻고 있다.[43] 물론 이러한 전략이 쉬운 선택이 아니었던 것은 분명하다. 다만 쿠바 정부는 인터넷 접근을 자유롭게 할 수 있는 특권을 가

---

[42]   Lopez, "a verdad bloqueada" 참조.

[43]   인터넷 접근 허용에 대한 정치적 신뢰성의 중요성에 대해서는 Seror and Aretaga, "Telecommunication" 참조.

진 사람들이 일반 국민에 비해 정권의 지향점을 훨씬 잘 알고 있으며, 이들은 반정부적 비판 혹은 정보에 쉽게 현혹되지 않을 것이라고 확신했던 것이다. 그러나 향후 쿠바 정부가 인터넷에 대한 일반 국민들의 접속을 광범위하게 허용하는 입장으로 선회하게 된다면, 그때 쿠바 정부는 웹사이트 블랙리스트나 검색어 분석에 근거한 중앙집중화된 방화벽 시스템을 구축할지도 모른다.

이미 알려진 바와 같이 쿠바 정부의 인터넷 접속 통제가 완벽한 것은 아니다. 쿠바에는 정부의 공식적인 장벽을 피해 인터넷에 접속할 수 있는 상당한 재능과 능력을 갖춘 것으로 알려진 일련의 집단이 존재하고 있으며, 정부 통제 밖에서 인터넷에 접속할 수 있는 전문적 지식을 갖춘 정보형 인간 혹은 디지털 인간인 인포마티쿠스(Informáticos)의 수는 증가일로에 있다.[44] 가정용 컴퓨터 이용자들도 비공식적인 인터넷 접근이 가능한 다양한 방법이 있다. 직장에서 인터넷에 접속할 수 있는 전화접속 계정을 가진 이들이라면 가정용 컴퓨터를 통해 인터넷에 간단히 접속할 수 있으며, 쿠바에서 전화를 가진 많은 사람들이 전화가 없는 이들과 전화를 공유하는 것처럼 인터넷 접속 전화 계정도 친구들이나 이웃들과 공유할 수 있다. 이와 유사한 방법으로 암시장에서 거래되는 전화접속 계정을 구매해 인터넷에 접속하는 방법이 있는데, 이 방법은 일정 기간 동안만 사용하도록 기관들에서 승인한 것으로 합법적으로 이용할 수 있다. 여러 보고서들에 따르면 암시장에서 전화 계정을 구매해 사용하는 데 드는 비용은 한 달에 20-40달러에 달하는 것으로 추정된다.[45]

ⓔ_____

44_ Wilison, "Web of Resistance."

45_ 예를 들면, "Cuba Tests Online Waters" ; Peters, "Cuba Goes Digital" ; "De-

에텍사는 최근 들어 외국인들을 대상으로 인터넷 접속 카드(5시간당 15달러)를 판매하기 시작했는데, 컴퓨터를 사용하고 있는 일부 쿠바인들이 이 카드를 불법적으로 구입하여 임시 사용자명과 비밀번호를 이용해 가정에서 접속하기도 한다.

쿠바 내 지하 인터넷 시장의 규모를 측정하는 것은 불가능하다. 쿠바에서 인터넷 접속 컴퓨터를 구입하는 데 상당한 비용과 제약이 따르고 있음에도 불구하고 잠재적인 지하 인터넷 접속 시장은 규모가 확대되고 있으며, 이는 국가통제에 대한 상당한 위협이 되고 있다. 향후 쿠바 정부는 암시장에서 벌어들이는 수익에 대한 세원을 포착하기 위해서 개인들의 인터넷 접근에 대한 규제를 완화할 가능성이 있으며, 이러한 조치는 1993년 당시 이미 광범위하게 통용되던 달러를 자본화하기 위해 달러의 사용과 보유를 합법화했던 조치와 마찬가지 경우에 해당할 것이다. 이러한 방향의 첫 단계로서 국가 인트라넷을 통한 해외 이메일 접속이 허용될 가능성이 크다. 이러한 조치는 이메일이 인터넷을 이용하는 가장 유용한 사용법이 된 상황에서, 특히 신규 이용자들을 비롯해 지역 우체국을 통해 합법적이고 편리하게 해외 이메일에 접속할 수 있는 사람들에게는 암시장에서 인터넷 접속권을 구매하는 것을 단념시키게 될 것이다.

전반적으로 볼 때 쿠바 국민들의 인터넷 이용이 현재 쿠바 정부에 커다란 위협으로 작용할 것 같지는 않다. 이미 알려진 것처럼 쿠바 정부는 지하 인터넷 이용자들에 대한 규제를 거의 하고 있지 않으며, 한편

---

spite Strict Government Control, Clever Cubans Still Get Bootleg Internet," *San Jose Mercury News*, March 24, 2002 참조.

으로 이들이 공식적 접속을 승인받은 사람들처럼 정부에 호의적일 것이라고 생각하지도 않고 있다. 그럼에도 쿠바 정부는 인터넷 상에서 정치적 정보를 적극적으로 얻고자 하는 지하 인터넷 이용자들은 소수에 불과하며, 이들은 큰 위협이 되지 않는다고 판단하고 있다. 사실상 대다수 지하 인터넷 이용자들은 세계 여러 나라의 사람들과 마찬가지로 주로 유흥이나 업무와 관련된 조사 혹은 해외 친척들과의 연락수단으로 인터넷을 이용하고 있을 따름이다. 국민들이 국가 인트라넷을 거쳐 인터넷에 대한 접속을 확대하려는 쿠바의 지속된 계획은 정부가 볼 수 있는 모든 국내의 인터넷 콘텐츠에 대한 관리·감독이 이루어질 것이기 때문에 향후에도 쿠바 정부에 심각한 위협이 될 것으로는 보이지 않는다. 실질적으로 쿠바 정부는 다른 매체들과 마찬가지로 인트라넷을 정치적 동원과 정부 정책의 홍보를 위해 전향적으로 활용함으로써 이득을 볼 수 있을 것이다.

다만 국민들의 인터넷 이용이 정부에 위협을 가하는 주요한 방법은 우체국의 네트워크를 통한 인터넷 접근이 전면적으로 확대되거나 아니면 암시장에서 놓치고 있는 세원 포착을 위해 접근 제한 조치가 완화되는 것, 그리고 현재 규제되고 있는 인터넷 접근 유형이 전면적으로 개편될 때 가능할 것이다. 국민들의 인터넷 이용이 가져올 효과는 인터넷 접근이 얼마만큼 의미 있게 증대되느냐와 정부가 인터넷 통제 시스템을 얼마나 효율적으로 구축하느냐에 달려 있다고 할 수 있다.

시민사회단체 : 승인에 의한 접속

쿠바에서 일반인들의 인터넷 이용은 제한되어 온 반면에 시민사회단체들은 오랫동안 인터넷의 중요한 이용자였다. 1990년대 초반에 해외 이메일과 접속이 이루어진 4개의 쿠바 네트워크 가운데 하나인 티노르드(Tinored)는 공식적으로 등록된 소수의 시민사회단체(1996년 현재 31개)들에게 자유로운 이메일 접근을 허용했다.[46] 티노르드가 시민사회단체들에게 제공했던 이메일 접근은 1997년 재정 문제로 인해 중단되었으나 티노르드에 등록되었던 대부분의 시민사회단체들은 이후에도 다른 서비스 업체들로부터 계속해서 계정을 얻을 수 있었다. 오늘날 합법적으로 등록된 시민사회단체들은 인터넷 접근을 신청할 수 있는 기관의 자격을 가지고 있으며, 이렇듯 시민사회단체들이 인터넷을 이용할 수 있다는 사실은 쿠바 정부가 표방하는 정보화 비전을 반영한 것이다.

그러나 한편으로 쿠바 정부가 시행 중인 인터넷 접근 순위제 정책(policy of prioritizing Internet access)은 매체들을 실질적으로 이용하고 있는 시민사회단체의 수를 제한하는 효과를 가져왔다. 그 결과 인터넷을 이용한 정치활동의 가능성은 줄어들었다. 1998년 여름에 진행된 16개 시민사회단체에 대한 조사에 따르면, 개별 시민사회단체들에게 허용된 인터넷 접근 수준이 시민사회단체의 정부에 대한 정치적 성향과 밀접하게 연관되어 있음을 보여주었다.[47] 정부 정책상의 우선 순위를 차지하고 있는

46_ Press, *Cuban Telecommunications*.

47_ Boas, "www.cubalibre.cu? Transnational Networking."

환경 보전과 지속 가능한 개발 분야에서 활동하고 있는 시민사회단체들은 자유롭게 해외 이메일 접근이 가능했다. 또한 일부 친정부 성향의 연구기관들도 앞의 시민사회단체들과 유사한 수준의 이메일 접근이 허용되었음은 물론, 인터넷 접근에서도 상당한 특권을 누리고 있다. 더욱이 정부에 호의적인 개신교 종교단체들은 수년째 이메일을 사용하고 있다. 이 단체들은 쿠바 정부가 추진하는 거시적 차원의 목표와 사회적 관심 분야에 대해 공감대를 형성하고 있으며, 단지 각 단체들이 추진하는 계획이나 활동의 구체적 방안에서 정부 관료들과 드물게 의견 차이를 노정하고 있을 따름이다.

반면에 중립적인 시민사회단체나 정부에 대한 공개적 비판을 가하는 반체제 단체들의 경우, 앞서 언급한 단체들과는 달리 이메일과 인터넷 접근에 있어서 확연히 구분되는 대우를 받고 있다. 정부에 호의적인 종교단체들은 오랫동안 이메일 접근을 누려온 반면, 중립적 성향으로 유명한 '천주교 자선 까리따스'(Catholic charity Caritas)의 경우 정부측으로부터 이메일 접근 신청에 대한 답변을 듣는 데 상당한 시일을 기다려야 했다. 정부의 답변은 1998년의 조사 당시까지도 오지 않았을 뿐만 아니라, 로마 천주교구에 기부된 위성 시스템을 통해 운영되는 '까리따스 인터내셔널'(Caritas International) 네트워크에 대한 접근 요청도 거부되었다.[48] 이러한 상황은 정부에 대해 공개적인 비판을 가하는 3개의 반체제 단체들에게서 그대로 반복되었으며, 이 단체들은 법적으로 등록되는 것조차 불가능한 상태에 처해 있다. 반체제 단체들은 컴퓨터 통신을 위한 어떤

48_ 까리따스(Caritas)는 1998년 9월 조사 시점까지는 이메일 접근권이 없었으나 이후 접근을 승인받았다.

종류의 접근도 허용되지 않고 있을 뿐만 아니라, 팩스나 국제전화의 사용도 금지되었고, 국내 전화통화도 지속적으로 감시받고 있다. 일부 반체제 단체들의 경우 해외 지지자들로부터 기증받은 컴퓨터를 문서 작성과 데이터베이스 운영에 사용하고 있지만 이마저도 정부는 '관리등록'이라는 미명 하에 압수했다.

　쿠바에서 인터넷 비밀 접근은 이제 보편적이 되었지만, 잘 알려진 반체제 인사들에 대한 광범위한 감시로 인해 이들의 인터넷 접근은 원천적으로 불가능한 상태에 처해 있다. 현재 인트라넷을 통해 해외 이메일 접속이 가능하지만 이것이 반체제 인사들도 해외 이메일을 사용할 수 있다는 것을 의미하는 것은 아니며, 인트라넷에 대한 일상적인 감시가 이루어지고 있는 현 상황에서 정치적 목적으로 인터넷을 사용하는 것 자체가 불가능하다고 할 수 있다. 예외적인 경우로는 쿠바민간경제학자연구소(Cuban Institute of Independent Economists : ICEI)를 들 수 있다. 2001년 12월에 쿠바민간경제학자연구소는 미국에 호스트를 둔 웹사이트를 개설했다. 웹사이트에는 연구소의 간행물들과 연구소 사업과 관련된 여러 정보들뿐만 아니라 광범위한 반체제 단체들의 목록과 상세한 연락처들이 제공되었다. 이 연구소의 소장인 호께(Martha Beatriz Roque)는 이 사이트가 쿠바 내 반체제 인사들에 의해 운영되는 최초의 사이트라고 주장했다.[49] 그러나 반체제 인사들이 이러한 상당한 정보들을 이메일이나 고전적 방법들을 통해 해외로 보낼 수 있을지 여부는 불분명하다. 호께의 주장과는 달리 이 사이트는 해외 거주 협력자들에 의해 디자인되고

[49]_　"Dissident Cuban Economists Launch Website," Reuters, December 7, 2001 참조.

운영되는 것으로 밝혀졌다.[50]

　이메일 접근이 가능한 친정부 성향의 단체들은 이메일이 해외 시민단체들과의 네트워킹 구축, 즉 해외 시민단체들에게 자금을 지원하여 제휴를 형성하고, 그 반대 급부로 쿠바 내 친정부 단체들의 활동에 대한 지원을 얻을 수 있는 효율적인 수단임을 간파했다. 그 결과 일부 친정부적인 시민사회단체들은 미국의 대쿠바 정책에 반대하는 단체들을 지원하는 데 이메일 접속을 이용하고 있다. 그 대표적인 경우로 '친구를 위한 운송순례자단'(Friendshipment Caravan)이라는 단체는 미국의 교역금지 조치를 피해 쿠바에 승인되지 않은 물품을 들여오고 있다. 1998년에 조사된 16개 시민사회단체들이 가진 이메일 접근권은 곧 국제적으로 16개의 커뮤니케이션이 존재함을 의미한다. 16개의 시민사회단체들은 자신들이 수행하는 기능이 쿠바 정부에 중요한 영향을 미친다고 주장한다. 인터넷이 쿠바 정부와 연계된 단체들 간의 초국적 네트워크 구축을 지원하는 데 이용되는 것은 분명하다. 어쨌든 쿠바 정부의 인터넷 접근 통제 조치는 정부에 반대하거나 개혁을 지향하는 이들이 인터넷을 이용할 가능성을 감소시켰다. 이러한 환경 속에서 쿠바 시민사회단체들의 인터넷 이용은 향후에도 정부에 정치적 위협이 되지 않는 방향으로 그리고 자신들의 이익을 위해서만 활용될 것이다.

───

50_　이 사이트는 "쿠바민간경제학자연구소를 지지하는 그룹"(Grupo de Apoyo ICEI)에 의해 디자인된 것으로 드러났으며, 이 단체는 "쿠바민간경제학자연구소를 도덕적·물질적으로 지원하는 자유 쿠바인들의 단체"로 정의할 수 있다(저자 역주) ; www.cubaicei.org/Grupo%20de%20Apoyo. htm 참조.

전자 보건의료(e-health)와 인터넷 상에서의 정부 선전

쿠바의 권위주의 정권은 대국민 서비스의 제공과 사회안전망의 유지를 통해 그 정당성을 보장받아 왔다. 그러나 1990년대 초반 소련의 지원이 중단된 이후 쿠바에서 이러한 사회적 계약을 성공적으로 운영할 수 있을지 여부는 불분명했다. 이러한 상황에서 쿠바 정부가 추진하고 있는 전자정부는 쿠바 국민들에게 좀 더 나은 서비스를 제공할 수 있는 기회는 물론 정권의 생존 가능성도 증대시킬 수 있는 기회를 제공하고 있다. 물론 아직까지 쿠바 정부가 포괄적인 전자정부 계획을 발전시킨 것은 아니지만, 가까운 장래에 쿠바 정부는 국가 인트라넷을 개발한 것처럼 대국민 온라인 서비스 확대를 추진하려 한다. 쿠바의 컴퓨터통신부가 2003년 수립한 전략목표에 따르면 정부는 우체국 연결망을 통해 온라인 티켓 구매나 등기 이전, 주택 매매 같은 서비스 도입을 추진하고 있다.[51] 쿠바 정부는 수년 전부터 공식적인 정부 웹사이트를 운영하고 있는데, 현재는 일방적인 정보 전달의 기능만을 수행할 뿐 쌍방향의 서비스는 제공되지 않고 있다.[52] 현재 정부의 웹사이트는 국내 이용자들보다는 해외 이용자들을 주 대상으로 상정한 것이지만 이는 국가의 인트라넷 발전에 따라 변화될 가능성이 있다.

쿠바 정부가 전자정부의 영역에서 가장 중요시하고 장기간에 걸

51_ "Objetivos estrategicos del Ministerio de la Informatica y las Communicaciones para el periodo 2001-2003," www.cubagob.cu/des-eco/mic/mic_objetivos/objetivos_2001_2003.htm.

52_ www.cubagob.cu/ 참조.

쳐 공을 들인 분야는 현재 보건부에서 운용하고 있는 의료정보 네트워크인 인포메드(Informed)이다. 의료진들만이 네트워크에 접속할 수 있다는 이유로 인포메드는 공공 온라인 서비스를 제공하는 다른 전자정부 프로그램들이 시행되기 훨씬 이전에 구축되었다. 1990년대 초반 설치된 인포메드는 쿠바 최초의 컴퓨터 네트워크 중 하나이자 인터넷 직접 연결이 이루어지기 이전에 해외 이메일에 접속할 수 있는 4개의 네트워크 가운데 하나였다. 인포메드 네크워크는 쿠바의 각종 의료 센터들과 연결되어 전자 저널이나 의료 데이터베이스, 각종 건강경보 발령을 위한 이메일 목록 등을 게시했다. 인포메드는 정보 전달에 어려움을 겪고 있던 쿠바의 여러 의료 시스템의 개선에 큰 도움을 주었다. 인포메드는 미국/쿠바 인포메드(USA/Cuba Informed)와 같은 해외 기관으로부터 지원을 받아왔으며, 미국/쿠바 인포메드는 네트워크에서 사용할 수 있는 미국산 중고 컴퓨터들을 기증해 왔다.

가까운 장래에 쿠바에서 전자정부는 더 중요하게 될지도 모르지만 현재 인터넷은 대외적인 체제 선전에 초점이 맞추어져 대부분 정치적으로 이용되는 수준에 머물러 있다. 쿠바가 인터넷 연결을 추진한 근본 이유 중 하나는 해외 언론들이 쿠바에 대해 가진 부정적 이미지를 개선하기 위해서였으며, 따라서 쿠바 정부는 이전부터 해외 선전에 중점을 두고 인터넷을 이용해 왔다.[53] 2001년 3월 쿠바 컴퓨터통신부 차관은

---

[53]_ 1996년 2월 쿠바 공군은 쿠바 망명단체인 '구원을 위한 형제단' (Brothers to the Rescue)의 회원이 조종하던 2대의 민간 비행기를 격추했는데, 구원을 위한 형제단은 과거에도 쿠바 영공에 침투해 반정부 삐라를 하바나 상공에 살포했던 전력이 있다. 미국은 국제 공해상에서 비행기들을 격추시킨 것에 대해 쿠바 정부가 책임질 것을 주장했지만 쿠바 정부는 그 주

"우리의 적들은 두려워할 수밖에 없을 것이다. 왜냐하면 인터넷은 쿠바에 대한 진실을 널리 알릴 수 있는 이상적인 매체이기 때문이다"라고 언급했다.[54] 쿠바에서는 각종 정부 산하 포털들이 시사 문제에 대해 주로 미국을 비판하는 내용의 정부측 입장을 대변하고 있다. 예를 들어, ⟨cubavsbopqueo.cu⟩(대쿠바 봉쇄) 사이트는 미국의 대쿠바 교역금지 조치에 관한 국제적인 반대 의견들을 모아놓고 있으며, 이와 유사한 ⟨elian.cu⟩ 사이트는 1999-2000년에 걸친 엘리안 곤잘레스(Elián Gonzalez)의 양육권 분쟁에서 쿠바의 입장을 대변하기 위해 개설되었다. 쿠바 관료들은 미국의 대쿠바 정책에 반대하는 미 의회 의원들과 접촉하기 위해서도 인터넷을 사용하고 있다.

쿠바의 국영매체들은 자신들이 만든 프로그램의 국제적인 이용을 증대시키기 위해서 인터넷을 적절히 활용해 왔다. 국영 라디오 방송국인 하바나 라디오는 인터넷 상에 방송 프로그램을 올려놓고 있다. 쿠바공산당 기관지인 『그란마』(Granma)의 국제판은 1996년에 웹사이트를 구축했고, 온라인판은 현재 5개 국어로 제공되고 있다.[55] 다른 중요한 간행물들인 『그란마』 국내판, 국가노동동맹의 기관지인 『트라바하도레스』(Trabajadores), 그리고 청년공산주의연맹(Union of Young Communist) 기관지인 『후벤투드 레벨데』(Juventud Rebelde) 또한 웹 상에서 이용할 수 있다.[56]

___

장을 반박했다. 최근 개설된 국가 기관지인 『그란마』의 온라인판은 세계인들이 어떤 사건에 대한 쿠바 정부의 시각을 읽을 수 있는 유일한 장소이다. "InCUBAdora"; "Hinchberger," "Netting Field" 참조.

54_ "Limacioness técnicas"에서 인용.

55_ www.grama.cu 참조.

56_ 이들과 다른 온라인 출판물들의 목록은 www.cubaweb.cu/esp/categorias/subcategories.asp?categoryID=11에서 이용 가능하다.

CNN과 같은 국제 언론매체의 웹사이트들도 시사 문제에 대한 쿠바의 입장을 인용할 때는 쿠바 온라인 매체를 링크시켜 놓기도 한다. 그 결과 쿠바 온라인 매체에 상당한 접속이 이루어지기도 한다. 『그란마』 사이트에는 엘리안 곤잘레스를 둘러싼 갈등이 정점에 달했을 때 1주일에 100만 명 이상이 접속하기도 했다.[57] 또한 쿠바 정부 산하의 각종 인터넷 포털들과 온라인 간행물들은 광범위하게 상호 연결되어 있으며, 그 결과 이들 포털들이 쿠바 내에 구축된 웹사이트들 중에서 독점적인 지위를 형성하고 있다. 쿠바의 일반 정보는 정부가 외부 선전을 목적으로 인터넷에 구축해 놓은 정보들에서 쉽게 얻을 수 있다.

전반적으로 인터넷의 정치적 이용은 쿠바 권위주의 정권에 이익이 되어 왔다고 볼 수 있다. 비록 제한적이기는 하지만 쿠바 정부가 추진하고 있는 전자정부 시책은 공공 서비스를 촉진시킴으로써 정권의 정당성을 강화하는 역할을 해왔다. 쿠바 정부는 국제적 사건에 대한 쿠바 정부의 입장을 전달·공유하고 전 세계에 쿠바 체제의 이미지를 개선하기 위해 효과적으로 인터넷을 이용해 왔다. 따라서 향후 쿠바에서 야당의 합법화와 같은 중대한 정치체제의 변화가 없는 한 인터넷의 정치적 활용이 체제에 대한 위협이 될 것으로 보이지는 않는다.

---

[57] "Granma International Online sets New 'Hit' Record," *Granma International*, April 4, 2000.

벤처 사회주의? 온라인 관광과 전자상거래

쿠바 정부는 인터넷의 상업적 발전에는 신중하게 대처해 온 반면, 이들 매체들이 제공해 줄 수 있는 경제적 이익은 적극적으로 추구해 왔다. 쿠바에서 인터넷의 경제적 이용은 일반적으로 국제 경제와 국내 경제에 대한 쿠바 정부의 상이한 대처방식을 그대로 따르고 있다. 따라서 쿠바에서 인터넷을 이용하는 산업은 대부분 대외지향적 산업과 관광 산업에 집중되어 왔다.

쿠바의 소규모 자영업자들 중에서는 단지 소수만이 정부의 승인을 얻어 인터넷을 사용하고 있는 반면, 대다수의 자영업자들은 정부의 통제를 피해 비밀리에 인터넷에 접근하고 있다. 그럼에도 불구하고 이러한 국내 민간영역에서 인터넷의 이용은 점차 증가하고 있다. 쿠바의 소수 자영업자들은 해외 고객들이 의뢰한 웹디자인 혹은 그래픽 디자인 프리랜서 일을 하기 위해 합법적으로 인터넷에 접근하면서 인터넷 상에서 그들의 서비스를 시장에 제공할 수 있다.[58] 정부로부터 인터넷 이용 허가를 받지 못한 다른 자영업자들은 웹디자인을 비롯해 다른 인터넷 관련 서비스를 암시장을 통해 제공하기 위해 비밀리에 인터넷에 접속하고 있다. 그들은 자영업자나 가정식 레스토랑 또는 민박을 운영하는 쿠바인들을 위해 웹사이트에 광고를 만들어 주기도 한다. 보통 이러한 광고들의 대부분은 쿠바 국외에 구축된 무료 웹서버에 게시된다.[59]

58_ "InCUBAdora" 참조.

59_ Peters, "Cuba Goes Digital" ; and "Cuba's Wired Generation," *BBC News*,

쿠바 민간영역에서 인터넷 이용은 향후 증가될 것이지만, 인터넷 이용에 따르는 많은 제약 때문에 정부에 대한 실질적인 위협이 될 가능성은 없어 보인다. 쿠바 정부는 최근 확대되고 있는 계층 간 격차(class divisions)가 가져올 사회적 여파와 관광산업 또는 비공식 경제로부터 부를 획득한 신흥부자들의 등장에 대해 우려하고 있다. 그럼에도 쿠바 정부는 지난 10여 년 동안 이러한 사회적 유동성을 견뎌왔으며, 계층 간 격차의 확대가 이러한 유동성을 더욱 불안하게 만드는 잠재적 요인임에도 불구하고 인터넷이 이러한 경향에 최소한도로만 영향을 미치도록 통제해 왔다. 가까운 미래에 많은 쿠바인들이 택시 운전사나 관광 가이드 그리고 호텔 종사자로 정부가 허가하는 공식적인 달러 경제(dollar-denominated economy)에 참여하게 될 것이고, 앞으로 쿠바인들도 지하에서 비밀리에 이루어지는 인터넷 접근을 통해 이익을 얻기보다는 공식적인 달러 경제에 접근할 수 있는 수많은 직업들을 가지게 될 것이다.

쿠바 정부는 공식적인 인터넷 접근 인가를 받은 프리랜서 웹디자이너와 같은 자영업자들의 합법적인 인터넷 사용 문제에 대해 인터넷 접속과 자영업 활동 자체에 대한 인허가권 모두를 통제하고 있다. 물론 정부의 이러한 통제는 언제든지 중단될 수 있다. 사실 쿠바의 웹디자이너들 대부분은 프리랜서보다는 회사에 소속되어 일하고 있으며, 정부의 인터넷 접근 승인 없이도 자신들의 업무를 수행할 수 있다.[60] 쿠바 정부는 현재 자유무역지대에서 웹디자인 업무를 맡을 노동자들의 교육과 훈련을 장려하고 있는데, 자유무역지대에서 쿠바인들은 외국인 회사에서

April 5, 2002 참조.

60_   "Cuba's Wired Generation" 참조.

일하기는 하지만 급여는 정부를 통해 페소화로 지급받고 있다. 이러한 이유들 때문에 정부가 인터넷 접근을 통제하는 현 상황 하에서 인터넷 기업가 정신이 정부에 대한 위협이 될 것으로 보이지는 않는다.

쿠바 기업들의 인터넷 이용이 제한되어 있음에도 불구하고 정부는 대외지향적인 경제정책 하에 인터넷 이용을 적극적으로 권장하고 있다. 쿠바에서 인터넷은 오래 전부터 외국인 투자를 촉진시키는 중요한 요인이 되어 왔다. 쿠바에서 1996년에 최초로 〈Cubaweb.cu〉 사이트가 개설될 당시 쿠바 내 발간 잡지인 『비지니스 팁 온 쿠바』(*Business Tips on Cuba*)로부터 재정적 지원을 받았고, 그에 따라 당시 사이트의 가장 중요한 목적 중 하나는 투자 대상지로 쿠바를 광고하는 것이었다.[61] 이외에도 쿠바 외국인 투자법과 관세규정과 같은 투자와 관련된 여러 법규들이 사이트에 게재되었다. 〈Cubaweb〉 이외에도 여러 다른 사이트들이 외국인 투자가들을 대상으로 개설되었다. 〈Cubaweb〉에서 분리된 『비니지스 팁 온 쿠바』 웹사이트는 쿠바 투자에 대한 다양한 정보를 제공하고 있으며, 쿠바 상공회의소(Cuban Chamber of Commerce) 또한 쿠바에서 사업을 하고 있는 외국인 투자자들을 위해 다양한 정보와 광고를 제공하는 사이트를 운영하고 있다.[62]

쿠바 정부는 일반적으로 외국인 투자를 촉진시키려는 목적 이외에도 달러를 벌어들이고 쿠바 경제를 활성화시킬 수 있는 핵심 산업 분야에서 인터넷 발전을 적극적으로 추진하고 있다. 현재 인터넷 발전이 가장 두드러진 분야는 관광과 생명공학 분야이다. 대다수 쿠바 정부 산

61_ "InCUBAdora" ; Hinchberger, "Netting Fidel" 참조.

62_ www.cubatips.com/ 그리고 www.camaracuba.cubaweb.cu/ 참조.

하의 포털들은 여러 쿠바 관광지를 홍보하고 있으며, 쿠바를 여행하는 관광객들이 매력을 가질 만한 상세한 정보들을 제공하고 있다. 쿠바 내 대부분의 국영 여행사들은 호텔과 테마 여행, 그리고 자동차 렌트와 관련된 광범위한 정보뿐만 아니라 일부 온라인 예약 서비스도 제공하는 웹페이지를 운영하고 있다. 쿠바의 생명공학 산업은 쿠바에 인터넷 접근이 이루어지기 전부터 컴퓨터 네트워킹의 중요한 분야였다. 쿠바 내 각종 생명공학연구소들을 연결하는 컴퓨터 네트워크인 시그비넷(CIGBnet)은 1990년대에 이루어진 쿠바 내 4개 해외 이메일 접속 네트워크 가운데 하나이며, 인터넷이 쿠바에 연결된 이후 시그비넷은 축적된 고급 정보와 다양한 서비스들로 지속적으로 성장하고 있다. 시그비넷은 생명공학 산업 종사자들에게 이메일과 인터넷 접속을 제공해 왔으며, 시그비넷의 해외 웹사이트에서는 쿠바의 생명공학 제품들을 판매하고 있다.

대외지향적인 쿠바 경제에서 전자상거래 벤처 기업들의 인터넷 이용 형태는 점차 중요해지고 있다. 쿠바에서 최초의 인터넷 진출은 전자상거래 분야에서 이루어졌다. 1996년에 최초로 웹 상에 음반가게가 개설되었고, 1997년에는 인터넷을 통해 외국인들이 쿠바 거주민들에게 송금할 수 있는 온라인 송금 서비스가 구축되었다. 1999년에는 전자상거래 활동을 활성화시키기 위해 위원회가 구성될 만큼 최근 들어 쿠바 정부는 전자상거래를 더욱 적극적으로 추진하고 있다.[63] 전자상거래 분야의 여러 서비스들이 최근 몇 년 사이에 제공되어 왔으며, 향후 이러한 경향은 더욱 확대될 것으로 보인다. 최근에는 쿠바 여행만을 전문으로 다

63_ Hinchberger, "The New E-Man" 참조.

루는 인터넷 여행사들이 설립된 바 있으며, 이들 여행사 대부분은 쿠바 국영 여행사와 제휴하고 있는 외국계 기업들에 의해 운영되고 있다.[64] 해외에 쿠바 상품을 판매하고 있는 온라인 상점들은 수십 개에 달하는데, 과거에는 쿠바 음악이 대표적인 판매 상품이었지만 최근에는 상품의 다각화가 이루어지고 있다. 예를 들어 〈Latincuba.com〉에서는 멀티미디어 시디롬을 비롯해 사진첩, 책, 비디오 그리고 쿠바 예술품 등을 판매하고 있다. 일부 웹사이트들은 쿠바 망명자들이 운영하고 있는데, 그들은 소비재들을 구입하여 쿠바 내의 가족과 친구들에게 선물로 보내기도 한다.[65] 대다수의 쿠바 전자상거래 벤처 기업들은 외국 소비자들을 위해 만들어졌지만 쿠바 상품을 외국기업에 판매하기 위해 B2B 포털(business-to-business portal)이 설립되기도 했다.[66]

전반적으로 쿠바 정부는 인터넷의 경제적 이용을 통해 이익을 얻고 있는 것으로 보인다. 쿠바에서는 인터넷을 통해 정부의 외환보유고가 증가되었고, 쿠바 경제 또한 1990년대 초반 경제위기로부터 탈출한 것으로 평가된다. 이러한 쿠바 정부의 인터넷 이용을 둘러싼 경제적 분리정책은 쿠바 국민들의 일상생활에서의 인터넷 활동을 봉쇄하는 결과를 가져왔다. 쿠바 국민들은 정부의 경제적 지불 능력 증진과 (체제의 정당성을

64_ 예를 들어 〈www.gocubaplus.com〉과 〈www.cubalinda.com〉 참조. 쿠바 여행 웹사이트인 이들은 각각 마샬(Stephen Marshall)과 아지(Philip Agee)가 운영하고 있다.

65_ 이러한 사이트는 〈www.cubagiftstore.com〉과 〈www.cuba-shop.com〉이 있다. Vito Echevarria, "New E-Commerce Sites Are Latest Leak in U.S. Embargo against Cuba," *CubaNews*, August 2001.

66_ 사이트는 www.ccw.cu. "InCUBAdora" ; "Virtual Store for B2B Commerce Launched in Havana," Global News Wire, march 15, 2001 참조.

확보하는 중요한 요인인) 사회복지 분야 지출 능력의 확대로부터 이익을 얻었지만, 반면 대부분의 쿠바 국민들은 인터넷 기업문화에 직접 접할 기회를 거의 갖지 못했다. 앞서 언급한 것처럼 소수의 국민들만이 자영업 혹은 (합법적 혹은 불법적인) 다른 민간 부분에서 인터넷을 이용하고 있지만 이 분야에서 인터넷의 영향력은 최소화되고 있으며, 향후 인터넷 접속이 확대되지 않는다면 그 영향력이 증가될 가능성은 거의 없다. 심지어 미래에 쿠바인들 간의 사회적인 불평등의 증가가 정권의 안정에 심각한 위협을 줄 수 있다 하더라도 그 과정에서 인터넷은 중요한 역할을 할 것으로 보이지 않는다.

쿠바에서 인터넷의 경제적 이용이 체제에 위협을 줄 수 있는 마지막 방법은 인터넷 벤처 기업에 직접 투자하거나 쿠바의 온라인 광고를 통해 다른 분야에 투자자를 모집하는 외국인 투자자들의 정치적 선호와 관련되어 있다. 그러나 쿠바에서 현재 사업에만 몰두하고 정부와 원만한 관계를 유지하려는 대부분의 외국인 투자가들의 행태를 봤을 때 외국인 투자가들이 정치적 선호를 드러낼 가능성은 거의 없다. 쿠바의 전자상거래 벤처 기업에 관여해 온 외국인 투자자들 중의 일부는 공식 발표를 통해 체제에 대한 노골적인 지지를 표명했었다. 예를 들어, 변절한 CIA 정보원인 아지(Philip Agee)는 그가 운영하는 온라인 여행업체, 〈Cuba-linda.com〉을 통해 "혁명을 지원할 구체적인 다른 방법"에 대해 떠벌리고 있다.[67] 이와 더불어 유명한 인터넷 투자자인 마샬(Stephen Marshall)에 의해 운영되고 있는 투어앤마켓팅인터내셔널(Tour and Marketing Interna-

---

67- Sokol, "E-Cuba"에서 인용.

tional)은 "쿠바 주권, 독립과 자결에 대한 정당성"을 지지하는 등 "쿠바에 협력적 자세"를 견지하고 있다.[68]

인터넷 상의 대쿠바 수출금지 조치 : 대쿠바 정책을 둘러싼 논쟁

인터넷 상의 쿠바 관련 정치적 정보들의 대부분은 쿠바 국내로부터가 아닌 쿠바 국내 정치와 미국의 대쿠바 정책에 영향을 미치려는 해외 단체들로부터 나온 것이다. 대립되는 정치적 스펙트럼 상에 위치한 단체들 모두 활동을 조직하고 자신들의 입장을 공표하기 위하여 인터넷을 활용하고 있다.

같은 이념을 공유하고 있는 많은 단체들이 각각 친카스트로와 반카스트로 온라인 커뮤니티를 형성하여 온라인 상에서 상호 연결되어 있다. '재미 쿠바인 재단'(Cuban american National Foundation)과 '구원을 위한 형제단'(Brothers to Rescue) 같은 우파 망명조직들은 쿠바 정부를 비판하는 웹사이트를 운영하고 있다. 쿠바민주주의위원회(Cuban Committee for Democracy)를 비롯한 중도 온건단체들은 미국의 대쿠바 정책을 비판하면서 쿠바에서 민주주의로의 평화로운 이행을 요구하고 있다. 쿠바넷(Cuba-net)과 쿠바자유언론(CubaFreePress)과 같은 일부 사이트들은 독립 쿠바 언론인들에 의해 운영된다. 앰네스티 인터내셔널(Amnesty International)과 휴먼라이츠와치, 그리고 언론수호위원회(Committee To Project Journalists) 같은 인권 및 언론자유 관련 단체들은 온라인 상에 정기적으로 비판적인 보고

68_ www.tourandmarketing.com/english/home.html 참조.

서들을 올리고 있다. 쿠바무역경제위원회(Cuba Trade and Economic Council)
나 쿠바 주재 미국상공회의소(American Chamber of Commerce of Cuba)와 같
은 일부 단체들은 미국의 대쿠바 교역금지 정책의 철폐는 물론 자신들의
웹사이트를 통해 대쿠바 무역에 관한 정보를 제공하고 있다. 결국 이들
친정부 성향의 쿠바 연대 조직들은 미국의 대쿠바 정책에 대한 비판과
쿠바 정권을 지지하기 위하여 인터넷을 이용한다. 이러한 쿠바 연대 조
직에는 쿠바의 '실질적인 여행'을 주관하고 있는 글로벌 익스체인지(Glo-
bal Exchange)에서부터 교역금지 조치에 항의하고 인도주의적 지원을 제
공하기 위해 조직된 평화교구회(Pastors for Peace)에 이르기까지 다양한
조직들이 포함되어 있다.

　　쿠바 내에서 인터넷의 국제적 이용이 궁극적으로 쿠바 정치에 어
떤 영향을 미칠지는 미지수이다. 해외의 카스트로 비판세력이 제기하는
강력한 비난이 직접적으로 쿠바 정부의 정책과 정치적 안정성에 영향력
을 미칠 것 같지는 않지만 미국 및 다른 나라들의 대쿠바 정책에는 영향
을 미칠 수 있을 것이다. 그러나 이제까지 추진된 다양한 정책의 효과를
검증해 볼 때, 미국 및 다른 나라들의 대외정책이 쿠바 권위주의 정권의
안정성에 영향을 미칠지는 여전히 논쟁적이다. 재미 쿠바인 재단은 오랫
동안 미국의 대쿠바 정책에 있어 강경노선을 유지하도록 영향을 미쳐왔
지만, 이와는 달리 최근 들어 농민 이익단체나 친무역적 기업단체들은
교역금지 조치의 완화를 로비하고 있다. 이들 쿠바 연대조직들의 입장은
자국 정부가 쿠바에 대해 좀 더 동정적인 시각을 갖도록 하는 데 있지만,
이에 반해 인권단체의 보고서에서는 쿠바 정부를 공개리에 비판하는 단
체들을 소개하고 있다. 그러나 결론적으로 쿠바 정부에 대한 친정부적
혹은 반정부적 성향을 막론하고 이들 단체들의 인터넷 사용이 외국 정부

의 대쿠바 정책에 중요한 영향을 미쳤다는 실례를 들기는 쉽지 않다. 인터넷 이용은 대쿠바 정책에 있어서 정치적 스펙트럼에 따라 각 단체들이 취하는 선명성 논쟁과 관련 있지만, 각 단체들의 영향력의 정도는 현실에서 이루어진 관계와 행동에 크게 의존하고 있다.

4. 결론 : 현실에 직면한 희망적 관측

앞서 살펴본 것처럼 쿠바에서 인터넷 효과에 대한 통념은 대부분 실현되지 않았다. 1996년 쿠바에 인터넷이 도입된 이후 쿠바 정부는 인터넷이 정부 전복 또는 정치적 위협에 이용될 가능성을 최소화하면서 특정 분야의 우선적 적용 계획에 따라 인터넷 발전을 견인해 왔다. 쿠바 정부는 많은 다른 권위주의 정권들과는 달리, 시장주도적 인터넷 발전 모델을 보류하는 대신 개인적 접속에 대한 유예를 시행하고 접속이 허용된 기구와 제도를 신중하게 통제하는 방법을 선택했다. 쿠바에서 이러한 노력들이 시사하는 점은 이러한 통제가 단순한 정치적 통제 그 이상을 내포하고 있다는 점이다. 쿠바 지도자들은 실제 인터넷을 제한적 자원으로 보고 있으며, 인터넷의 발전은 최대한의 사회적 이익을 성취하기 위해 국가에 의해 이루어져야 한다고 보고 있다. 그들은 공공 의료 서비스를 향상시키고 교육적 목표에 일치시키기 위해서 인터넷을 적극적으로 활용해 왔다. 국가안보에 대한 우려가 쿠바의 매체에 대한 접근방식을 결정하는 데 결정적인 역할을 했다. 이는 이전까지 ICTs을 이용해 쿠바의 반체제 세력을 선동했던 미국의 역사와 '쿠바 국민들에 지원'을 제공

하기 위하여 ICTs을 이용한다는 미국의 목적 때문이었다.[69]

　　확실한 것은 미래에 인터넷의 이용이 권위주의 통치에 큰 위협이될 만한 영역이 존재할 것이라는 사실이다. 그러나 쿠바에서 국민들의인터넷 접근은 최소화되고 있으며, 접속되는 대부분의 경우도 통제되고있다. 그러나 만약 암시장을 통한 인터넷 접근이 상당할 정도로 확대되거나 정부가 지하에서 이루어지는 인터넷 접근에 따른 세입 손실을 보전하기 위해 인터넷 이용에 대한 규제를 완화했을 경우, 그리고 정부가이미 구축된 국가 인트라넷을 통해 인터넷의 전면적 접근을 허용할 경우그러한 상황은 변화될 수 있다. 즉 쿠바에서 좀 더 광범위한 인터넷 접근이 가져올 구체적 함의는 국민들이 이를 어떻게 사용할 것인가에 달려있는 것이다. 따라서 우리는 국민들의 인터넷 이용이 체제에 위협이 될것이라고 단순하게 가정할 수 없다. 어쨌든 인터넷 이용은 권위주의 통치에 커다란 위협이 될 가능성을 내포하고 있다. 쿠바의 초기 인터넷이민간영역에서 사용되는 것과 마찬가지로 현재 그 가능성은 최소화되고있지만 인터넷 접근이 증가되는 상황에서 그 가능성은 확대될 수도 있다. 다시 말해 쿠바에서 인터넷 이용이 반드시 권위주의 통치에 대한 위협이 될 것으로는 보이지 않지만 그러한 가능성은 계속 높아질 것이다.

　　그러나 한편으로 이러한 가능성은 매우 추상적인 것이다. 왜냐하면 인터넷 접근을 규제하는 쿠바 정부의 대처방안에 두드러진 변화들이나타나고 있기 때문이다. 쿠바의 인터넷 발전은 국가의 통제가 그대로 지속되면서 단지 정부가 상정한 선결 분야에 대해서만 매체의 접속이 허

69_　　1992년 제정된 쿠바 민주화법.

용될 것으로 보인다. 지금까지 인터넷 발전의 이러한 유형은 대부분 쿠바의 권위주의 정권에 유리하게 진행되어 왔다. 정부의 입장에서는 우체국과 유소년 컴퓨터 클럽을 통해 국민들이 접근할 수 있는 국가 인트라넷 발전이 계속되면서 콘텐츠를 통제하고, 정부의 목적을 위해 국민들을 하향식 동원에 이용할 수 있는 또 다른 대중매체를 얻게 되었다. 쿠바 시민사회단체들의 인터넷 접근에 대한 국가의 통제는 정부에 호의적인 단체들의 경우, 그들의 활동에 인터넷을 사용할 수 있다는 것을 의미하는 반면에 비판적인 단체들의 경우는 그럴 기회가 차단된다는 것을 의미한다. 현재 쿠바 내에서 극히 일부분에 대해서만 구축된 전자정부는 공공서비스 제공을 촉진함으로써 체제의 이익을 도모하고, 이는 국민들로부터의 정당성을 확보하는 데 중요한 요인으로 작용하고 있다. 쿠바에서 인터넷은 주로 쿠바 정부를 국제적으로 선전하는 정치적 이용에 주목적이 있기 때문에 자신들을 부정적으로 인식하는 해외 언론들에게 그들을 선전할 수 있는 연단을 제공하고 있다. 이와 더불어 쿠바는 관광산업과 같은 대외지향적 경제 분야에서 인터넷 발전을 촉진하고 있으며, 이는 정부의 달러 획득 증대와 재정 지불 능력 향상에 기여하고 있다.

ICTs이 쿠바의 정치적 변화를 조장할 것이라는 신념은 분명히 새로운 것은 아니다. 15년 전 마르티 라디오 방송은 피델 카스트로(Fidel Castro) 체제에 대해 기술적으로 위협을 촉진시키려 했던 미국 정부의 야심 찬 희망을 보여주었다. 일부 관찰자들이 쿠바혁명과 정보혁명의 비전이 상호 양립되지 않을 것이라고 추측했던 것처럼 인터넷의 경우에도 유사한 기대가 적용된다. 그러나 오랫동안 이루어진 쿠바의 ICTs에 대한 효과적인 통제의 역사는 인터넷 시대에도 여전히 유효하며, 한정된 분야로 인터넷 발전을 제한하는 정부 전략은 인터넷이 정권 차원에 위협이 될 잠재적인 가능성조차 회피하면서 인터넷을 통해 경제적 이익을 거둬들일 수 있도록 하고 있다. 미래에 쿠바에서 권위주의 체제가 지속될지 여부는 알 수 없지만, 현재로서 인터넷이 쿠바 권위주의 체제의 종식에 의미 있는 역할을 할 것으로 전망되지는 않는다.

4

싱가포르, 베트남, 버마의 **추격과 단속**

넷(net)을 비롯한 관련 기술은 개인들로 하여금 자신들의 의견을 좀
더 자주, 효과적으로, 그리고 집요하게 표현할 수 있게 해주고 있다. 통제에 의
존해 왔던 아시아 각국 정부들은 국민들에게 보다 높은 수준의 자유를 허용하
지 않을 수 없게 될 것이다. 직관적으로 보건대 인터넷은 최고의 민주주의 옹
호자가 될 것이다.

■■■ Yat Siu, *Asiaweek*, 2000. 11. 24.

아시아에서 매주 수천 명의 신규 인터넷 이용자들이 증가함에 따
라 많은 사람들은 아시아의 권위주의 체제들이 인터넷에 의한 압박으로
인해 머지않아 붕괴될 것이라고 예측하고 있다. 동남아시아에서 인터넷
이 가져올 정치적 변화에 대한 기대는 인도네시아, 말레이시아, 필리핀

과 같은 곳에서 ICTs의 이용과 관련해 널리 알려진 여러 관찰 사례들에 기인한다. 이 지역에서 ICTs의 이용은 풀뿌리 민주주의 운동에 힘을 실어주고, 경우에 따라 그런 운동이 합법적인 야당조직으로 전환하는 데 기여하기도 했다.[1] 동시에 명확한 ICT 억제정책과 엄격한 관련 법률은 동남아시아 각국 정부들이 미래지향적 차원에서 기술을 수용하는 것이 아니라, 단지 그 기술에 대응하는 차원에 머물고 있을 뿐이라는 인상을 심어주기도 한다.

이미 이 지역의 권위주의 국가들은 국제적인 투자를 유인하고 국가적 혁신을 강조하는 야심적이고 성공적인 ICT 발전 프로그램에 착수했다. 말레이시아는 일부 성공을 거둔 첨단기술 프로젝트의 투자유치를 위해 검열로부터 자유로운 멀티미디어 회랑(Multimedia Corridor)을 조성했다. 싱가포르는 대국민 서비스를 향상시키기 위해 정부 기능을 통합하고 능률화하는 세계 최초의 온라인 정부를 출범시켰다. 베트남도 국내 소프트웨어 산업을 세계 시장에서 경쟁할 수 있도록 육성하기 위한 야심찬 목표를 수립했다. 이렇듯 동남아시아에서 권위주의적 지배와 기술의 관계는 일반적으로 설명되는 것보다 훨씬 복잡한 것은 분명하다.

여러 동남아시아 국가들을 특징짓는 권위주의적 경향 때문에 이 지역은 특히 인터넷의 정치적 영향을 검토하는 데 적절한 지역이라고 할 수 있다. 이 지역의 삶의 수준을 향상시킨 급속한 경제발전에도 불구

---

1. 아시아의 정치적 이행기에 나타난 인터넷 활용을 다룬 학술적 연구는 그리 많지 않다. 이와 관련된 사례들 중 하나는 다음을 참조. Hill and Sen, "Indonesia's New Democracy." 아시아에서 일당제 권위주의 국가들이 인터넷을 어떻게 다루는지를 검토하는 연구로는 다음을 참조할 것. Hachigian, "The Internet and Power."

하고 대부분의 동남아시아 국가에서 빠른 경제성장에 따른 민주화에 대한 기대는 나타나지 않고 있다. 오래도록 유지되어 오던 권위주의 정권이 붕괴되기도 했지만(인도네시아에서 가장 두드러지게 나타남) 다른 곳에서는 민주화가 정체되어 왔다. 싱가포르의 준권위주의 체제(semi-authoritarian regime)처럼 몇몇 정부들은 상당히 안정적 체제인 것으로 입증되고 있다. 지속적인 민주화의 물결이 전 세계를 휩쓸면서 경제적·사회적·정치적 압력이 커져가고 있지만 동남아시아에서 권위주의는 여전히 지속되고 있다.

우리는 이 장에서 싱가포르, 베트남, 버마 등 동남아시아 3개국의 사례를 검토할 것이다. 이들 국가들은 권위주의와 인터넷 보급 수준이 서로 다르지만 3개국 모두 인터넷 활용이 가져올 정치적 영향을 통제하기 위한 전략을 마련하고 있다.

1. 지역적 고려사항 : '아시아적 가치'의 연결망

동남아시아 지역에서 인터넷은 급속하게 성장해 왔다. 2000년 말 기준으로 약 4,900만 명이던 아시아의 인터넷 이용자 수는 2004년 1억 7,300만 명으로 증가해 세계 온라인 인구의 아시아 지역 점유율도 21%에서 27%로 증가할 것으로 예상된다. 동시에 2000년 394억 달러였던 아시아의 전자상거래 규모는 2004년 3,390억 달러로 증가할 것으로 추정된다. 물론 이러한 수치는 전 세계 전자상거래 거래 규모에 비하면 미미한 편이지만 그럼에도 불구하고 그 증가세는 현저한 것이다.[2] ICT에 대한 지출도 상당한 비중을 차지하고 있다. 2000년 베트남은 GDP의

6.5%를 ICT에 지출했는데, 이는 싱가포르의 9.7%보다는 적지만 이집
트, 러시아, 베네수엘라보다는 더 높은 수준이다.[3] 동시에 동남아시아 국
가들 간에도 두드러진 차이가 나타나고 있다. 싱가포르는 세계에서도 인
터넷 보급 수준이 가장 높은 반열에 속하는 국가인 데 반해, 버마는 사실
상 국내에서의 인터넷 접근을 완전히 차단하고 있다.

동남아시아 지역 국가들의 상이한 정치체제와 다양한 인터넷 보
급 수준을 고려한다면 이 지역에서 인터넷의 정치적 영향력에 대한 일
반적 결론을 도출하기란 쉽지 않다. 그럼에도 불구하고 동남아시아에서
나타나는 특수한 지역적 요인들은 나름대로 중요성을 갖는다. 우리는 이
지역의 권위주의 국가들 중 3개국을 분석하면서 타당성을 발견할 수 있
었다. 그것은 (종종 과장되거나 일반화된) 권위주의적 지배를 지지하는 문화적
동질성 때문이라기보다는 오히려 인터넷의 보급과 사용에 영향을 미치
는 지역적 · 제도적 압력을 서로 공유한다는 점 때문이다.

예를 들면, 지역적으로 유사한 정치문화의 공유 또는 "아시아적
가치"(Asian values)의 존재에 관한 논쟁은 우리의 연구목적을 위해 중요한
부분이다. 많은 동남아시아 국가의 지도자들은 정보통제와 권위주의적
지배의 유지를 정당화하는 데 이러한 가치들에 의존해 왔다. 그러한 가
치들에는 전통과 권위에 대한 존경, 대립보다는 합의에 대한 선호, 정치
적 권리 대신 경제적 이익을 수용할 의향 등이 포함된다.[4]

2_ "The eAsia Report Executive Summary," *eMarketer*, 2001, www.emarketer.com/.

3_ World Bank, *World Development Indicators* 2002.

4_ 다른 학자들은 국가적 · 인종적 · 문화적 경향을 초월하는 아시아의 정치적
가치의 존재에 대해 논의하면서 이들은 적어도 좀 더 검토할 만한 가치

아시아적 가치에 대한 이러한 견해는 동남아국가연합(Association of Southeast Asian Nations : ASEAN)과 같은 강력한 지역 국제기구에 영향을 미치는데,[5] 우리가 여기에서 분석하고자 하는 세 국가도 동남아국가연합 회원국들이다. 동남아국가연합은 경제성장을 촉진하기 위해 회원국들에게 ICT의 발전을 증진시킬 것을 요구하면서도, 다른 한편으로는 모든 국가들이 인터넷에 관한 '아시아적' 환경—즉 정치적·문화적으로 민감한 부분들에 대한 통제—을 그대로 유지하도록 하고 있다. 1999년에 구성된 동남아국가연합의 한 특별대책팀은 주요 회원국들에게 세계 정보경제에서의 경쟁을 목표로 동남아국가연합 전자 커뮤니티(ASEAN e-community) 구성을 위한 종합계획의 수립을 제안한 바 있다.[6] 동남아시아 지역 국가들의 합의에 따라 이루어진 이러한 권고는 버마와 베트남 정부가 정보기술 개발에 적극적으로 참여하도록 설득하는 데 영향을 미쳤다.[7]

가 존재한다는 증거로 대만이나 한국 같은 국가에서의 권위주의적 지배로부터의 이행과 활발한 다원주의 정치로의 진입을 인용하고 있다. 아시아적 가치와 아시아의 정치구조에 관해서는 다음을 참조. Bell, Brown, Jayasuriya, and Jones, *Towards Illiberal Democracy* ; Heng, "Give Me Liberty" ; Pye and Pye, *Asian Power* ; Fukuyama, "Confucianism and Democracy" ; Cotton, "East Asian Democracy" ; Moody, *Political Opposition*.

5_ 동남아국가연합의 회원국은 버마, 브루나이, 캄보디아, 인도네시아, 라오스, 말레이시아, 필리핀, 싱가포르, 태국, 베트남 등 10개국이다.

6_ 테스크포스팀은 동남아국가연합 정보 인프라(ASEAN Information Infrastructure) 구축을 권장할 것이다. 이 조직은 "동남아국가연합의 사회적·문화적 차원을 전자적 공간(e-space)에 포함시키는 것"에 관한 권고안을 마련하는 것을 조직목표 중의 하나로 하고 있다. 보다 상세한 내용은 e-ASEAN 웹사이트를 참조. www.e-aseantf.org/.

7_ 2001년 7월 하노이에서 개최된 지역통합에 관한 장관급 회담은 동남아

동남아시아에서 인터넷 확산에 영향을 미치는 또 다른 지역적 요인으로 핵심 부문의 규제완화를 비롯해 신자유주의적 경제개혁의 채택을 요구하는 대외적 압력을 들 수 있다. 1990년 말 아시아 경제위기를 맞아 아시아의 많은 국가들은 싫든 좋든 국제통화기금(IMF)과 같은 국제 금융기구의 경제개혁 처방을 받아들여야만 했다. 이러한 경제개혁 처방에는 통신 부문의 규제완화와 개방이 포함되었으며, 그러한 처방이 이제는 이 지역의 인터넷 보급에 영향을 미치고 있다. 신자유주의적 경제개혁 처방을 따르지 않아도 되는 국가들에서조차도 세계 경제에서 경쟁하기 위해서는 통신개혁이 필요하다는 인식이 생겨났고, 점차 이 지역 국가들은 인터넷 확산을 경제성장 계획에 포함시키게 되었다.

동남아시아 국가들은 통신 부문에 대한 규제완화의 압력에 직면하고 있지만, 여전히 많은 국가들에서 경제발전은 중앙정부의 계획에 의해 이루어진다는 발전국가(developmental state)의 이상을 그대로 따르고 있다.[8] 따라서 이 지역에서의 지속적인 인터넷 확산은 주로 통신정책을 수립하고 관련 기술을 거시경제적 차원에서 다루는 각국 중앙정부의 정책 방향에 따라 진행되어 왔다. 인공위성과 케이블 TV와 같은 초기 ICTs

---

국가연합의 핵심 회원국들과 버마, 캄보디아, 라오스, 베트남 등 4개 신입 회원국들 사이의 발전격차(development gap)를 좁히는 것을 목표로 한 선언으로 막을 내렸다. 특별 발의안(specific initiatives)에는 부분적으로 발전에 ICT를 통합시키는 데 초점을 맞추고 있다. 한 예로 싱가포르는 즉시 4개국에 ICT, 영어, 무역촉진 훈련센터를 설립할 것이라고 발표했다. Margot Cohen, "Reality Bites," *Far Eastern Economic Review*, August 16, 2001 참조.

8_ 경제 전환에서 발전국가와 그것의 역할에 대한 훌륭한 설명은 다음을 참조. Evans, *Embedded Autonomy*.

의 확산에도 국가의 영향력은 절대적이었다.[9]

　　이러한 지역적 유사성과 압력들이 존재하기는 하지만 개별 국가 사례들에서는 큰 차이를 보이고 있다. 예를 들면, 많은 사람들이 불가능할 것이라고 믿었던, 즉 정치적 통제는 유지하면서도 광범위한 ICT 발전을 이룬 싱가포르 정부의 성과는 특별히 고려할 만한 가치가 있다. 이러한 성과가 중요한 이유는 다른 권위주의 국가들, 특히 중국이 싱가포르 사례가 주는 교훈에 적극적인 관심을 보였다는 사실 때문이다. 동남아국가연합의 주도세력인 싱가포르는 이 기구의 정책방향에 영향을 미친다. 따라서 싱가포르의 사례는 다른 권위주의 및 준권위주의 체제들이 향후에 채택하게 될 ICT 전략들을 조명할 수 있게 해준다.

　　베트남은 훨씬 더 권위주의적인 정치체제를 가진 국가로, 효율적이지 못한 레닌주의적 관료제와 모순적인 경제정책 때문에 어려움을 겪어왔다. 전쟁으로 파괴된 역사, 서구 세계와의 갈등관계, 방향감을 상실한 경제발전 경로 등으로 인해 베트남은 ICT 통제 문제를 훨씬 더 심각하게 받아들였다. 베트남 공산당은 정보통제를 반체제 세력을 억압하고 권위를 유지하는 핵심적인 수단으로 인식하고 있다. 하지만 정보통제를 실행하는 데서는 중국에 비해 그다지 체계적이지 못한 접근방법을 채택하고 있다. 동시에 베트남 정부는 발전을 위한 ICTs의 이용에 더 많은 강조점을 두고 있으며, 특히 국내 소프트웨어 산업을 육성하기 위해 인도 사례를 배우려 하고 있다.

　　버마는 군부 지배와 혹독한 권위주의적 통치가 이루어지고 있는

9_　다른 ICTs에 대한 국가 통제의 사례들은 다음을 참조. Wong, "Implementing the NII Vision"; Atkins, *Southeast Asia's New Media*.

국가로 외부 세계로부터 상당히 고립되어 있다.[10] 우리가 여기에서 논의하는 다른 권위주의 체제들과 달리 버마에서 가장 두드러진 인터넷의 정치적 효과는 국경 밖에서의 인터넷 이용과 관련된 문제들이다. 버마에서는 인터넷과 기타 ICTs의 대중적 이용을 엄격히 제한하고 있기 때문에 국내에서 인터넷 이용의 정치적 영향은 상당히 제한적이다. 그러나 국제 인권운동가들과 버마의 망명정객들은 주로 다른 국가의 정부들과 다국적 기업들을 통해 그러한 기술들을 효과적으로 이용하여 버마 정부에 압력을 가해왔다. 아직까지 버마에 대한 초국적 반대자들이 거둔 효과에 필적할 수는 없지만 버마 군사정부도 현재 자체적인 인터넷 정보 캠페인을 통해 이들에 대응하고 있다.

이상을 통해서 볼 때 싱가포르, 베트남, 버마에서는 아직까지 인터넷 이용이 권위주의적 지배의 안정성을 심각하게 위협하는 수준은 아니라는 것을 알 수 있다. 그러나 동남아시아 지역의 다른 국가들에서도 반체제 인사들, 망명정객들, 풀뿌리 민주주의 단체 등이 장기 집권을 하고 있는 권위주의 정부에 대항하기 위해 ICTs을 사용할 가능성은 있다. 그러나 정부가 ICTs 정책에 대한 적극적인 대응, 즉 잠재적 반대자들을 억압하거나 흡수하는 전략과 인터넷 이용을 통해 경제적 성장과 정치적 정통성을 증진시키려고 하는 국가적인 노력을 고려한다면 전체적으로 인터넷 이용이 이 정부들에 심각한 도전으로 발전할 것 같지는 않다.

10_ 버마의 군사정권이 미얀마(Myanmar)로 국명을 바꿨지만 국제사회의 많은 국가들이 미얀마라는 새로운 국명을 사용하기를 거부한다. 미 국무부는 *Country Report on Human Right Practices*에서 버마라고 지칭하고 있으며, 우리도 여기서 그 관례를 따른다.

2. 싱가포르 : 독재자의 딜레마 관리

이 장에서 우리가 검토하는 다른 사례들과 달리 싱가포르는 야당이 합법적인 의회선거에 정기적으로 참여하지만 권력을 위한 의미 있는 경쟁은 효과적으로 제약되는 준권위주의 체제로 분류된다.[11] 집권당인 국민행동당(People's Action Party : PAP)이 입법부를 지배하고 있으며, 경기 침체에 대한 불만이 고조되는 가운데 의원정수 84석 중 29석을 놓고 경합한 2001년 11월 선거에서 야당은 단 2석을 차지하는 데 그쳤다.[12]

싱가포르가 주권국가로 독립한 1965년 이래로 국민행동당이 정부를 통치하면서 이 여당은 곧 국가와 동일시되고 있다. 게리 로단(Garry Rodan)의 지적처럼 싱가포르의 권위주의 브랜드는 독자적인 정치활동들을 제한하는 법률 시스템을 그 특징으로 한다.[13] 규제, 입법, 소송, 그리고 유화 조치들을 통해 집권당은 잠재적인 현존 도전자들과의 의미 있는 경쟁을 효과적으로 제한하고 있다. 포착하기 어려운 비밀스런 방식의 정치적 조작도 존재한다. 이는 여론을 입맛에 맞게 이용하기 위해 국민행동당이 특별히 조직한 시민사회단체들을 통해 미디어와 대중적 반대의 통로를 위협하는 방식으로 이루어진다. 정부는 대개 독립적인 조직을

11_ Olcott and Ottaway, "Semi-Authoritarianism."

12_ 더욱이 거듭된 경기침체에도 불구하고 국민행동당에 대한 유권자 지지율은 1997년 19%에서 75%로 증가했다. Trish Saywell, "Token Contest," *Far Eastern Economic Review*, November 15, 2001 참조.

13_ Rodan, "The Internet."

잠재력을 가진 조직이나 확고하게 조직화된 야당과 같은 부류로 묶어 처리함으로써 그 조직을 제압하려고 한다. 따라서 정치권력을 위한 실질적인 경쟁은 신중하게 제한된다. 집권당의 부패하지 않는 정부 정책, 역사적인 유산, 지속적인 경제성장과 높은 삶의 수준 제공 등에 대한 유권자들의 폭넓은 지지와 같은 여러 가지 또 다른 요인들이 국민행동당의 정치권력 장악을 가능케 하고 있다.

싱가포르는 인구 390만의 소국(小國)이지만 매우 부유한 국가이며, GDP는 920억 달러이고 1999년 성인 교육률은 92%에 달한다.[14] 전체 인구 중 중국계가 77%에 달하며, 말레이계와 인도계가 그 뒤를 잇고 있다. 싱가포르 정부가 안정을 가장 중요하게 생각하고 인종 또는 집단 갈등을 자극할 수 있는 행동에 대해 경계하는 이유 중의 하나도 바로 이러한 다양한 종족의 존재 때문이다. 전통 중국어, 말레이시아어, 타밀어, 영어가 모두 공용어(official language)이지만 가장 널리 쓰이는 싱가포르의 공통어(common language)는 영어이며, 이는 급속한 인터넷 확산에도 기여했다.

주로 국가계획에 의해 형성된 싱가포르의 ICT 부문은 세계에서 가장 역동적인 부문 중 하나이다. 컴퓨터 장비 제조업은 싱가포르 경제에서 큰 비중을 자치하고 있으며, 현재 ICT 부문에만 약 93,000명이 고용되어 있고 매년 10-12%씩 성장하고 있는 것으로 추정된다.[15] 2000년 7월 현재 유선전화 보급률은 48.4%, 이동전화 보급률은 61.2%, 전체 다이얼업 인터넷 보급률은 57.4%에 이르고 있다.[16] 일부 평가에 따르면 개인

14_ World Bank, *World Development Indicators 2002*.

15_ Minges, Usmaul, and Press, *The E-City*.

용 컴퓨터 보급률은 1999년 44%에 이르렀으며, 이는 호주에 이어 아시아에서 두 번째로 높은 수준이다.[17]

싱가포르 정부는 일찍부터 경제가 고부가가치 상품으로 재편될 것이며, 여기에 ICTs가 핵심 분야가 될 것이라는 판단하고 1980년대에 광범위한 ICTs 개발을 촉진하기 시작했다.[18] 싱가포르의 부유층은 정보기술의 열렬한 수용자였음이 드러났다. 1980년대 초 새로운 개인용 컴퓨터를 보유한 싱가포르 국민들은 외국 이용자들과의 파일 교환을 위해 매일 국제 FIDOnet과 다이얼 업 방식으로 접속되는 전자 게시판 시스템을 설치하기 시작했다.[19] 1986년 국가 차원의 ICT 계획에서는 하드웨어 제조업과 통신 및 소프트웨어 서비스를 통합하는 프로젝트의 추진을 권고했다. 이를 달성하기 위해 싱가포르 텔레콤(Singapore Telecom)과 국가전산원(National Computer Board : NCB) 등을 비롯한 여러 중요 기관들이 협력했다. 1992년 NCB는 2000년까지 종합적인 광대역 인터넷망을 개발할 것이라는 계획을 발표했고, 현재 그 목표는 대부분 달성되었다. 1999년에는 NCB와 싱가포르 통신국(Telecommunications Authority of Singapore)이 합병하여 통신정보기술부(the Ministry of Communications and Information Tech-nology) 산하에 정보통신개발국(Info-communications Development Authority : IDA)이라는 새로운 규제기관을 만들었다. 콘텐츠 규제에 대해서는 싱가포르 방송

16_ "Infocomm Facts and Figures," Singapore government web site, www.ida. gov.sg.

17_ 인터넷 이용자 비율에 관한 수치는 연구자에 따라 차이가 있다. 그러나 2000년 9월 발표된 한 연구는 싱가포르를 아시아에서 인터넷 보급률이 가장 높은 국가로 언급하고 있다. Minges, Ismail, and Press, *The E-City.*

18_ Rodan, "Information Technology."

19_ Minges, Usmaul, and Press, *The E-City.*

청(Singapore Broadcasting Authority : SBA)이 관할하고 IDA는 ISP 허가를 감독하는 규제 역할을 수행하고 있다.

싱가포르 국립대와 국가과학기술위원회(National Science and Technology Broad)는 1991년 싱가포르 최초의 ISP를 공동으로 설립했다. 테크넷 유니트(Technet Unit)라고 하는 이 업체는 지방의 연구개발 기관들에 인터넷 접근 서비스를 제공하는 역할을 담당했다. 당초 인터넷 접근은 제한적이었지만 1994년에 이르러 교육기관, 정부기관, 영리단체들도 인터넷 연결을 희망하기 시작했다. 그해 정부가 수행한 연구에서 일반 국민들도 인터넷에 접속할 수 있게 해야 한다는 결론을 내린 이후 싱넷(Singnet), 퍼시픽 인터넷(Pacific Internet), 사이버웨이(Cyberway) 등 3개의 ISP가 이후 몇 년 안에 설립되었다.[20]

2000년 4월에 싱가포르는 자국의 통신산업 중 음성 및 데이터 부분의 전면 개방과 완전한 외국인 소유를 허용하는 통신 부문의 규제완화를 단행했다. 부분적으로 이러한 자유화에 힘입어 ISP들의 수는 급격하게 늘어났다. ISP들은 IDA로부터 3년간의 사업 허가를 받았고, 이후 세 번을 갱신할 수 있게 되었다. 싱가포르 방송청은 자동적으로 ISP들에 대한 사업 허가권을 승인하고 ISP들은 서비스 개시 14일 이내에 싱가포르 방송청에 등록해야 한다.[21] 국가주도적 발전의 전통이란 것이 정부의 정책목표에 따라 사업 허가와 규제가 이루어지는 방법이 좌우될 수 있다는 것을 의미하지만 싱가포르 정부는 통신 부문의 규제와 발전에 대해서는 정부 차원에서 간섭하지 않을 것을 약속했다.

20_   Hai, "Rapis Development."

21_   Minges, Usmaul, and Press, *The E-City*.

현재 정부의 ICT 전략은 세 가지 주요 포인트로 이루어져 있다. 첫째는 ICT를 "물, 가스, 전기와 전화연결 같은 공익설비"로 만드는 광대역 인프라의 개발이다.[22] 둘째는 ICTs을 싱가포르 국민들의 교육에 이용하는 것이다. 싱가포르 교육부는 향후 1학년부터 학생 2명당 1대의 컴퓨터를 제공하는 것을 목표로 하는 프로그램을 추진하고 있다. 세 번째의 정부 전략은 싱가포르를 전자상거래를 위한 허브(hub)로 건설하는 것이며, 이 전략은 계약, 재산권 보호, 프라이버시의 보호를 위한 진일보한 법률적 틀의 발전을 수반하게 될 것이다. 한 고위 관료에 따르면, 이러한 아이디어는 싱가포르를 "세계의 다른 신뢰받는 허브들과 마찬가지로 신뢰받는 전자상거래 허브"로 변모시키는 것이다.[23]

이러한 전자상거래 허브로의 발전이 반드시 보다 자유로운 정보 환경에 달려 있는 것은 아니다. 기술에 대한 진정한 열정을 가지고 있음에도 싱가포르는 미디어와 언론을 극단적으로 제한하고 있다. 싱가포르 헌법은 다양한 자유들을 보장하고 있지만 실제로 정부는 공식·비공식 채널을 동원해 국내 미디어에 강력한 영향력을 행사하고 있다. 억압, 위협, 기소는 국내 미디어들로 하여금 자기검열을 실행하도록 작동하고 있고, 일각에서는 이러한 경향이 국제 미디어들에서도 나타난다고 주장한다.[24] 여러 해 동안 국민행동당은 언론에 공공연한 위협을 가하기보다 언론이 정부를 전복시킬 수도 있는 기사를 보도하지는 않을 것이라는

22_ Speech by George Yoe, EMASIA '98, Los Angeles, June 4, 1998, Columbia International Affairs Online, http://www.ccc.columbia.edu/sec/dlc/ciao/conf/asoc-spch98/yeg01.html.

23_ Ibid.

24_ Rodan, "Asia."

암묵적 이해를 바탕으로 하는, 훌륭하게 조율된 미디어 규제 메커니즘을 개발했다. 정치적으로 민감한 영역의 경계 표시가 모호해질 수 있기 때문에 처벌은 신속하고 가혹하게 이루어진다. 하지만 미디어의 자기검열은 예외적인 것이 아니라 오히려 일반적인 것이며, 심지어 정부 관료들조차도 필요한 것이라고 생각하는 수준을 넘어설 때도 있다.[25] 뉴미디어가 전통적인 인쇄매체와 방송매체에서 볼 수 없었던 일정 수준의 자유를 누리고 있다 하더라도 싱가포르 정부는 인터넷에 대한 정보통제 방법을 확대하려 하고 있는 것으로 보인다. 이 전략은 기술적 검열보다 줄곧 정교한 메커니즘을 통해 조율되어 온 기본적인 사회통제의 인프라에 의존하고 있다.

싱가포르 정부는 소유 지분을 통해서도 미디어에 영향을 미친다. 싱가포르의 4개 공용어로 발간되는 신문의 발행권을 소유한 싱가포르 프레스홀딩스(Singapore Press Holdings Ltd. : SPH)는 정부와 제휴를 맺고 있는 민간 지주회사이다. 모든 신문사들은 보통주(ordinary shares)와 관리주(management shares) 두 가지를 모두 발행해야 한다. 정부는 SPH의 관리주

25_ 싱가포르 정부는 폭력을 선동하거나 법률에 대한 불복종을 권고하며 일부 국민들 사이에서 긴장을 조성하거나 또는 국가의 이익, 안보, 공공질서를 위협하는 것으로 생각되는 출판물에 대해 국제보안법(the International Security Act)을 근거로 제약을 가할 수 있다. 최근 몇 년간 이 법률에 따른 광범위한 조치가 발동된 적은 없지만, 단순히 법 적용의 위협만으로도 많은 저널리스트와 편집자들로 하여금 허용된 발언 수위를 넘어서지 못하도록 하는 역할을 하고 있다. 저널리스트들은 이러한 발언수위의 경계를 넘어서는 모험을 주저할 뿐만 아니라 종종 그 경계에 가까이 가는 것조차 꺼리고 있다. 이러한 분위기는 수용될 수 있는 정부 지침보다 훨씬 더 제한적인 언론풍토를 조성하게 된다. 이 주제에 관한 더 많은 내용은 Seow, *The Media Enthralled* 참조.

소유자들을 승인·해고할 수 있으며, 이들 관리주 소유자들은 이사회와 스탭들을 임명·해고할 수 있다.[26] 2000년 SPH는 TV와 라디오 방송국 운영 허가권도 보장받았다. SPH에 비견되는 또 다른 정부소유의 회사로 라디오 방송국과 TV 채널을 운영하는 미디어콤(Media Corp)이 있다.[27] 싱가포르에서 미디어 지배에 대한 역사적 변천과정을 고려해 본다면 현재 싱가포르 정부가 인터넷으로 영향력을 확대하는 데 지장을 초래할 장애물은 거의 없다.

무해한 환경에서의 혁신

정부의 적극적인 인터넷 촉진 정책은 광범위한 인터넷 이용의 확산에 기여한 바 크다. 관료들은 인터넷 숙련 정도가 싱가포르의 국제경쟁력 향상에 결정적인 역할을 한다는 판단 하에 인터넷에 대중적 접근을 촉진하고 이용을 권장했다. 1996년까지 모든 국립도서관에 인터넷 접속이 가능한 컴퓨터가 설치되었다. 요즘에는 가정이나 사무실에서 인터넷에 접속하는 사람들이 더 많기 때문에 사이버 카페의 인기가 많이 떨어졌지만 당시에는 인터넷 카페를 이용한 인터넷 접근이 엄청나게 증가했다. 정부가 운영하는 통신업체인 싱가포르 텔레콤의 이윤율이 감소할 수 있다는 우려에도 불구하고 인터넷 접근을 촉진하기 위해 다이얼

26_   주주의 구성에 대해서는 싱가포르의 신문인쇄출판법(Newspaper Printing and Presses Act)에서 상세하게 다루고 있다. www.mita.gov.sg/NPPA.htm 참조.

27_   Committee To Protect Journalists, *Attacks*.

업을 이용한 접속료는 처음부터 저렴한 수준을 유지해 왔다.[28] 통신 자유화의 결과로 ISP들의 수는 2000년 3개에서 2001년 7월 36개로 대폭 증가했다.[29]

싱가포르 방송청은 웹사이트에 대한 허가권 부여를 통해 인터넷 콘텐츠를 규제하며, ISP들은 정부가 못마땅하게 생각하는 사이트를 걸러내는 프록시 서버를 통해 인터넷 연결을 하고 있다. 정부에 따르면 허가제(license system)는 국민들이 이용할 수 있는 인터넷 상의 자료들에 대해 민간 부문이 책임을 지도록 하기 위해 채택되었다. 실제로 이 허가제 때문에 콘텐츠 사업자들은 자신들의 사이트에 게시되는 콘텐츠들에 대해 상당히 민감하다. 그러한 사이트들의 정확한 숫자와 성격을 확인하는 것은 쉬운 일이 아니다. 그럼에도 싱가포르 방송청은 1996년 포르노그래피로 간주되는 특정 사이트들에 대한 접근을 차단하도록 ISP들에 지시했다.[30] 이 조치는 금지된 자료들을 분류한 인터넷실행규약(Internet Code of Practice)에 따라 1997년에 실행되었다. 싱가포르 방송청에 의하면, 이러한 사이트 접근 차단은 인터넷이나 이메일 사용을 감시하려고 하는 것이 아니라 프록시 서버 시스템을 통한 접근 차단을 이용하고 있다고 한다. 광범위한 인터넷 보안법(Internet Security Act)을 통해 기술적·법률적으로 취사선택은 가능하지만 그렇다고 싱가포르 방송청이 매우 세세한

28_   Hai, "Rapid Deployment."

29_   "Singapore Government's Liberalization of the Telecom Sector, One Year On," U.S. embassy, Singapore, July 2001, www.usembassysingapore.org.sg/embassy/politics/Telecom2001.html.

30_   U.S. State Department, "Singapore : Country Reparts on Human Rights Practices, 2000," Bureay of Democracy, Human Rights, and Labor, 2001.

부분까지 적극적으로 인터넷 이용을 감시하는 것은 거의 불가능하다. 싱가포르 정부는 이따금씩 인터넷에 접속한 수천 대의 개인용 컴퓨터를 불시에 시찰하고는 그러한 행위를 바이러스나 포르노그래피를 제거하는 것이라고 설명하고 있다.[31] 물론 이러한 침해행위가 일반적인 것으로 보이지는 않지만, 그럼에도 불구하고 이러한 행위는 자기검열 문화의 확산을 강화시키고 있다. 이러한 행위는 또한 싱가포르 방송청이 지속적이고 적극적으로 인터넷 이용을 감시할 필요성을 감소시키게 된다.

정부와 연계되어 있고 일반적으로 비판석 관점을 견지하지 않는 기존 미디어들은 새롭게 등장한 몇몇 독립적인 사이트들보다 웹 상에서 더 눈에 잘 띄며 더 광범위하게 이용된다. 싱가포르의 거의 모든 신문, 라디오, TV 방송국들은 웹사이트를 가지고 있으며, 이들 다수가 포털 사이트를 구축하고 있고, 배타적인 웹 콘텐츠를 개발하거나 또는 오디오와 비디오 영상 서비스를 제공한다.[32] SPH의 포털 사이트인 아시아원(Asia-One)은 싱가포르의 전통 미디어 회사들이 어떻게 인터넷을 이용하고 있는지를 잘 보여주는 사례이다. 아시아원은 7개의 SPH 신문들의 온라인판을 소유하고 있으며, 건강, 스포츠, 컴퓨터와 같은 다양한 주제들에 관한 콘텐츠를 보유하고 있다. 아시아원 측은 이용자들이 이 사이트에서 1일 평균 420만 페이지를 보고 있으며, 한번 방문에 평균 30분을 머무는데, 싱가포르 사이트들 중 두 번째에 해당하는 것이라고 주장한다.[33]

시민사회단체들은 대부분 국민행동당과 어느 정도의 연계를 맺

31_ Rodon, "Singapore."

32_ Minges, Ismail, and Press, *The E-City*.

33_ AsiaOne의 보도자료 참조. www.asia1.com.sg/html/pro010524.html. 또 Minges, Ismail, and Press, *The E-City*도 참조.

고 있기 때문에 대체로 정부가 승인한 방법에 따라 인터넷을 이용한다. 그럼에도 불구하고 몇몇 독자적으로 움직이는 단체들은 국민행동당에 대한 자주적 비판을 위한 근거를 제공하기 위해 인터넷을 이용하고 있다. 1990년대 후반에 등장한 신터콤(Sintercom), 싱가포르 윈도우(Singapore Window), 싱크 센터(Think Centre)와 같은 사이트들은 모두가 싱가포르 시민들이 국내 온라인 환경에서 정부의 정책과 활동에 대한 비평을 읽고 표현할 수 있는 기회를 제공하는 독자적인 뉴스 및 공공 포럼을 구축했다. 그러한 사이트들은 이러한 활동을 분명하게 금지하지 않은 인터넷 규제의 회색지대를 이용했다.

그러나 2001년 싱가포르 총선에 앞서 국민행동당은 정부 등록을 위해 '정치적' 사이트들이 갖추어야 할 새로운 규칙들을 발표했고, 이 규칙은 발행자의 확인과 정보 제공의 구체적인 대상이 없는 선거광고의 게재를 위법으로 규정했다.[34] 그 규칙이 입법 조치를 통해 자유로운 논쟁을 억제하려는 정부의 일반화된 시도의 일부로 인식되면서 많은 독자적인 사이트들은 계속되는 국민행동당의 규제에 따르는 위험을 무릅쓰기보다는 차라리 사이트를 서둘러 폐쇄하는 선택을 했다.[35] 2001년 11월 한 프리랜서 저널리스트가 국민행동당 지도자들의 선거법 위반을 비판하는 기사를 온라인에 게시한 후 그는 새로운 규제를 최초로 위반했

34_ 한 사이트의 소속 직원에 따르면, 수정안은 개인의 익명 게시물에 대한 위반을 책임지도록 한 후에야 정치적 주제를 다루는 사이트를 허가했다고 한다. 이 새로운 규칙은 또한 비당파적 정치 사이트는 "특정 정당을 위한 선거운동"을 할 수 없도록 규정하고 있다.

35_ 과거 신터콤(Sintercom) 사이트인 〈www.sintercom.org〉은 이제 싱가포르 음식을 평가하는 사이트로 변경되었다.

다는 이유로 고발당했다.[36] 온라인판 스트레이트 타임즈(*Straits Times*) 및 이와 제휴관계에 있는 단체들이 국가가 승인한 영역 내에서 묵인되는 것을 제외하면 현재 국내에서 운영되는 포럼에서 국민행동당을 강력하게 비판할 수 있는 여지는 거의 없다.

요컨대, 국민들과 시민사회단체들의 인터넷 사용이 현저하게 증가했다 하더라도 그것이 싱가포르에서 정치적 변화를 불러일으키거나 촉진하는 데는 별다른 영향을 미치지 못하고 있는 것이다. 오래 지속되고 있는 자기검열을 조장하는 정책을 통해 싱가포르 정부는 정치적 표현 수단으로서 인터넷의 잠재력을 효과적으로 억제해 왔다. 정부의 검열 계획 가운데서도 포르노그래피의 차단을 강조하지만, 이용자가 정부의 검열을 미리 예상하여 이를 회피하기 때문에 인터넷 효과는 일반화된 자기검열의 하나로 나타난다. 인터넷을 이용하려고 하는 독립적인 사회 조직들은 일반적으로 모호한 강제적 수단들뿐만 아니라 입법 조치들에 의해서도 억제된다. 물론 싱가포르에서 인터넷을 이용한 정치적 담론 전개가 불가능한 것은 아니다. 싱가포르에서는 유즈넷 그룹, 이메일 리스트, 그리고 국제적으로 운영되는 웹사이트들을 통해 국민행동당의 사회에 대한 비전을 품위 있게 토론할 수 있고 또 그렇게 하고 있다. 그러나 국민행동당은 담론의 한계범위를 제한함으로써 체제에 위협이 되지 못하도록 하고 있으며, 오히려 체제의 이익이 되도록 하고 있다. 아시아의 권위주의 체제들이 과거에 어느 정도 공적 담론의 여지를 허용함으로써

36_ 프리랜서 저널리스트인 로버트 호(Robert Ho)는 강제로 정신감정을 받아야 했고, 정신적으로 문제가 있는 것이 발견되고 나서 풀려났다. Committee To Protect Journalists, *Attacks* 참조.

정치적 자유화에 대한 대중의 요구를 선점할 수 있었다는 지적들이 있었는데, 이것이 싱가포르의 온라인 공론장의 특성을 설명하는 하나의 시각이 될 수도 있을 것이다.[37]

　　싱가포르에서 ICTs의 도입이 가장 크게 영향을 미친 곳이 바로 정부영역이다. 싱가포르의 전자정부 전략은 국내 수준에서의 성공에 그치지 않고 전 세계 모든 국가들의 토론과 모방의 대상이 되고 있다. 도시국가인 싱가포르는 전자정부 전략을 통해 인터넷과 기타 ICTs을 다양한 측면의 정부 기능들과 결합시키는 것을 중요한 정책 목표로 삼았으며, 많은 시민들에게 능률적인 정부 서비스 제공을 촉진하고 있다. 정부는 또한 공무원과 일반 대중들에게 ICT 훈련과 교육 프로그램을 실시해왔다.

　　1995년 4월까지만 해도 대부분의 싱가포르 정부기관들은 인터넷을 거의 이용하지 않았고, 심지어 인터넷을 잘 알지도 못했다. 정부는 텔레텍스트와 상호 연결된 공공 키오스크(public kiosks) 같은 여러 가지 네트워크 기술들을 실험했다. 그러나 글로벌 인터넷을 위해 국내 네트워크 시스템을 포기하기로 결정한 이후 정부는 민첩하게 움직였다. 그로부터 3개월이 경과된 후 36개나 되는 모든 정부기관과 부처들이 인터넷으로 연결되었다. 8월까지 수상의 집무실에는 정부의 공무원 선발을 위한 인터넷 인사(人事) 시스템이 구축되었고, 몇몇 정부 웹사이트들은 온라인 서비스를 개시했다. 600장의 취업 지원서가 3개월 안에 인터넷으로 제출되기도 했다.[38] 현재 3만 명에 달하는 싱가포르 공무원들이 정부의 이

37_　　Bell, Brown, Jayasuriya, and Jones, *Towards Illiberal Democracy.*

38_　　Hai, "Rapid Development."

메일 시스템을 사용하고 있으며, 정부 인트라넷은 연간 5,000만 건의 조회 수를 기록하고 있다. 수백 가지 공공 서비스가 이미 온라인을 통해 이용 가능하며, 더 많은 공공 서비스들이 온라인을 통해 신속하게 진행된다. 싱가포르 정부는 향후 몇 년 동안 전자정부 프로그램에 15억 싱가포르 달러(8억 6천만 US달러)를 투자할 계획이다.[39]

싱가포르의 전자시민(eCitizen) 프로젝트는 전자정부 프로젝트의 일환으로 추진되었으며, 주로 하나의 포털 사이트를 통해 여러 가지 서비스들을 통합적으로 제공하기 위한 프로젝트이다. 서비스 패키지는 정부 기관에 의해 구성되는 것이 아니라 시민들의 일상사(life events)에 따라 조직되었으며, 그래서 시민들은 시간을 절약할 수 있다. '가족' 또는 '노인 보호'와 같은 각각의 주제는 실질적인 행정적 조정이 필요하기 때문에 여러 정부 부처의 서비스들이 유연하게 통합되어 있다. 2002년 6월이 되면 시민들은 이 포털 사이트에서 비즈니스, 교육, 고용, 보건, 주택, 여가 등과 같은 영역에서 수백 가지 민원(transactions)—주차위반 벌금 납부에서부터 공식적인 부정부패 고발에 이르기까지—을 처리할 수 있게 된다.[40]

국민행동당은 막대한 재원을 바탕으로 정당의 강령과 의제들을 확산시키기 위해 ICTs을 이용하는 데 다른 정당들보다 우위를 점하고 있다. 리콴유 전 수상과의 웹 인터뷰를 광고하는 팝업 창은 국민행동당의 역사와 연설문, 정당에 가입하는 방법 등에 관한 정보를 제공한다. 야

39_ "The Singapore E-Government Action Plan," www.ida.gov.sg.
40_ 보다 상세한 내용에 대해서는 Singapore eCitizen 웹사이트 〈www.ecitizen. gov.sg.〉 참조.

당은 법률제정의 불확실성 때문에 인터넷을 통한 선거운동이 늦어졌다. 싱가포르의 민주당(Democratic Party) 같은 몇몇 정당들은 포럼을 주관하고, 참여방법에 관한 정보를 게시했으며, 국민행동당에 대해서도 비판하기 시작했다. 그러나 정부 관료들은 '정치광고주들'이 사적인 통신으로 위장된 다량의 이메일을 발송하여 전개하는 온라인 정치운동에 대비한 새로운 규칙들을 피할 수는 없을 것이라고 분명하게 언급했다.[41]

전체적으로 볼 때 싱가포르 정치에서 인터넷 이용의 영향은 중요해졌다. 국민행동당이 정보자원을 가장 잘 이용하고 또 확산시킬 수 있기 때문에 인터넷 이용에 따른 정치적 편익의 대부분은 광범위한 정치행위자들보다는 집권당에게 부여될 것이다. 사실, 일반 시민들 대부분은 ICTs에 대한 국민행동당의 광범위하고 창의적인 이용으로부터 혜택을 얻고 있으며, 그런 혜택은 특히 능률적인 서비스 이용과 풍요로운 생활을 위한 서비스 제공에서 두드러지게 나타난다. 여전히 국가에 대한 시민들의 높은 만족이 국민행동당에 대한 유권자 지지로 연결되기 때문에 싱가포르의 전자정부 성공은 국민행동당에 실제적인 이익을 가져다 주는 것으로 나타났다. 야당들이 앞으로 국민들 중 잠재적인 지지자들을 끌어모으거나 해외로부터의 지지를 규합하기 위해 보다 광범위하게 인터넷을 이용하는 것은 충분히 예상 가능한 일이다. 그러나 이러한 가능성은 현재 집권하고 있는 국민행동당이 인터넷 이용에 관한 규칙을 마련하고 법률을 제정하며 정치환경을 통제하고 있기 때문에 어려울 것으로 보인다.

---

[41]- "NewCurbs on Net Political Campaigning," Associated Press, August 13, 2001.

싱가포르 정부는 국가주도적 발전의 비전에 따라 경제영역에서
인터넷 의제를 계속해서 추진하고 있다. 이 의제에는 동남아시아 지역의
정보 허브(information hub)가 되기 위해 싱가포르의 잠재력을 강화하면서
지식기반경제를 발전시키기 위한 야심찬 계획이 포함되어 있다. 싱가포
르의 정보통신예술부 장관은 "싱가포르 활력의 근원은 언제나 정보였
다"고 언급한 바 있다.[42] 사실, 지난 수년 동안 싱가포르는 동남아시아
지역에서 사업기회를 물색 중인 국제 미디어 회사들을 위한 기반 조성
에 노력해 왔다. 전자 비즈니스 정보 서비스 분야가 가장 급속하게 팽창
한 영역인데, 이는 아마도 그 정보 서비스가 공공연한 정치적 보도를 자
제하면서 권위주의 정부에 별다른 정치적 문제를 야기하지 않았기 때문
이다.[43] 게다가 전통 미디어 회사들의 싱가포르의 투자행태를 고려해 볼
때, 뉴미디어에 대한 투자가 미디어 분야에 관한 통제를 느슨하게 하도
록 정부에 새로운 압력을 가할 것으로 보이지는 않는다. 국민행동당은
소송이나 기타 수단들을 통해 많은 국제 미디어 회사들이 자신들의 권
고를 따르도록 하는 데 성공적으로 압력을 행사해 왔다.[44]

일찍이 정부는 싱가포르를 국제적인 전자상거래 중심지로 건설
하는 것을 목표로 삼고 1996년 8월 전자상거래 촉진 프로그램을 도입했
다. IDA는 'e-비즈니스 사상 리더십센터'(E-Business Thought Leadership
Center)와 같이 싱가포르의 특징을 담은 최고의 전자상거래 인프라를 구
축하여 전자상거래의 세계적 거점지로 발돋움하기 위한 '전자상거래의

42_ Speech by George Yeo, 1998 (n. 22 참조).
43_ Rodan, "AsiA."
44_ Rodan, "Singapore."

세계적 거점지화'(Dotcom the Private Sector)라는 전략의 밑그림을 그렸다. 정부는 (광대역과 같은) 정밀 인프라의 제공과 경쟁촉진 정책 및 규제체제 등을 통해 전자상거래의 기반을 조성하는 데 핵심적인 역할을 수행했다. 통신과 같은 특정 영역에 대한 규제완화는 전자상거래의 성장을 촉진시켜 왔다.

따라서 경제 부문에서 인터넷 이용의 가장 큰 정치적 영향은 정부가 원래 예상했던 것보다 훨씬 빨리 특정 영역에 대한 직접적인 통제를 포기하게끔 만들었다는 사실이다. 이러한 영역들, 즉 싱가포르 텔레콤과 같이 정부와 연계된 기업들에 대한 국민행동당의 영향력을 약화시킨다는 점에서 경제영역에서의 인터넷 이용과 촉진은 경제발전을 지향하는 국민행동당의 역량을 약화시킬 가능성도 있다.

어떻게 보면 이미 자유롭고 투명한 시장을 자랑하는 싱가포르에서 규제완화와 경제 자유화의 수준이 더 높아질 경우, 이는 자연스럽게 정치적 논쟁으로 넘어갈 수도 있을 것이라고 가정할 수 있다. 근대화 이론가들은 기업 부문이 정치적으로 자유화 개혁을 하도록 정부에 압박을 가할 수 있을 것이라고 주장하지만, 싱가포르에는 이미 오랫동안 물질적인 편익을 제공해 온 준권위주의 정부가 지원하는 높은 교육수준과 전문성을 가진 민간 부문이 있다. 투명하고 부패로부터 자유로운 자본주의 경제와 높은 수준의 삶의 질 유지는 권력에 대한 국민행동당의 지배력을 약화시키기보다 오히려 견고하게 만들었다. 뉴미디어 회사들에 투자하는 국내 및 해외 투자자들은 미디어 자유를 증진시키기 위해 로비를 벌이기보다 싱가포르 정부의 요청을 따르는 선택을 했던 전통 미디어 투자가들의 관례를 따를 것으로 보인다. 따라서 전자상거래나 뉴미디어 부문에서의 인터넷 이용 촉진의 강화가 국가에 대한 압력을 가중시킬 것으로 보이지 않는다.

국제영역에서의 인터넷 이용 또한 정치적 영향력을 거의 갖지 않는 것으로 나타났다. 싱가포르의 국경 밖에서 운영되고 있는 소수의 웹사이트들은 국민행동당을 비롯한 폭넓은 범위에서 싱가포르 정치체제를 비판하지만 그들이 싱가포르 국내외에서 실질적인 지지를 받고 있는 것으로 보이지는 않는다. 현재 해외에 살고 있는 프란시스 서우(Francis Seow)나 탕 리앙 홍(Tang Liang Hong) 같은 과거의 야당 정치인들은 인터넷을 통해 그들의 비판을 유포하고 있지만 이것이 어떤 형태로든 초국적 반대운동을 이끌지는 못하고 있다. 국제적인 언론자유 및 인권단체들은 종종 싱가포르의 제한적인 미디어 현실을 비난하는 보도자료를 배포하지만 그런 활동들이 정부에 대한 대외적 압력을 만들어내지는 못하고 있다. 예컨대, 이러한 현상은 버마 정부에 대항하는 인터넷 캠페인과 분명한 대조를 보이는 것으로, 버마에서는 국제적 영역에서의 초국적 활동가들의 인터넷 이용이 군사정권을 반대하는 효과를 극대화하는 지렛대 역할을 하고 있다. 이것은 부분적으로 싱가포르가 국내에서 반대세력을 조직하기 위해 적극적으로 인터넷을 이용하는 실질적인 망명자 단체들을 만들어내는 상황을 만들지 않고 있기 때문일 수 있으며, 또 부분적으로는 다른 정부들과 다국적 기업들 사이에서 그 입지가 튼튼하고, 현대적이고 세계화되어 있으며 부패로부터도 자유로운 사회라는 싱가포르에 대한 평판 때문일 수도 있다.

궁극적으로, 인터넷 이용은 국민행동당의 안정에 순이익이 되는 것으로 판명되고 있다. 국민행동당의 장기집권은 정부 운영을 현대화할 수 있게 해주는 ICTs의 적극적인 이용에 의해 지원되어 왔고, 대부분의 민주주의 국가들이 부러워할 만한 수준의 시민 만족도를 성취해 왔다.

일부 보고서들은 신문과 인터넷 대화방에서의 공적 논쟁의 증가 등을 근거로 개방성의 확대를 향한 일부 진전에 대해 언급하지만, 시민사회단체의 인터넷 이용이 국민행동당의 공식적 규제의 정교한 매트릭스와 정치적으로 위협적인 발언을 자제시키는 무언의 권유에 대해서 강력한 도전으로 작용하고 있지는 못하다. 이 동일한 매트릭스는 또한 향후에도 시민사회의 도전을 허용할 것으로 보이지 않는다. 국내 또는 국제적인 기업들의 전자상거래에 대한 투자증가가 신자유주의적 낙천주의자들이 전망하는 정치적 개방을 만들어낼 것으로도 보이지 않는다.

요컨대, 국민행동당은 권위주의 체제가 정치적으로 전복당하지 않으면서도 기술을 성공적으로 도입할 수 있는 전략을 구상하고 있음을 보여준다. 국민행동당의 지배에 대한 향후의 도전은 특히 장기간의 경기 침체가 이어지거나 또는 지역적 불안정성이 나타날 경우 가능한 일일 것이다. 이러한 상황에서 인터넷 이용은 그러한 도전들을 위한 중추적인 역할보다는 오히려 배경적인 역할을 수행할 가능성이 더 높아 보인다.

3. 베트남 : 지식경제로의 험난한 길

베트남 사회주의 공화국은 북베트남 군대가 미국의 지원을 받은 남베트남을 패퇴시킨 1975년 이래로 공산주의 일당체제에 의해 통치되어 왔다. 베트남의 인구는 약 7,900만 명이고, GDP는 310억 달러(2000년)로 아시아에서 가장 가난한 국가 중 하나이며, 세계은행도 저소득(low-income) 국가로 분류하고 있다.[45] 동시에 베트남에는 젊고 교육수준이 높으며 건강한 국민들이 많으며 93.1%의 성인 교육률을 자랑하는데, 이는 싱가포르와 견줄 만한 수준이다.[46] 야심찬 기업가들뿐만 아니라 정부 지도자들도 지식기반경제의 창출을 위해 이러한 인적 자본의 이용을 꿈꾸고 있다. 분명 그것은 단순한 과제가 아니다. 심지어 중국보다 더 교조주의적인 레닌주의자들로 구성된 베트남 지도부는 경제적 현대화를 촉진하기 위해 노력하면서도 여전히 공산주의 사상에 의지하고 있다. 도이모이(doi moi)로 알려진 개혁은 1986년에 도입된 이래로 완만하게 진행되고 있다. 대규모 암시장 경제(black-market economy)가 발달해 있고 아시아에서 가장 부패한 나라 중 하나로 빈번하게 언급되기도 한다.[47] 일부 전문가들은 베트남을 전체주의적 공산주의 체제에서 권위주의적 자본주의 체제로 이행되는 과정에 있는 나라로 성격지우기도 한다.[48]

베트남 공산당 중앙위원회는 점진적으로 정부개입을 줄여왔으나 여전히 중요한 권한을 보유하고 있으며, 모든 주요 정책들을 결정한다. 선거로 선출되는 베트남 의회는 본질적으로 공산당에 의해 통제되며, 정당 후보만이 아니라 무소속 후보도 공산당의 승인을 받아야 한다. 최근 몇 년 동안 의회는 유권자들에게 더 많은 책임을 지고 공산당으로부터 독립적이어야 한다는 압력을 받고 있다. 정부도 지방의회에 더 큰 역할을 부여하여 '풀뿌리 민주주의'를 확대하겠다고 약속했다. 그러나 여전

45_ World Bank, *World Development Report 2002*.

46_ Tim Kelly and Michael Minges, *Vietnam Internet Case Study* (Geneva : International Telecommunication Union, March 2002).

47_ Transparency International, "Corruption Perceptions Index 2001," www. transparency.org/cpi/2001/cpi2001.html#cpi.

48_ Dao, *Democracy in Vietnam*, p. ix.

히 정치조직은 정통 레닌주의를 따르고 있다. 정부는 독립적인 정치·사회조직을 허용하지 않고 있다. 한편, 베트남 공산당은 당원들에게 지속적으로 높은 수준의 자격을 갖추도록 요구하고 있는데, 이는 부분적으로 당원들에게 높은 수준의 주택과 직업, 기회 등이 제공되기 때문이다. 2000년 베트남 공산당은 230만 명의 당원을 보유하고 있다고 자랑하면서 113,000명에 달하는 신규 당원을 확충했다.[49]

국가주도적 발전 모델에 따라 베트남 정부는 공식적으로 2000년 5개년 계획의 일부로 ICT와 소프트웨어 부문의 촉진에 초점을 맞추고 있다. 베트남은 여전히 노동력의 70%가 농업과 임업에 종사하는 농업사회이다.[50] 베트남의 소프트웨어 산업 발전은 지식기반경제를 확립하는 데 특히 중요한 것으로 여겨지고 있다. 비록 그 목표가 야심차기는 하지만 정부는 2005년까지 5억 달러 가치의 소프트웨어 생산을 목표로 하고 있음을 여러 차례 공표했다. 또한 하노이는 첨단 기술력을 가진 재외 베트남 기업가들을 유치하려고 노력하고 있으며, 이들은 재외동포들(nonresident national)의 투자를 유치하는 인도 모델을 모방하는 것이 중요하다고 생각하고 있다.

그러나 이와 동시에 정부는 규제완화의 세계적 추세를 거스르면서 통신 부문에 대해 강력한 통제를 유지하고 있다. 베트남 우정통신공사(Vietnam Post and Telecommunications Corporation : VNPT)는 통신 네트워크를 운영하고, 우정통신부(Department General of Post and Telecommunications : DGPT)

49_   "Economist.com Country Briefings : Vietnam," August 27, 2001, Economist Intelligence Unit, www.economist.com/countries/vietnam.

50_   CIA, "World Factbook : Vietnam," www.cia.gov/cia/publications/factbook.

는 그 네트워크를 규제하고 있다. 이와 같이 사업자와 규제자 간의 밀접한 관계는 이전에는 전 세계적으로 공통적인 것이었으나 지금은 드문 현상이다.[51] 베트남 공산당은 또한 문화정보부(Ministry of Culture and Information : MCI)를 통해 인쇄매체와 전자매체를 감독하면서 이들에 대해 확고한 지배력을 유지하고 있다. 정보통제는 자기검열을 위해 고안된 보안법에 의해 더욱 강화되었다. 결과적으로 국내 미디어는 정부에 대한 비판기사를 내보낼 수 없게 되었다. 언론법에 따르면 언론매체가 보도하는 정보의 정확성에 상관없이 비방이라는 항목만으로도 기소될 수 있다. 새로운 규제들은 언론의 수를 세 배(650개까지)로 늘렸고, 인터넷 활동은 "베트남 문화를 공격하는" 것으로 간주되고 있다.[52]

다른 나라들과 마찬가지로 베트남에서도 학술단체와 과학연구단체가 인터넷 접근을 확립하는 데 선구적 역할을 했다. 게다가 정부는 기술의 개발과 촉진에서 국가의 역할을 더 크게 확대하는 데 따른 경제적·정치적 혜택들을 신속하게 실현시켰다. 1990년대 초 하노이의 정보기술연구소(Institute of Information Technology)는 호주 정부 및 민간기업들의 협력 하에 호주를 거쳐 국제적으로 연결되는 베트남 최초의 인터넷 네트워크를 구축하는 데 기여했다. 이 네트워크는 베트남 학술연구·교육 네트워크(Vietnam Academic Research and Educational Network)로, 바른넷(VARENet)으로 명명되었지만 이 네트워크가 포괄하는 범위는 소규모에 불과하다. 인프라가 너무 취약해서 가끔은 호주국립대에서 하노이로 보낸 이메일들

51_ Kelly and Minges, *Vietnam*.

52_ Human Rights Watch, "Human Right Watch : World Report 2001, Vietnam," 2002, www.hrw.org/wr2k1/asia/Vietnam.html.

을 다시 직접 인편으로 배달해야 하는 경우도 있다.

그러한 각각의 네트워크들이 독립적으로 인터넷과 연결되는 것이 허용되었을 경우, 정부는 자신이 보유한 중요한 독점권을 상실할 수도 있음을 인식했음에도 불구하고 글로벌 인터넷에 대한 대중적 접근이 허용될 것이라는 기대 속에서 다른 네트워크들이 급격하게 증가하기 시작했다. 정부는 독점적인 통신사업자인 VNPT의 보조기관인 베트남 데이터통신(Vietnam Data Communications : VDC)에게만 독점적인 인터넷 연결 허가권을 부여함으로써 통제를 유지했으며, 1997년 12월 1일 인터넷 연결이 이루어졌다. VDC는 여전히 글로벌 인터넷과의 직접 연결이 허용된 유일한 존재이며, 모든 다른 인터넷 서비스 사업자들은 VDC로부터 인터넷 접근권을 임대하고 있다. 2001년 9월까지 베트남은 5개의 ISP들이 있었고, 그 중 4개 업체는 국영이며 나머지 하나는 준국영기업이었다. 2001년 8월에 만들어진 새로운 규정에 따르면 ISP의 설립조건은 자유화되었고, 이론적으로 민간기업과 외국인 회사도 ISP를 설립하고 운영할 수 있게 되었다.[53]

베트남에서 인터넷 접근에 관한 통계는 매우 다양하다. 인터넷 계정이 다양한 만큼 인터넷 가입자 수도 82,000명에서부터 200만 명까지 다양하게 추정된다. 많은 공식 가입자들은 인터넷 카페를 통해서 그들의 접근권을 재판매하고 있는데, 인터넷 카페에서는 각각의 인터넷 계정을 여러 사람들이 이용할 수 있게 하고 있다. 공식 인터넷 계정들 중 많은 부분을 정부 부처들과 기타 정부기관 및 정당단체들에서 이용하고 있다. 인

53_ Ibid.

구 1,000명당 약 32개의 유선전화 회선이 보급되어 있는 베트남의 상황에서 대부분의 인터넷 이용자들은 대도시와 그 주변에 집중되어 있다.[54]

인터넷 접근의 확대, 망명자의 봉쇄

베트남 정부는 공공영역에서 인터넷 이용의 정치적 영향을 통제하기 위해 중국과 유사한 접근방법을 채택하고 있다. 중국의 접근방법은 정부가 인터넷 이용을 촉진하는 동시에 인터넷 이용 환경도 조성하는 것이다. 베트남에 인터넷이 처음 연결된 1997년 이래로 정부는 방화벽 시스템, 하향식(top-down)의 접근 통제, 인터넷을 통제하기 위한 자기검열 장려 등을 이용하고 있다. 그러나 동시에 이러한 전략을 달성하기 위해 필수적인 경제적·정치적 인프라가 갖추어지지 못했기 때문에 하노이의 전략은 인터넷 접근의 촉진과 인터넷 콘텐츠 통제의 양 측면에서 모두 그다지 성공적이지 못했다.

대체로 인터넷 콘텐츠는 전통적 미디어와 동일한 규정을 따를 것으로 예상된다. 국내의 콘텐츠 사업자들은 내무부로부터 특별 허가권을 받아야 하며, 외무부는 베트남에서 접근할 수 있는 모든 인터넷 트래픽이 엄격한 베트남 언론법의 국가안보 조항을 따라야 하고, 이를 사용해 단체와 시민들의 명예를 훼손하는 것을 삼가야 한다고 공표했다. 1997년 부처 간 협의에 따라 개인 사용자들뿐만 아니라 인터넷 서비스 및 콘텐

54_   World Bank, *World Development Indicators 2002*.

츠 사업자들도 허가증명서가 필요하다. 이러한 규정들이 ISP들과 ICP들에 대해 검열의 부담을 지우기 때문에, 많은 정부 부처들은 정치적 변화를 추구하는 반체제 인사들이나 NGO들에 의해 사용될지도 모르는 정보나 데이터베이스를 포함하여 정부에 비판적인 것으로 해석될 수 있는 콘텐츠를 제한할 책임을 맡게 되었다.[55]

1998년 7월 공식적으로 설치된 방화벽은 금지된 사이트들에 접속하는 것을 차단하고 있는데, 이들 금지된 사이트들은 주로 베트남 망명자들에 의해 구축되었으며, 정치적 주제들을 담고 있는 웹페이지들로 구성되어 있다. VDC는 가입자들의 웹 이용을 감시하는 권한을 갖고 있다. 일부 보고서들은 정부기관들이 선택적으로 키워드 검색을 통해 이메일을 감시한다고 지적한다. 그러나 베트남의 방화벽은 다른 권위주의 국가들에 비해 훨씬 포괄적이지 못하다는 지적들이 있다. 1998년 동남아시아에서 차단된 사이트들을 체계적으로 연구했던 소로스(George Soros)를 비롯한 오픈 소사이어티(Open Society) 연구진들은 싱가포르와 같은 국가들에서 차단된 사이트들이 베트남에서는 접근이 가능하다고 분석했다.[56] 일부 이용자들에 따르면 인터넷 접근을 방해하는 주 요인은 느린

55_ Hoang-Giang Dang, "Internet in Vietnam : From a Laborious Birth into an Uncertain Future," Informatik Forum 13, no. 1, www.interasia.org/vietnam/dang hoang-giang.html.

56_ 몇몇 사례를 통해서 볼 때 최대 500개에 달하는 사이트가 차단되었다고 언급하지만 오픈 소사이어티의 보고서에 따르면 ABC, Amnesty International, CNN, Dow Jones, GILC, Jennycam.com, Nasdaq, Planned Parenthood, Playboy, Penthouse, Thule.org와 같은 사이트들 모두가 접근이 가능했다. 이에 관한 더 많은 정보에 대해서는 웹 상의 오픈 소사이어티가 발표한 종합보고서를 참조. www.soros.org/censorship/eastasia/vietnam.html.

연결속도이며, 사이트가 차단된 경우는 거의 없다고 한다. 정부가 인터넷 상에서의 정치적 발언에 대해 반대의사를 천명하기는 했어도 계획성 없이 법률집행이 이루어지고, 이들 집행자들이 금전적 이득을 얻을 수 있는 경우에는 다른 집행방식을 찾으려는 경향을 보이고 있다. 이런 추세로 보면 이용자를 익명으로 만들어 주는 브라우저나 프록시 서버들을 찾으려고 골몰하는 사람들이 검열 시스템을 우회하는 것은 그리 어려운 일이 아닐 수도 있다. 웹 이용이 아직은 널리 보급되지 못했고 소수의 이용자들만이 웹 이용에 몰두하기 때문에 인터넷 이용자들 대다수는 여전히 인터넷을 이용할 때 자기검열의 경향을 보인다.

휠씬 더 광범위한 인터넷 이용이 정부의 경제개혁 목표와 조화를 이루고 있기는 하지만 정부가 이런 정책을 추진하는 것은 양면적인 것처럼 보인다. 베트남 정부가 하루에 몇 시간 동안 자유로운 인터넷 이용을 선택적으로 보장함으로써 대중적인 접근을 권장한다는 증거가 있다. 인터넷에 대한 대중적 접근의 증가 또한 하노이와 호치민 시 같은 대도시에서 사이버 카페의 확산에 의해서 촉진되고 있는데, 이 도시들에서는 적절한 가격으로 인터넷 접속권을 재판매한다. 다만 아직까지는 의미 있는 통신개혁이 이루어지지 않는 한, 인터넷의 대중적 이용이 두드러지게 성장할 것으로 보이지는 않는다. ISP들은 독점적 사업자인 VDC를 통해 트래픽을 전송해야 하며, 이로 인한 높은 비용은 결과적으로 베트남 소비자들에게 전가되고 있다. 국제개발센터(Center for International Development : CID)에 따르면, 2001년 기준으로 매달 20시간의 인터넷 접속료는 1인당 GDP의 약 43%에 해당한다.[57] 접속료가 점차 낮아지고는 있지만 높은 인터넷 이용료 때문에 많은 국민들은 정기적으로 인터넷에 접근하기 어려운 상황이다. 더욱이 보다 저렴한 비용으로 이용할 수 있는 인터넷 카페가 대도시에서 생겨나고 있지만, 2001년에 제정된 새로운 법령은 이 인터넷 카페들에게 500만 동(dong) 또는 미화 330달러의 벌금을 부과하는 등의 더욱 엄격한 규정을 부과했다.[58]

글로벌 인터넷에 접속하는 것은 너무 비싸고 전송속도도 느리기 때문에 많은 베트남 사람들은 자국의 국가 인트라넷(national intranets)을 이용하고 있다. 이 국가 인트라넷은 외국의 사이트들을 선택적으로 보여주며 이용료도 글로벌 인터넷에 연결하는 것보다 저렴하다.[59] 이들 그리고 보다 새로운 인트라넷은 인터넷 가입자들에게 공식적으로 인가된 웹사이트들로 접근을 제한하고는 있지만 이용자들이 정부에 등록을 할 필요는 없다. 다만 정부는 국내 이용자들에게 '안전한' 인터넷 환경을 제공하는 국가 인트라넷 서비스에 등록하도록 적극 권장하고 있다.

몇몇 반체제 인사들은 그들이 가지고 있는 자료들을 공표하기 위해 글로벌 인터넷을 점점 더 많이 이용하고 있는 것으로 보인다. 2002년 3월 경찰은 민주주의에 관한 논문을 번역하여 온라인에 게재한 팜 홍 손(Pham Hong Son)이라는 의사를 체포했고, 같은 해 2월에는 르 치 쾅(Le Chi Quang) 씨가 중국과 베트남의 양자협상을 비판하는 온라인 에세이를 쓰

57_ Jeffrey Sachs, Michael Porter, and Klaus Schwab, "Global Competitiveness Report 2001–2002," World Economic Forum, in collaboration with the Center for International Development, Harvard University, and the Institute for Strategy and Competitiveness, Harvard Business School (New York : Oxford University Press, 2001).

58_ 몇몇 사례를 통해서 볼 때 많은 인터넷 카페 이용자들이 웹서핑보다 오히려 문서작성이나 게임을 하는 데 더 많은 시간을 소비하고 있다고 지적한다. 이에 대한 보다 상세한 내용은 다음을 참조. Pierre, "Vietnam's Contradictions."

59_ Dang, "Internet in Vietnam."

던 중에 인터넷 카페에서 체포되었다.[60] 이렇듯 대중과 시민사회의 인터넷 이용이 전반적으로 증가하고 있는 추세지만 이들의 인터넷 이용이 정부에 위협을 가하는 상황에까지는 이르지 못한 것으로 보인다. 현재 많은 사람들이 오락을 하기 위해 인터넷을 사용한다. 게다가 국내 콘텐츠가 성장함에 따라 점점 더 많은 베트남 인터넷 이용자들은 터무니없이 높은 비용을 우회하기 위한 방법으로 정부가 인가한 인트라넷들을 이용할 가능성이 높다. 미래에 이러한 인트라넷들이 대중화된다면 그것들은 정부가 걸러내지 못한 정보에 내국인들이 접근하는 것을 심각하게 제한하게 될 것이다.

반체제 인사들의 개별적인 인터넷 이용과는 달리 지하조직이나 잠재적인 국내의 반정부 단체들이 조직적으로 자금지원 요청이나 혹은 그 이외에 자신들의 활동을 공표하기 위해 인터넷을 이용하고 있다는 증거는 없다. 대부분의 시민사회단체들은 베트남 공산당 산하 단체인 조국전선(Fatherland Front)의 하부 조직이며, 이러한 단체들의 인터넷 이용은 베트남 정권의 목표를 지지할 가능성이 높다. 국내의 이메일 리스트 설정을 바라는 집단은 베트남 데이터통신(VDC)의 허가를 받아야 하지만 허가를 받기가 쉽지는 않다.

인트라넷 촉진과 관련하여 정부는 관료조직을 능률적으로 만들

60_ 언론인보호위원회(Committee To Project Journalists)는 2002년 4월 29일 베트남 사회주의공화국 대통령 쩐 득 르엉(Tran Duc Luong)에게 한 통의 편지를 보냈다. 그 편지에는 반체제 인사인 쩐 쿠에(Tran Khue)가 컴퓨터를 가지고 있고, 그가 인터넷 상에서 장쩌민(Jiang Zemin) 중국 주석에게 보내는 공개서한을 유포한 이후 몇몇 문서들이 압수된 것으로 기록하고 있다.

고 정부 선전을 유포하기 위한 수단으로 인터넷을 사용하기 시작했다. 공식적인 출판물들의 인기가 그다지 높지 않다는 통계가 있는데도 1999년에 처음으로 베트남 공산당 기관지인 인민일보(Nhan Dan)의 온라인판이 개설되었다. 인터넷 콘텐츠를 규제하는 문화정보부도 정부 부처들 중 처음으로 문화정보 네트워크(Culture and Information Network)라는 자체의 내부 정보 네트워크를 구축했다. 동남아국가연합 정보고속도로(ASEAN information superhighway) 건설을 위해 개최된 동남아국가연합 회담에 부응하기 위해 구축된 이 네트워크는 국내 기업들에게 문화와 시장에 관한 정보를 제공하고 외국인들에게 베트남을 소개하는 프로그램이다. 아직까지도 베트남 정부의 온라인 선전 실례는 찾아볼 수 없지만 이상의 사례들을 통해 인터넷을 선전기관과 정부의 능률성 증대 수단으로 이용하려는 베트남 정부의 의도를 읽을 수 있다.[61]

현재로는 베트남의 정치영역에서 정부가 인터넷을 가장 많이 사용하고 있다. 웹 상에서 정부 주장을 반박하는 공식 야당은 없다. 정부가 이메일을 감시한다는 인상을 심어주는 현재의 이용자 등록 시스템은 잠재적 반대자들이 커뮤니케이션 수단으로 최신 ICTs을 이용하지 못하게 하는 데 적절한 역할을 수행하고 있다.

동남아국가연합의 지속적인 압력으로 베트남 정부는 전자정부 서비스 제공을 더욱 발전시킬 것이며, 잠재적으로는 시민 만족도의 증대라는 확실한 혜택을 얻을 것으로 보인다. 이 영역에서 정부 관료들은 틀림없이 다른 동남아국가연합 국가들에서 나타나는 전자정부의 긍정적

61_ "Vietnam : Internet Development Model," *Vietnam Economic News*, January 18, 1999.

효과를 연구하고 있다. 아직까지 동남아국가연합이 주창하는 전자정부 유형이 참여와 투명성을 강화하는 수단이라기보다는 서비스 제공을 더 강조하는 경향을 보이고 있기 때문에 동남아국가연합의 압력이나 대규모 지원이 이루어지지 않는다면 베트남 선출직 관료들의 책임성이나 정부 절차에 대한 감독의 강화로 이어질 것으로 보이지는 않는다.

경제영역에서 인터넷 이용과 촉진은 급속하게 성장하고 있다. 이는 다른 권위주의 국가들이 채택한 정책과 유사하게 비즈니스 부문에서는 ICTs에 대한 접근을 자유롭게 하는 반면, 이와 동시에 정치영역에서는 정보의 흐름에 대한 엄격한 통제를 유지하려는 하노이의 계획에 따른 것이다.[62] ICT 비즈니스를 위한 세금 인하와 인터넷 서비스 비용 감면은 투자 유인을 위한 의도이며, 반면 계약조정과 온라인 거래에 대한 규정은 전자상거래의 발전을 부양하기 위한 의도이다. 이러한 공식적인 장려책은 어느 정도 성과를 거두고 있다. 즉 베트남의 비즈니스 중에서도 특히 수출입 비즈니스는 해외 소비자들에게 직접 생산품을 판매하기 위해 인터넷을 이용하고 있다. 외국인 투자를 증대시키기 위해 인터넷을 이용하는 정부의 노력도 확대되었다. 재정부는 최근 수백 페이지에 달하는 정보를 베트남어와 영어로 제공하는 웹사이트를 개설했다.

2001년에 하노이는 인터넷 개발에 민간 부문의 참여 제한을 완화하여 기업, 국가, 개인 누구나 인터넷 서비스 제공에 참여할 수 있도록 했다. 이와 같이 누구나 인터넷 서비스 제공에 참여할 수 있다는 점에서 경쟁은 중요한 의미를 갖는다. 하지만 모든 ISP들은 국가 소유의 VNPT로

62_ 이 정책은 싱가포르가 수년 전 위성 TV 수신을 위해 취했던 정책과 유사하다.

부터 접속권을 임대받아야 하기 때문에 그 경쟁은 피상적인 것으로 비쳐지고 있다. 베트남 기업들은 인터넷 이용과 접속에 관한 제약이 이윤을 높일 수 있는 인터넷 기술의 활용을 방해한다고 수년에 걸쳐 불평해왔다. 일부 사람들은 방화벽이 사내에서의 내부 소통을 불가능하게 만든다는 불만을 토로하기도 한다.[63] 이러한 국내적 불만 누적과 미국과 베트남의 양자 무역협정에서 제기된 압력도 결과적으로는 적어도 비즈니스 부문에서 인터넷에 관한 제약을 철폐하는 데 도움이 될 수 있다.

민간 부문에서 단기적인 국내적·국제적 압력의 결합만으로도 통신체제 자유화의 심화를 비롯한 다양한 부문들에서 정부의 관여를 감소시킬 수 있다. 그 다음에는 인터넷 기업가 정신을 증진시키고 더 부유하면서도 독립적인 마인드를 가진 비즈니스 계층을 육성시킬 수도 있을 것이다. 그러나 인터넷 기업가 정신(Internet-driven entrepreneurship)이 중요한 정치적 변화를 이끌어낼 것인지에 대해서는 아직까지 의심의 여지가 있다. 베트남에서 부패가 만연하다는 것은 정부와 기업 간의 유착관계를 의미하며, 이러한 부패를 줄이기 위해서는 충분한 시간과 정치적 의지가 필요하기 때문이다. 어쨌든 다른 아시아 권위주의 체제들의 경우와 마찬가지로 비즈니스 부문이 정부에 대해 강력한 정치적 요구를 할 것으로 보이지는 않는다.

싱가포르와는 대조적으로 베트남과 관련하여 인터넷을 이용하는 사람들 대부분은 유럽, 북미 그리고 그 이외 지역에 살고 있는 약 300만 명에 이르는 베트남 망명객들이다. 이들의 인터넷 활동은 베트남 정부를

비판하는 콘텐츠를 만들어내는 데 주력하고 있으며, 이들의 대응은 정부 리더십에 대한 의혹과 외국의 특히 '서구적' 가치에 대한 불신을 알리는 데 집중되고 있다.[64] 들리는 바에 의하면 1997년 베트남 정부는 심각한 부패와 언론탄압, 반체제 인사 구속 등을 공표하는 웹사이트를 운영하거나 언론인들과 기타 활동가들에게 주간 보도를 이메일로 전송하는 130개의 해외 단체 리스트를 입수했다. 이 리스트가 해외 단체들과의 모든 전송을 적극적으로 차단하는 근거로 이용되지는 않았지만, 이메일을 통한 정보 중의 일부는 국내의 비밀 학생단체들에게 전달되고 있는 것으로 알려지고 있다.

베트남 국민들에게는 국내에 기반을 둔 이메일 리스트보다 국제적인 기반을 두고 있는 이메일 리스트를 접하기가 훨씬 용이하며, 이는 정부 당국으로서도 감시하기가 훨씬 어렵다. 경우에 따라 반체제 출판물들이 우연히 차단되는 해외의 정치 웹사이트들을 통해서 입수되기도 한다.[65] 개별 단체들은 정부를 상대로 투옥된 반체제 인사들에 대한 면회를 허용하도록 하는 등의 사이버 캠페인을 벌이고 일부 성공을 거두기도 했다.[66] 한편, 국제사면위원회와 같은 단체들은 인터넷 이용을 통해 베트남 내에서 발생하는 인권학대에 대한 정보의 수집과 배포가 훨씬 용

64_ 이것은 부분적으로 식민주의, 전쟁, 외세개입이라는 베트남의 역사적 경험에서 비롯된 것이다.

65_ 반체제 인사 응웬 단 퀘(Nguyen Dan Que)의 글들은 베트남 국내에서는 쉽게 접근할 수 없지만, 베트남 인사이트(Vietnam Insight)와 같이 해외에서 베트남 사람이 운영하는 정치적 웹사이트에서는 이용할 수 있다.

66_ 한 단체의 캠페인은 베트남 정부에 수감 중인 응웬 단 퀘를 그의 가족들이 면회할 수 있도록 허가하라고 촉구하고 있다. Eng, "A New Kind of Cyberwar."

이해졌다고 말한다.

국제적 기반을 둔 인터넷 활동이 많아지는 것에 대응하여 정부는 해외 베트남 단체들로부터의 커뮤니케이션을 걸러내기 위한 상업적인 안티스팸 소프트웨어(antispamming software)와 방화벽 시스템에 의존하고 있지만 그다지 성공을 거두지는 못했다. 이러한 통제는 우회할 수 있지만 그러한 활동이 적어도 단기적으로는 베트남 체제에 대한 주요 도전들을 위한 기반을 제공하고 있지는 못하고 있다. 여전히 베트남에서 인터넷 보급은 열악한 수준이며, 야당도 존재하지 않는다. 그래서 인터넷에 기반을 둔 초국적 항의는 심지어 그들의 정보가 전달되었을 때조차도 이에 호응할 청중과 국내적 지지기반이 취약한 것으로 보인다. 인터넷을 이용할 수 있는 국내적 지지기반이 정치적 영향을 미치기 위한 절대적 필수요건은 아니라고 해도 (이후 논의될 버마 사례가 보여주는 것처럼) 베트남과 서방 국가들 사이에 증진된 우호관계는 버마에 투자한 다국적 기업들에게 '불명예'를 안김으로써 버마의 반정부 운동에서 사용된 기법을 모방하는 것을 어렵게 만들 수도 있다. 미국과 베트남 사이에 무역협정이 체결됨에 따라 앞으로 이런 방식의 다국적 캠페인은 효과를 거두기 어려울 것으로 보인다.

결국 인터넷 이용의 정치적 영향으로 연결되기 위해서는 몇 가지 조건들이 충족되어야 할 것으로 보인다. 이러한 요인들 중에서 가장 중요한 것은 예측하기 어려운 베트남 경제개혁의 향방이다. 베트남 체제는 이행기에 있으며, 그러므로 싱가포르와 같이 장기 집권을 하고 있는 다른 정부들에 비해 안정성이 떨어진다. 따라서 대중들의 인터넷 이용은 정부에 대한 불만을 구체화하는 데 이용될 수 있다. 특히 국가가 지금처럼 계획성 없이 콘텐츠를 통제하려고 시도한다면 더욱 그럴 가능성이 높다. 하지만 이러한 예측이 실현되기 위해서는 상당한 정도로 인터넷 접근권이 확대되어야 하는데, 이는 광범위한 경제개혁은 물론 이와 관련된 통신개혁을 조건으로 한다. 다시 말하면, 앤드류 피에르(Andrew Pierre)의 지적처럼 "인터넷 혁명은 개방되고 있는 베트남 사회가 외부 세계에 연결되는 긴 여정으로 보인다."[67]

4. 버마 : 폐쇄사회에서 초기 단계의 네트워킹

인구 약 5,000만의 가난한 나라 버마는 아시아에서 가장 권위주의적인 체제 중의 하나이다. 국민이 선출한 민간정부가 쿠데타로 전복된 1962년 이래로 버마는 수차례에 걸쳐 새로운 군부정권이 들어섰다. 현 정부는 1998년 수천 명의 학생들을 죽음으로 내몰며 무력으로 대규모 민주화 운동을 진압하고 권력을 장악했다. 지배세력인 국가법질서회복위원회(State Law and Order Restoration Council : SLORC) —현재는 국가평화발전위원회(State Peace and Development Council : SPDC)로 이름을 바꿨다—는 1990년 의회선거에서 어느 정도의 자유를 허용했다. 민족민주연합(National League of Democracy : NLD)은 유권자 투표의 60% 이상을 획득하고 의회 의석의 80%를 차지했지만 군부정권은 이 선거결과를 인정하지 않았다. 1990년대 동안 국가평화발전위원회는 국민에 의해 선출된 대표들의 회

67_   Pierre, "Vietnam's Contradictions."

합을 금지하고 그들의 운동을 엄격하게 통제했다. 그러나 2002년에 들어 정부는 민족민주연합의 지도자 아웅산 수지(Aung San Suu Kyi) 여사의 가택연금을 해제했다. 이것은 역사적으로 정부와 야당 지도자들 사이의 껄끄러운 관계를 개선하는 조치로 보였다.

수십 년의 경기침체로 인해 버마는 여전히 가난하며, 국가 기반시설은 빈약하기 이를 데 없다. 문맹률은 남성이 약 11%, 여성이 약 19%에 달한다.[68] 고도로 국가 통제적인 버마 경제는 경공업과 운송업 등의 분야가 두드러진 활약을 보이고는 있지만 여전히 농업이 중심이다. 관광객들로부터 벌어들인 달러의 실질적인 혜택은 다른 부문들과 마찬가지로 시민들에게 돌아가는 것이 아니라 정권으로 직접 흘러들어 간다. 그러한 비판에도 버마 정부가 강력히 추진하고 있는 관광산업은 버마 경제에서 점점 더 중요한 부문으로 성장하고 있다. 1980년대 말과 1990년대 초 경제를 회복키시기 위해 경제 자유화 조치가 취해졌지만 국영기업은 여전히 비능률적이고 민영화도 제한적이었다. ICTs을 경제개혁 프로그램에 포함시키는 조치를 취한 다른 동남아시아 국가들과 달리 버마 정부는 적어도 아주 최근까지 그러한 조치에 상당히 무관심했다. 그동안 버마는 세계 마약거래의 중심지로 발돋움했다.[69]

국가평화발전위원회는 권력을 장악한 이후 개인 또는 민간 부문에 권력을 부여하지 않는 고도로 중앙집권적인 권위주의 체제를 수립했다. 통신 부문은 군사정권의 직접적인 통제 하에 놓여 있으며, 버마에서 유일한 인터넷 서버도 정부가 운영한다. 정부는 인터넷이 구축된 이래

68_ World Bank, *World Development Indicators* 2002.

69_ Committee To Project Journalists, *Attacks*.

버마에서 인터넷 이용과 확산에 관한 통제의 대부분을 담당해 왔다.

군부체제는 ICT 이용에 따른 혜택과 위험에 대해 모순적인 입장을 견지하고 있다. 예를 들면, 인가받지 않은 컴퓨터나 컴퓨터 네트워크의 이용을 금지하는 1996년 법령에는 "컴퓨터 과학을 통해 발전된 현대 국가의 출현"을 촉진한다는 표현이 포함되어 있다.[70] 이것은 첨단기술 개발에 대한 열정을 표현하는 것임에도 불구하고 버마는 ICTs에 대해 세계에서 가장 제한적인 태도를 취하는 국가 중 하나이다. 보안부대는 정기적으로 서신왕래나 전화통화를 검열하고, 일반 시민들이 해외 출판물을 구독하거나 또는 위성 TV를 시청하는 것을 금지하고 있다. 모든 전자통신 장비에 대한 허가권도 정부가 소유하고 있으며, 이를 통제하고 감시하는 역할도 정부가 담당하고 있다. 1996년 법령은 미등록 전화와 팩스 또는 모뎀의 소유를 불법적인 것으로 규정하고, 이를 위반할 경우 징역 15년까지 처할 수 있게 했다. 실제로 어떤 사람은 허가받지 않은 전자통신 장치를 설치한 혐의로 체포되기도 했다.[71] 1999년 정부는 여러 개의 인가받지 않은 사설 이메일 서비스를 폐쇄했고, 정부만이 버마의 유일한 인터넷 공급자임을 선포했다.

군사정권은 국내의 모든 신문, 라디오, TV에 대한 통제권을 행사하면서 언론과 출판의 자유를 엄격하게 통제한다. 가격이 비싼 영문판

70_ 국가법질서회복위원회(SLORC)가 공표한 컴퓨터과학발전법(the Computer Science Development Law), Law 10/96(the waxing of Tawthalin, 1358 M.E./20th September 1996). www.myanmar.com/gov/laws/computerlaw.html 참조.

71_ 예를 들어, 오스트레일리아의 네오 니콜스(Neo Nichols)는 1996년 불법적인 팩스 기계의 사용으로 체포되었고, 그후 그는 감옥에서 사망했다.

주간지 하나를 제외하고 미디어 기관지들은 일차적으로 선전수단으로 활용되며, 정부에 대한 비판은 허용되지 않는다. 최근 몇 년간 주간 타블로이드판이 급격히 증가했지만 이들 중 상당 부분이 정부 부처가 발간하는 것이며, 정치에 대해서 보도하지 않는다. 몇 안 되는 외국어판 신문과 잡지들은 호텔과 서점에서만 이용할 수 있다.

물론 군사정권은 실질적인 자유화는 아니지만 점차 미디어 통제 계획에 새로운 요소들을 도입하고 있다는 징후들을 찾아볼 수는 있다. 정부가 발간하는 영자신문인 미얀마 타임즈(*Myanmar Times*)는 정부와 야당의 대담을 비롯해 인터넷 도입의 필요성과 같은 주제를 보도한 바 있다.[72] 그럼에도 불구하고 대중적인 반체제 인사, 야당 인사, 독립 언론인, 반체제적 비판가들에 대한 탄압이 지속되고 있기 때문에 여전히 대규모 자기검열은 지속되고 있다.[73]

버마에서 인터넷 이용이 최소한에 그친다고 하더라도 국제적 행위자들이 사용하는 낡은 ICTs은 버마 내에서 정보의 보급을 위해 여전히 중요하다. 특히 단파(short-wave) 라디오는 외부 정보를 얻는 중요한 원천이다. 미국의 9·11 테러 사태 이후 버마의 국가 미디어는 그 사건에 대한 세부적 내용을 전혀 보도하지 않은 채 사건 자체에 대해서만 다음날 간단히 언급했다. 버마 국민들이 국영 미디어에만 의존했다면 9·11 테러 사태에 대해 전혀 알지 못했겠지만 미국에 기반을 둔 자유아시아방송(Radio Free Asia)과 BBC의 버마어 서비스 덕분에 그 사건을 알게 된

72_ Brian Mockenhaupt, "Wordsmithery," *Far Eastern Economic Review*, September 17, 2001.

73_ Neumann, "Burmese Journalism."

것이다.[74]

대외적 압력

2000년 초 국가평화발전위원회는 인터넷 이용자들을 위한 업데이트된 가이드라인을 제시했다. 새로운 규정에는 정치적 논평과 이메일 계정의 복수 사용 금지가 포함되었다. 정부가 계속해서 대다수 국민들의 인터넷 접근을 금지하려고 한다면 굳이 금지활동에 관한 장황한 리스트는 불필요하다. 1996년 법령은 주로 국민들이 불법적으로 인터넷에 접근하려는 시도를 단념시키기 위한 목적에서 제정되었고, 최근까지 인터넷 접근은 주로 수백 명의 외국인들 그리고 체제와 유대관계가 있는 엘리트들에게만 한정되어 왔다.

지난 1년 동안 버마 정부는 인접한 몇몇 동남아국가연합 국가들의 경제 모델을 모방하면서 보다 광범위한 부류의 사람들에게 인터넷 접근을 허용했다. 국내 자료에 따르면, 버마 정부는 최근 국내에서 사용할 4,000개의 이메일 계정 생성을 허용했다. 관광객과 비즈니스 여행객들도 좀 더 비싼 호텔에서 높은 이용료을 지불하고 이메일을 이용할 수 있게 되었다. 몇 년 전에 랑군(Rangoon) 도심에 있는 몇몇 가게에서 불법적으로 이메일을 제공한 적이 있다. 고객들은 이메일을 송·수신할 수는 있었지만 월드와이드웹에 접근할 수는 없었다고 한다. 2001년 7월 정부

74_ Kyaw Zwa Moe, "News of Attacks Hard To Find in Burma," *Irrawaddy*, September 17, 2001.

는 한 개인회사와의 인터넷 합작회사를 인가했다. 이 회사는 2개의 인터 넷 카페를 오픈했는데, 여기서는 승인된 웹사이트에만 접근하는 데도 상 당히 높은 이용료를 부과했다. 지나치게 비싼 이용료는 엘리트들만이 인 터넷에 접근할 수 있도록 효과적으로 제한했기 때문에 인터넷을 이용하 려고 하는 많은 사람들은 정보혁명으로부터의 차단이 가져오는 영향에 대해 토론하기 위해 찻집이나 서점에서 모임을 가졌다.[75]

정부의 1996년 법령은 컴퓨터 과학 및 기술발전을 위해 필요한 조치의 이행과 국가에 유리한 방식으로 학생들에게 컴퓨터 과학을 공부 할 수 있는 기회를 제공하도록 규정했다. 뿐만 아니라 이 법령은 컴퓨터 과학의 연구개발, 컴퓨터 과학 교육과정에 대한 감독, "국제적인 컴퓨터 단체들과의 소통", 정부가 요청하는 정보기술 관련 프로젝트 수행 등의 임무를 부여받은 '비정부적' 컴퓨터 협회가 형성되는 토대를 제공했 다.[76] 인터넷에 대한 대중적 접근이 여전히 금지되고 있지만 교육부는 컴퓨터와 관련 기술들을 이용해 광범위한 공공 교육의 확대를 추진하고 있다. 정부의 공식 웹사이트에 의하면 현재 두 대학이 정보기술 "전문가 와 기업가" 양성에 심혈을 기울이고 있다. 교육부는 멀티미디어 강의실 과 e-교육 프로그램을 자랑하고 있지만, 이러한 환경 속에서 글로벌 인 터넷에 접근할 수 없는 현실 때문에 정부가 추진하는 이런 프로그램들 은 제한적인 효과만을 가져올 것이다. 사실, 랑군에 있는 컴퓨터 교육학 교의 교사들은 이미 예전에 국가기밀보호법(Official Secrete Act)에 의해 구 속된 적이 있었는데, 이것은 아마도 이들이 반정부적 자료를 다운받기

75_ Gina Chon, "Waiting To Be Wired," *Asiaweek*, July 20, 2001.

76_ 주석 71 참조.

위해 정부의 통제를 우회하려 했기 때문인 것으로 보인다.[77]

버마 정권이 국내 시민사회 활동가들의 조직과 소통능력을 엄격하게 제한한 이래로 전략적 목적으로 누구나 쉽게 인터넷에 접근할 수 있는지에 대해서는 회의적이다. 독립적인 시민사회단체, 노동조합, 인권 단체 모두 인터넷 접근이 금지되었고, 민족민주연합 회원들은 엄격하게 감시되고 있으며, 무역 관련 협회들과 전문가 단체들은 정부에 등록해야 인터넷에 접근할 수 있다. 정부가 현재 인터넷 접근을 다소 폭넓게 허용하고는 있지만 체제에 비판적인 견해를 가진 것으로 알려진 단체들에게는 인터넷 접근을 허용하지 않고 있다. 결국, 인터넷을 이용하고 있는 개별적인 반체제 인사들이 초국적 네트워크의 도움으로 그들이 가지고 있는 정보를 널리 확산시킬 수는 있지만 국내 시민사회 활동가들의 인터넷 이용은 그 자체로 정치적 의미를 갖기는 어렵다.

버마 정부가 ICT 정책을 자유화하고 그래서 일반인들의 인터넷 접근까지도 허용한다면, 인터넷은 이제까지 이렇다 할 활동을 하지 못한 국내 행위자들이 (이 장에서 상세하게 다룬 활동들을 하는) 향후 초국적인 민주주의 활동가들과의 연대를 조직화하고 확립하는 데 이용될 수 있다. 정부는 인터넷 접근 제한을 완화하면서 동시에 ICT 훈련과 교육을 실시하고 있다. 이러한 사실은, 정부가 의도하는 바는 아니겠지만, 향후 이용자들에게 적어도 정부의 인터넷 통제를 회피할 수 있는 기술적 재능을 갖게 만들 수도 있을 것으로 보인다. 인터넷을 이용할 수 있는 시설이 태부족임에도 불구하고 버마의 몇몇 도시들에서 나타나고 있는 자연스러운 인터넷에 대한 열정은 인터넷에 대한 대중적 열망이 증가하고 있음을 보

77_ Peter Alford, "Internet Download Arrests," *Australian*, December 30, 1999.

여주는 것이며, 이러한 열망은 온라인 활동을 통제하려는 정부의 역량을 넘어설 수도 있을 것이다. 그러나 버마 정권은 초국적 행위자들보다는 국내 시민사회 행위자들에 대해 훨씬 더 많은 영향력을 가지고 있으며, 이것은 국내 대중들이 인터넷을 정치적으로 사용하는 것을 상당히 위축시킬 수 있다. 인터넷을 감시할 수 있는 역량이나 법률 위반자들을 제재할 수 있는 능력이 훨씬 약한 다른 체제들은 대체로 자국 국민들을 자기검열로 위협하고 있다. 지금으로서는 시민사회와 대중들의 인터넷 이용이 너무 제한되기 때문에 인터넷이 버마 체제에 심각한 정치적 영향을 미치지는 못할 것으로 보인다.

물론 버마를 정보화 시대로 진입시키는 것이 과거 국가평화발전위원회의 최우선 과제는 아니었다. 그러나 국가평화발전위원회 체제는 현재 국가의 ICT 인프라를 개선하고, 정보기술 프로젝트의 발전을 위해 다른 나라들과 협력하며, 체제를 선전하고 활동가들의 주장을 반박하기 위해 인터넷을 이용하는 등의 일련의 노력을 기울이고 있다.

예를 들어, 2000년 말 버마 정부는 e-ASEAN 기본협정의 이행 규정에 따라 ICT 정책과 인프라 개발을 지원하는 특별대책팀(task force)을 설치했다.[78] 정부 선전의 측면에서 군사정부는 웹을 이용하여 자신들의 입장을 알리고 해외 활동가들이 제기한 주장을 반박했다. 지금까지 버마 정부의 유일한 전자정부 구축사업의 가시적 성과인 국가평화발전위원회의 공식적 웹사이트는 버마 방문의 가치를 홍보하고, 외국인 직접

---

[78]_ "Burma Sets up National E-Task Force To Bridge Digital Divide," *Myanmar Times*(English version), December 13, 2000, from BBC Monitoring Asia Pacific.

투자를 권유하는 콘텐츠들을 제공하며, 민주주의 활동가들의 주장을 조목조목 논박하는 정보를 통해 정부 차원에서 이들에게 반격을 가하는 수단으로 활용하고 있다. 외국인 투자자들을 위한 법률과 규제에 관한 정보들은 정부 부처 홈페이지들과의 링크를 통해 주로 제공되고 있다. 정부는 또 방문객들이 거의 없어 빈 공간이나 다름없지만 이 사이트 방문객들을 위한 대화방도 만들어 놓았다.

현재 버마 정부는 해당 분야의 국내 전문가가 없을 경우 ICT 정책과 특수한 프로젝트를 구성하는 방법을 배울 수 있는 해외 파트너들을 적극적으로 찾고 있다. 버마 정권은 ICT 프로젝트에 말레이시아의 지원을 요청했으며, 일부 장관들은 말레이시아의 멀티미디어 슈퍼 회랑(Multimedia Super Corridor)을 견학했다. 양국 공무원들은 정보와 관광 분야의 협력 증진을 위한 협정에 서명했다. 정부는 버마 소프트웨어 산업을 육성하기 위해 일본과의 협력 계획을 발표했고, 위성통신 사업에서는 인도와 협력하고 있다. 한편, 군부는 우방국들의 도움으로 기술역량을 업그레이드시키고 있는 것으로 보인다.[79]

기술적으로 버마에는 10개의 정당들이 존재하지만 국가는 정보기술에 대한 접근뿐만 아니라 결사 및 언론의 자유를 제한하고 있다. 그러나 그러한 제약들에도 불구하고 규모가 크고 잘 조직된 민족민주연합은 보통 비과학기술적 수단을 통해 암암리에 버마 외부의 지지자들과 초국적 지지단체들에게 정보를 보낼 수 있다. 이러한 단체들은 민족민주

79_ 특히 중국은 자국의 상당한 수준에 달한 통신정보(signal intelligence) 분야에서 버마를 지원하고 있는 것으로 보인다. Selth, "Burma's Intelligence Apparatus."

연합의 연설문, 문서, 그리고 기타 뉴스들을 국제적인 웹사이트들에 게 시한다. 예를 들어, 1996년 비밀리에 녹화된 대규모 학생시위 영상이 버 마 밖으로 밀반출되어 국제 웹사이트들에 게재된 바도 있다.[80] 민족민주 연합의 지도자 아웅산 수지 여사의 연설과 영상은 국가평화발전위원회 의 압제에 대항하는 민족민주연합의 글로벌 플랫폼(a global platform)을 제 공하는 인터넷 상에서 광범위하게 이용할 수 있다.

　　민족민주연합의 인터넷 활동이 주로 국제 행위자들의 대리활동 을 통해 이루어지기는 하지만 정치적 영역에서 인터넷을 이용하는 주요 행위자는 정부와 민족민주연합인 것으로 보인다. 국가평화발전위원회 의 인터넷 이용이 증가하면서 나타나는 양상은 주도적인(proactive) 노력 들보다는 대응적(reactive) 성격—예컨대, 활동가들의 요구를 좌절시키려 고 하는—을 두드러진 특징으로 한다. 전자정부 구축을 위한 시험적 조 치들이 반드시 시민들의 폭넓은 지지를 만들어낼 수 있는 효과를 가지 고 있지는 않다. 버마 내부에서 민족민주연합의 오프라인 조직은 체제에 의해 여전히 물리적으로 제약을 받고 있다. 그럼에도 불구하고 민족민주 연합은 세계적 차원에서 국가평화발전위원회의 활동을 제약하기 위해 인터넷을 이용하는 활동가들의 글로벌 네트워크와 연계하고 있다. 따라 서 국내에서 정치적으로 인터넷을 이용하는 것은 제한적이지만, 국제적 관심이 증대함에 따라 민족민주연합은 (아래에서 보다 자세히 논의될) 국제적 인 인터넷 이용을 통해 국내에서 국가평화발전위원회의 협상지위와 힘 을 약화시킬 수 있다.

　　일반 대중들보다 기업가들의 인터넷 접근이 훨씬 광범위하다고

80_　Danitz and Strobel, "The Internet's Impact on Activism."

해도 경제영역에서 인터넷 이용은 제한적이다. 지금 현재 버마 정부는 주로 특별대책팀의 구성을 통해 전자상거래의 발전을 촉진하는 데 목표를 둔 프로그램을 개발하고 있다. 많은 기업들이 계속하여 이메일을 이용하고 있고, 몇몇 기업들은 해외 고객들을 유치하기 위해 해외에 웹사이트를 개설하기도 했다. 기업의 이메일 이용자들은 정부가 인터넷에 접근한 사람들의 커뮤니케이션을 정기적으로 감시하고 있다는 것을 분명하게 알고 있으며, 인터넷 접근을 허가받은 사람들은 대체로 체제에 호의적인 경향을 보인다.

낮은 수준의 인터넷 보급률과 취약한 통신 인프라를 고려하면 인터넷과 관련된 경제활동이 단기간에 버마에 주요한 정치적 영향을 미치기는 어려울 것으로 보인다. 장기적 측면에서 버마 체제는 ASEAN 모델을 따르면서 현재는 초기단계에 있는 장기적인 경제개발계획에 ICT의 이용과 촉진을 포함시키도록 하는 압력에 놓이게 될 수 있다. 그러나 버마에서 향후 인터넷 이용의 정치적 영향은 (인터넷 접근을 증가시키는) 통신 부문 개혁, (전자상거래에 대한 전망을 개선하는) 금융 부문 개혁, 그리고 독립적인 기업 엘리트의 부상 등과 같은 여러 가지 다른 요인들에 달려 있다. 현재 버마는 인터넷 도입의 초기단계이기 때문에 그 결과를 예측하는 것은 시기상조이다. 게다가 지금까지 대부분의 외국인 투자는 국가평화발전위원회의 위상 강화에 도움을 주고 있다.

버마 정부에 정치적으로 가장 큰 영향을 미치는 것은 국제적 행위자들의 인터넷 이용이다. 태국에 기반을 둔 뉴스그룹과 함께 1990년대 초반에 시작된 이들의 인터넷 이용은 버마 반체제 인사들을 연결시키고 광범위한 대중들에게 메시지를 전달하는 데 필수적인 요소가 되었다. 이러한 운동은 처음에는 주로 민주화 운동을 하던 버마 망명자들에 의해 이루어졌지만, 버마를 한번도 방문해 본 적이 없는 많은 외국의 대학생들이 참여할 정도로 확대되었다. 많은 초국적 지지 네트워크들은 대면(face-to-face) 접촉을 바탕으로 단체들 간에 상호 영향을 미치기 위해 인터넷을 이용하는 반면, 버마 내부에서 벌어지는 캠페인은 외부로부터의 압력과 인터넷 기술의 발달이라는 두 가지 요인 때문에 인터넷에서 시작되었고, 이에 의존해 왔다. 많은 버마의 운동가들은 결코 개별적으로 만나지 않는다. 그러나 전통적인 로비 활동을 배가시키는 이메일 리스트, 웹페이지, 이메일 청원 등을 이용한 다양한 캠페인들이 이루어진다. 이러한 캠페인들은 국가평화발전위원회를 압박하기 위한 초국적 운동을 형성하기 위해 서로 연계되어 있고, 인터넷을 이용하지 않고는 불가능할 것이라고 많은 사람들이 주장한다. 카리스마적인 야당 지도자 아웅산 수지 여사 또한 버마가 국제적인 쟁점으로 떠오르는 데 기여했으며, 그녀의 연설과 글은 외국의 지지자들도 인터넷 상에서 광범위하게 이용할 수 있다.

    태국, 인도와 국경을 접하고 있는 버마의 접경지역 밖에 근거지를 두고 있는 반정부 단체들은 국내 상황에 대한 정보를 초국적 지지 네트워크에 전달하기 위해 인터넷을 이용하며, 인권단체들과 기타 조직들의 웹사이트 상에 버마에 관한 정보를 게시한다. 그러한 정보들은 또한 컴퓨터 디스크와 단순한 뉴스레터를 통해 다시 버마로 들여온다. 오픈 소사이어티와 같은 국제 인권단체와 민주주의 증진 단체들은 이러한 몇몇 단체들에게 휴대용 컴퓨터와 인터넷 연결을 제공했다.[81] 자유버마연합

81_   오픈 소사이어티는 웹을 전략적으로 이용하여 지지와 동원을 이끌어내는 최초의 국제 캠페인인 버마 프로젝트(Burma Project)를 후원하고 있다.

(Free Burma Coalition)의 산하 단체는 일부 국가들을 비롯해 미국 내 대학에 수백 개의 지부가 있다. 이 단체의 지부들은 풀뿌리 온라인 조직화를 통해 미국 정부가 국가평화발전위원회에 대한 제재를 가하도록 압력을 가했고, 일부 성공을 거두었다. 또한 펩시(PepsiCo)와 애플 컴퓨터(Apple Computer) 같은 다국적 기업들이 버마에서 철수하도록 설득하는 캠페인을 벌이고 있다.[82]

국제적 영역에서의 인터넷 이용은 버마에 대한 국제적 인식과 행태를 변화시키는 데 뚜렷한 역할을 수행했지만 그것의 정지적 효과를 정확하게 정량적으로 평가하기는 어렵다. 예를 들어, 국제적 영역에서 이루어진 초국적 캠페인은 버마에 대한 외국인 투자 패턴에 영향을 미쳤지만, 이것이 국가평화발전위원회에는 어느 정도나 피해를 입혔고 민족민주연합에는 얼마나 도움을 주었는가는 아마도 인식의 문제일 것이다. 어떤 이들은 초국적 캠페인에도 불구하고 국가평화발전위원회가 계속 권력을 유지하고 있고, 민족민주연합은 여전히 억압된 상태로 남아 있다고 주장한다. 또 어떤 이들은 해외 세입의 감소와 같은 국가평화발전위원회 권력의 약화를 반대파의 승리로 인식하기도 한다. 그러나 이에 대한 합의된 의견이 무엇이든지 간에 초국적 인터넷 캠페인은 국가평화

82_ 2001년 10월까지의 최근 사례들을 보면, 자유버마연합은 버마 산 품목들을 수입하고 있는 미국 가정용 가구 체인인 포터리 반(Pottery Barn)의 샌프란시스코 판매점에서 항의시위를 준비하고 있다고 위협했다. 이후 포터리 반은 코스트코(Costco), 이케아(Ikea), 사라 리(Sarah Lee), 월마트(Wal-Mart)와 같은 다른 회사들과 공동으로 운영하는 발표회(collections)에서 버마산 물품들을 철수시켰다. 이에 대한 보다 상세한 내용에 대해서는 다음을 참조. "Pottery Barn Bins Burmese Goods," *Far Eastern Economic Review*, October 11, 2001.

발전위원회의 행위에 주목하도록 만들었고, 국가평화발전위원회로 하여금 자신의 행위가 국제사회로부터 매우 세밀하게 조사되고 보복조치가 수반될 수도 있음을 알게 만들었다는 점에서 좀 더 투명한 환경을 조성하는 데 도움을 주었음은 부인하기 어렵다.

요컨대, 버마는 우리가 이 연구에서 검토한 다른 사례들과는 차이를 보여주고 있다. 그것은 주로 어떻게 권위주의 체제가 국경 밖에서의 인터넷 이용에 의해 영향을 받을 수 있는지를 보여주는 설득력 있는 사례를 제시하고 있기 때문이다. 물론 그 캠페인이 오늘날까지 버마에서 대규모의 정치적 변화를 가져오지는 못했지만, 국가평화발전위원회로 하여금 과거에는 무심코 행동할 수 있었던 것을 점차 투명하고 청렴하게 행동하도록 강제하고 있다. 버마 국경 내부에서의 인터넷 접근의 증가는 잠재적으로 인터넷 이용을 통한 정치적 도전의 가능성을 증진시킬 것으로 보인다. 버마 정권은 정치적 도전을 제기할 가능성이 있는 사람들에 대해 선택적으로 인터넷 접근을 허용하고 있는 쿠바와 유사한 경로를 채택하고 있는 것으로 보인다. 그러나 이러한 전략이 장기간 지속되기는 어려울 것이며, 특히 e-ASEAN과 같은 동남아국가연합 프로그램들이 ICTs을 현대화 과정에 활용하도록 지속적으로 압력을 가할 경우 이 전략의 변경은 불가피할 것이다. 그러나 많은 동남아국가연합 회원국들이 인터넷 촉진과 정치적 통제 사이에서 빠르고 능숙하게 균형을 잡아가고 있기 때문에 향후 국가평화발전위원회는 동남아국가연합의 협력과 투자로부터 실질적인 이득을 얻을 수 있을 것이다. 더욱이 국가평화발전위원회를 반대하는 초국적 캠페인은 많은 국가와 기업들의 정책에 영향을 미치기는 했지만, 이러한 전술은 버마의 동남아국가연합 참여를 환영하고 실제 버마에 지속적으로 투자할 것으로 보이는 동남아국가연합 회원국들에 맞서 성공을 거두기는 쉽지 않을 것으로 보인다.

5. 결론 : 글로벌 정보 경제로의 조건부적 참여

싱가포르, 베트남, 버마에서의 인터넷 이용은 앞서 검토한 것처럼 현재로서는 인터넷 접근의 증가가 잠재적인 체제 도전을 위한 인터넷 이용의 가능성을 높인다 하더라도, 권위주의 국가들이 이러한 정치적 영향을 통제하면서 경제성장을 위해 인터넷을 활용할 수 있음을 보여주고 있다. 동시에 인터넷 이용은 정치제도와 정당체계의 강도, 시민사회의 출현, 내국인들의 외부 세계와의 연계, 지역적 정치제도의 영향 등을 포함한 여러 요인들에 영향을 주기도 하고 한편으로 그러한 요인들에 의해 영향받기도 한다. 더욱이 인터넷의 정치적 영향은 관료들이 경제개혁 과정의 일부로서 인터넷 접근의 중요성뿐만 아니라 경제개혁에 대한 개별적인 접근방법들에 의해서도 제약될 것이다. 따라서 방화벽과 그것의 결함을 강조하는 환원주의적 시각은 정치적 변화를 촉진하는 인터넷의 잠재력을 평가하는 데 적절치 않은 것으로 드러났다.

분명히 이러한 국가들에서 인터넷의 대중적 이용은 극적으로 증가하고 있다. 예를 들어, 싱가포르 국민들은 세계에서 통신 인프라가 가장 잘 구축되어 있고 교육수준도 높으며, 일상생활의 모든 면에서 ICTs을 이용하는 것을 당연한 것으로 여긴다. ICTs이 싱가포르의 지속적인 성장과 번영에서 중요한 역할을 하고 있다는 것을 알고 있는 아시아의 다른 권위주의 체제들은 비슷한 편익을 누리기 위해 도시국가인 싱가포르의 정책들을 모방할 것으로 보인다. 이것은 웹사이트 차단과 대화방 감시 및 기타 수단들을 결합한 광범위한 검열체계에도 불구하고 정치적 도전을 위한 인터넷 이용의 잠재적 가능성을 높이게 될 것으로 보인다. 인권단체와 민주주의 증진 단체들은 특정 국가의 국민들에게 검열무력화(censorship-breaking) 소프트웨어를 공급하기 위한 노력을 강화할 것으로 보이며, 특히 ICT 훈련 및 교육 프로그램들로 미루어 보아 점점 더 많은 인터넷 이용자들이 정부의 검열 메커니즘을 회피할 수 있게 될 것이다.

그러나 동남아시아에서 정부의 정보통제는 검열의 기술적 측면 이상의 것들과 결합되어 있다. 예를 들면, 동남아시아에서 정부가 정치적 웹의 이용과 콘텐츠를 감시할 수 있다는 신념은 싱가포르에서 그러한 감시에 대해 소송을 제기한 측에 대해 국민행동당이 결과적으로는 승소한 역사에서 기인한 것이며, 이는 정치적 주제를 토론하는 웹 상의 포럼에서 이용자들 대부분이 스스로 민감한 의견을 피력하는 것을 꺼리게 만들 수 있다. 이것은 싱가포르의 기존 미디어 통제 시스템이 인터넷에까지 효과적으로 확장되었음을 보여준다. 만약 향후 독자적인 웹 포럼들이 등장한다 하더라도, 그러한 포럼들이 이전까지의 지속적인 경제성장과 식민지배로부터의 해방과 같은 싱가포르의 역사적 유산을 통해 정통성을 확보·유지하고 있는 국민행동당에 강력한 반대를 제기하기는 쉽지 않을 것이다.

반면, 자랑스런 역사적 정통성도 없고 시민들의 삶의 질도 제대로 개선하지 못하는 버마와 같은 극단적인 권위주의 체제들에서는 국제적인 정치적 또는 경제적 위기가 인터넷 접근의 증가라는 조건과 결합될 경우, 인터넷 기술은 대중적 불안을 증폭시키는 촉매제로 작용할 수 있다. 그러나 여전히 버마 정부는 과거에 시민들에게 저지른 만행에 대해 회개하지 않고 있기 때문에 인터넷을 이용한 국민들의 저항도 이제까지 이룩한 정치개혁의 시간표를 뒤로 되돌리는 가혹한 응징적 반동으로 나타날 수 있다. 게다가 정치적으로 승인된 개인과 조직들에게만 인터넷 접근을 할당하는 국가평화발전위원회의 새로운 전략은 바로 그런 예기치 못한 사태에 대비하기 위하여 고안된 것으로 보인다. 요약하면, 정당의 역사적 정통성과 통제를 유지하기 위한 입법 조치들, 체제에 대한 시민들의 만족 그리고 정치적 환경과 같은 요인들이 대중의 인터넷 이용에 따른 정치적 영향을 결정하게 될 것이다.

아마도 정치영역에서 인터넷이 영향을 미친 가장 구체적인 사례는 일차적으로 시민 서비스의 개선을 목표로 하면서 동시에 관료제의 응집력과 효율성을 강화하기 위한 전자정부 계획이다. 많은 사람들이 연구한 바에 따르면, 싱가포르의 전자정부 모델은 정부 서비스를 소비자들에게 최적의 수준으로 제공하도록 행정절차를 간소화하는 데 초점이 맞춰져 있다. 그러나 정부의 투명성이 이 과정을 통해 자동적으로 확보되는 것은 아니다. 예를 들어, 국민행동당은 특정 정보의 비밀 취급을 해제하는 정보자유법(a freedom of information act)을 꾸준히 반대해 왔다. 따라서 전자정부와 관련된 조치들이 시민들의 삶의 질을 개선할 수는 있지만 반드시 정부 업무에 대한 사회적 감시를 확보하도록 하는 것은 아니다. 하지만 싱가포르 사례처럼 정부의 넷 효과(net effect)는 집권당의 인기를 끌어올릴 수 있다.

싱가포르의 성공을 생각해 보면 세계의 다른 권위주의 체제들이 싱가포르의 전자정부 모델을 도입할 것이라는 기대가 터무니없는 얘기만은 아니다. 여전히 그러한 프로그램이 권위주의 국가들에 어느 정도의 혜택을 가져다 줄 것인가는 인터넷 접근의 문제에 달려 있다. 통신 인프라가 잘 갖춰져 있는 싱가포르에서는 많은 사람들이 편익을 누릴 수 있다. 반면, 인터넷 접속료가 비싸고 따라서 인터넷이 엘리트의 전유물이 되고 있는 베트남에서 전자정부와 관련된 조치들은 전체 국민들 중 특정 부류의 사람들에게만 불균형적으로 혜택을 제공할 뿐, 정부에 대한 대중들의 불만을 야기하게 만들 수도 있다. 따라서 전자정부 전략의 성공 여부는 인터넷 접근 정책에 달려 있다. 그러나 전체적으로 전자정부와 관련된 조치들, 특히 그러한 조치들이 기본적인 대중의 욕구들을 능숙하게 처리한다면 아마도 이를 수행하는 권위주의 정부에 정치적 정통성과 내부적 안정을 제공할 수 있을 것이다.

여기서 살펴본 사례들에서 나타나듯이 야당들은 인터넷을 광범위하게 이용하지 못하고 있다. 정교한 전자정부 프로그램과 달리 싱가포르에서 법률적 제약들은 야당의 광범위한 인터넷 이용을 제한하고 있다. 현재 이러한 상황이 변하고 있다고는 하지만 국민행동당조차도 인터넷상에 웹사이트를 구축하고 그것의 조직 및 커뮤니케이션 역량을 완전하게 사용하지 못하는 것으로 나타나고 있다. 흥미롭게도 (비록 국제적 영역에서 이기는 하지만) 인터넷 이용으로 가장 확실한 혜택을 얻은 것은 카리스마적 지도자 아웅산 수지의 버마 민족민주연합이다. 초국적 지지 네트워크의 인터넷 이용은 부분적으로 버마의 국내 정치과정에 대한 국제적 감시를 불러일으켰고, 민족민주연합의 국가평화발전위원회에 대한 협상력을 높이는 데 도움을 준 것으로 보인다. 이러한 현상의 분명한 결과를 정량적으로 측정하기 어렵지만, 정치적 수단을 통해 성공적으로 권력을 획득할 경우, 민족민주연합이 활동과 리더십에 대한 세계적 인식이 강화됨으로써 국제무대에서 그 조직의 정통성을 강화할 수도 있을 것이다.

동남아시아 권위주의 체제의 국민과 지도자들 모두에게서 경제 영역에서 인터넷 활동의 중요성에 대한 인식은 점차 증가하고 있다. 아시아 전역에서 경제발전과 인터넷 촉진은 점차 공생관계로 얽히고 있다. 많은 국가들에서 국민들을 인터넷으로 광범위하게 상호 연결되도록 하는 것이 지식기반경제를 위한 초석이자 개혁과정의 필수적인 부분으로 인식되고 있다. 대중적 접근의 확대는 정치적 분파를 형성하고 그 결과 체제 내 강경파들의 반대에 직면할 수도 있다. 그러나 경제개혁, 특히 통신 부문의 개혁에 대한 주저 또한 인터넷 성장의 규모(scale)를 결정하는 데 중요하게 작용할 수 있다. 예를 들면, 베트남에서 정부는 국내 소프트웨어 산업 발전과 정보경제의 추진을 공개적으로 천명했다. 이는 기존의 통신 독점이라는 현실과 확연한 대조를 보여주는 조치이며, 동시에 많은 빈곤국 국민들에게 현실적으로 인터넷 접근 비용이 너무 비싸다는 것을 보여준다. 정부가 장기적 경제발전 목표를 달성하려고 한다면 이러한 정책적 모순들을 해소해야 한다.

결과적으로, 향후 경제영역의 인터넷 발전에 가장 큰 영향을 미치게 될 것은 국영기업이나 대기업들이 가진 자원을 소규모 기업이나 사업가들에게 넘김으로써 통신과 같은 전략적 부문들에서 국가가 철수하는 경우일 것이다. 이것은 곧 수익을 창출하고 정치적으로 중요한 경제 기능 전반에 걸친 국가의 통제를 감소시키고, 인터넷에 기반한 활동은 개발이나 개혁을 감독하는 권위주의 국가의 능력을 약화시킬 것이다. 하지만 의미 있는 경제 및 금융 자유화가 반드시 정치적 전환을 가져오는 것은 아니다. 게리 로단(Garry Rodan)이 지적한 것처럼 비용이 많이 드는 권위주의 체제와의 법적 논란을 피하려는 외국 미디어 회사들 때문에 동남아시아에서 미디어 시장의 팽창은 자기검열을 조장하고 있다.[83) 싱가포르와 같은 많은 정부들은 자신들이 그동안 쌓아온 위업을 과시하면서 국제 미디어와 기타 회사들을 자국 법에 따라 활동하도록 강제하고 있다. 그러한 성공은 인터넷 투자자들을 양산하게 될 것으로 보이며, 이들 대다수는 문제의 정부와 이미 사업 파트너 관계를 수립해 놓고 있다.

국제적으로 인터넷 이용은 동남아시아 지역 권위주의 체제들에 다양한 영향을 미치고 있다. 실질적인 디아스포라(diaspora)가 존재하는 경우에도 정치적 변화를 추진하는 초국적 지지 네트워크의 성공이 보장되는 것은 아니다. 실례로, 활동가와 망명가들로 구성된 대규모 네트워크가 베트남의 정치적 변화를 위해 노력하고 있지만 자유버마연합에 비하면 그 영향력은 미미하다. 이것은 부분적으로 베트남 정부가 반대의 정치(opposition politics)를 완전히 금지하고 있기 때문일 것이며, 현실적으로도 초국적 네트워크에 거의 힘을 실어주지 못하고 있다. 대조적으로, 정통성 있는 정당의 잔여세력을 이끌고 있는 버마의 카리스마적 야당 지도자는 초국적 네트워크의 민주주의를 위한 노력에 국제적 신뢰성까지 이끌어내고 있다. 한편, 싱가포르에서 국민행동당의 준권위주의적 통치행태가 널리 알려졌음에도 불구하고 싱가포르 정부 및 정부와 비즈니스를 하는 기업들에 압력을 가하기 위해 인터넷을 국제적으로 이용하는 경우는 거의 없다.

버마에서 민주주의를 위한 초국적 캠페인과 같은 몇 가지 방식의 인터넷 이용은 전후 맥락을 고려하지 않을 경우 굉장한 것으로 비쳐질 수 있다. 그러나 그와 동시에 두드러지게 나타나고 있는 버마의 인터넷 접근 부재는 그 자체로 중요한 상쇄적 균형(counterbalance)을 이루고 있으

83_   Rodan, "The Internet."

며, 이는 정치적 영향을 평가할 때 고려되어야 할 요소이다. 우리가 검토한 다른 사례들에 대해서도 같은 주장을 할 수 있으며, 이는 다양한 분야의 인터넷 이용에 대한 면밀한 분석의 중요성을 강조하고 있다.

　장기적으로, 세계 지식정보기반경제에서 경쟁하고자 하는 이 국가들의 소망은 아시아의 권위주의를 약화시키는 데 기여할 수 있을 것이다. 보다 광범위한 인터넷 접근정책이 더 폭넓은 공공토론을 가능하게 한다면 기존의 정치적 취약점들—버마 정부의 대중적 지지 결여 또는 베트남의 경제개혁 수행의 문제점—은 온라인으로 확대되어 이전까지 반대파를 봉쇄했던 국가의 능력을 압도할 수 있다. 그러나 인터넷의 보다 큰 정치적 영향은 단일의 사건에 의해서라기보다는 지속적이고 다양하게 축적된 효과들을 통해서 파악될 수 있을 것이다.

5

UAE, 사우디아라비아, 이집트에서 **기술과 전통**

인터넷과 세계화는 아랍세계의 개방을 촉진하고 아랍 민주주의자들의
영향력을 확대시킬 수 있는 새로운 수단으로 사용될 수 있을 것이다.

■■■ Thomas Friedman, "Censors Beware," *New York Times*, 2000. 7. 25.

인터넷이 중동 국가들로 확산되면서 오랫동안 권위주의적 지배가
득세해 온 이 지역에서도 인터넷 기술이 민주주의를 확산시킬 것이라는
예측들이 나오고 있다.[1] 이러한 낙관주의적 정서는 새로운 ICTs이 중동

1_   이 장 첫머리의 인용문은 그러한 추측의 한 예이지만, 토마스 프리드먼
      은 중동에서 ICTs의 정치적 영향에 대한 최근의 또 다른 칼럼에서 미묘

의 정치적 변화를 촉진시킬 것이라는 오랜 신념을 더욱 강화시켰다. 다니엘 러너(Daniel Lerner)는 『전통사회의 소멸』(The Passing of Traditional Society)에서 신문과 대중매체가 중동지역에서 정치적 근대화(political modernization)의 촉진자 역할을 한다고 보았다. 보다 최근의 연구들은 기존의 정치적 역학관계에 대한 비디오와 위성 TV의 도전에 주목하고 있다.[2] 인터넷이 다른 기술들과 함께 중앙집중화된 정보통제를 약화시킬 수 있다는 인식이 등장하면서 중동의 많은 권위주의 체제들을 위협할 것이라는 전망도 나오고 있다.

인터넷의 이용은 실제로 많은 중동 국가들이 실시하는 정보통제에 대한 도전이 될 수 있다. 그러나 이 지역 국가들 대부분은 인터넷 이용이 정치적 현상유지에 위협이 되지 못하도록 적극적인 노력을 기울이고 있다. (사우디아라비아와 UAE를 포함하여) 여러 국가들은 포르노그래피나 정치적 웹사이트들에 대한 대중적 접근을 차단하는 선진기술을 도입하여 인터넷에 대한 정교한 검열계획을 구상하고 있다. 이집트와 터키 등도 국민들의 자기검열을 촉진하고, 사회적·정치적으로 부적절한 것으로 간주되는 인터넷 이용을 전통적인 방식으로 탄압하고 있다. 반면, 많은 지도자들은 전자상거래와 (초보적인 수준에서) 전자정부의 성장을 촉구하고 있다. 이러한 온라인 서비스의 발전은 기존 정치체제에 대한 대중의 만족도를 증진시킬 수 있다. 요컨대, 인터넷이 중동의 권위주의 체제들에 미치는 영향은 아직까지 해명되지 못한 문제로 남아 있으며, 우리는 몇

한 차이를 보이는 견해를 표명했다. 예를 들면 다음을 참조. Thomas Friedman, "The Hidden Victims," *New York Times*, May 1, 2002, www.nytimes.com/2002/05/01opinion/01FRIE.html.

2_ Lerner, *The Passing of Traditional Society* ; Alterman, *New Media*.

가지 사례에 대한 충실한 검토를 토대로 체계적인 경험적 분석을 통해 접근할 것이다.

이 장에서 우리는 UAE, 사우디아라비아, 이집트 등 중동지역 3개국에서 인터넷 이용의 정치적 영향을 살펴볼 것이다. 다른 사례들에 대한 분석에서처럼 우리는 인터넷 이용이 이들 권위주의 및 준권위주의 체제들에 미치는 영향에 다소 미묘한 차이가 있음을 주장할 것이다.

1. 지역적 고려사항 : 지정학과 중급기술 혁명

중동지역에서 인터넷의 보급은 세계의 다른 많은 지역들과 비교할 때 제한적이기는 하지만 최근 들어 급속하게 증가하고 있다. 2001년 3월의 한 연구에 의하면 이란, 이스라엘, 터키를 비롯하여 중동 아랍 국가들의 인터넷 이용자 수는 350만 명 정도로 전년도에 비해 150만 명 이상이 증가한 수치이다. 2002년 말까지 이 지역의 인터넷 이용자 수는 전체 인구의 4%인 1,000만에서 1,200만 명 수준에 이를 것으로 전망된다.[3]

국가들 간에는 수치상의 큰 편차를 보이고 있으며, 수치상으로 가장 많은 UAE는 눈부신 인터넷 성장을 보이고 있으며, 현재 전체 인구의

3_ 여기서 제시된 모든 수치는 다음 자료를 인용했다. Ajeeb Research Unit, March 15, 2001, http://www.eit.ajeeb.com/ViewArticle.asp?Article_ID=28132, Ajeeb Research Unit, "Over 3.5 Million Arabs Accessing the Net, According to Ajeeb.com Survey," March 25, 2001, http://www.eit.ajeeb.com/ViewArticle.asp?Article_ID=27643.

4분의 1이 인터넷을 이용하고 있다. 반면, 정반대편에 위치한 이라크는 1999년에야 인터넷이 연결되었고 12,500명의 이용자와 500개의 개별 계정(accounts)이 있는 것으로 평가되고 있다. 모로코에서 예멘에 이르기까지 중동의 많은 국가들은 1% 이하의 인터넷 보급률을 보이고 있다.[4] 이렇듯 국가별 교육수준, 부, 국토 규모, 외부 세계와의 연계 정도 등과 같은 여러 가지 인터넷 확산 결정요인들에 의해서 이러한 편차가 발생하게 되었다.

이러한 국가 간 편차로 인해 인터넷에 관한 한, 중동지역을 하나로 묶는 일반화는 어려운 일이며, 이는 본 연구가 수행하려는 목적도 아니다. 그럼에도 불구하고 UAE, 사우디아라비아, 이집트에서의 정보혁명에 관한 많은 기존 연구들은 지역적 맥락의 틀 속에 초점이 맞춰져 왔으며, 여러 가지 지역적 고려사항들이 이들 3개국의 인터넷 이용에 대한 분석과 깊은 관련성을 맺어왔다.

첫째, 현재 중동지역 대부분에서 인터넷보다는 다른 ICTs이 훨씬 많은 영향을 미치고 있다. 존 알터만(Jon Alterman)은 중동의 '중급기술'(mid-tech) 혁명—비디오 카세트, 사진복사기, 위성 TV 같은 1970년대 기술의 광범위한 확산—이 중·단기적으로 인터넷보다 사회적·정치적으로 더 중요해질 것이라고 주장한다.[5] 아마도 이러한 ICTs가 국가의 정보 독점을 약화시키고 있으며, 이 지역 대중매체의 검열을 약화시키고 있는 것은 분명하다. 이를테면 카타르에 있는 지역 뉴스 네트워크인 알 자지라(al-Jazeera) 방송은 객관적 보도와 활발한 정치토론을 정규 방송에 편성

4_ Ibid.
5_ Alterman, "Mid-Tech Revolution."

하고 있으며, 그 결과 이러한 콘텐츠는 여러 중동지역 국가 지도자들의 불만을 사고 있다.[6] 위성 TV에 대한 대중적 접근은 이 지역 많은 곳에서 광범위하게 이루어지고 있으며, 몇몇 정부들은 이를 금지하려고 했지만 실제로 규제가 실시되는 곳은 거의 없다. 이와는 대조적으로 낮은 교육률과 인터넷 보급 수준은 많은 국가들에서 인터넷의 영향을 제한하고 있으며, 또한 이 지역의 전통적인 구술문화(oral culture) 때문에 생각을 글로 남기는 데 일종의 반감을 표출하기도 한다.[7] 이러한 원인들은 (교육률과 인터넷 보급률이 높은) UAE보다는 사우디아라비아나 이집트에 더 적합한 것이긴 하지만 우리의 분석 전반에서 충분히 유념할 필요가 있다.

둘째, 중동지역에서 인터넷의 영향과 이에 대한 정부의 다양한 대응 방식은 이 지역의 지정학적 문제와 정치적 역학관계로부터 영향을 받고 있다. 중동지역의 많은 국가들은 이스라엘의 위협뿐만 아니라 국경을 넘나들며 활동하며 이 지역 여러 정부들에 도전하고 있는 이슬람 단체들의 빈번한 폭력과 정치 테러에 직면해 있기 때문이다.[8] 이러한 문제들은 인터넷에 대한 권위주의적 통제뿐만 아니라 권위주의적 지배를 유지하는 정당성의 명분으로 이용되기도 한다. 그럼에도 인터넷과 다른 ICTs에 대한 대중적 접근의 증가는 정부가 안보 문제에 대응할 수 있는 방식을 복잡하게 만들었다. 특히 2001년 9·11 사건과 그 여파로 중동 국가

6_ Ajami, "What the Muslim World Is Watching" ; Fandy, "Information Technology" 참조.

7_ Amin and Gher, "Digital Communications ; Fandy, "Information Technology" ; 그리고 Salhi, "Information Technology" 참조.

8_ 여기서 사용된 이슬람주의적(*Islamist*)이라는 용어는 근본주의적 이슬람 정치운동과 관련되며, 이슬람적(*Islamic*)이라는 용어는 보다 일반적으로 종교와 관련된다.

들에 대한 관심이 높아졌으며, 이 국가들은 테러와의 전쟁에서 미국 측에 동조하도록 압력을 받았지만 대외정책 결정에서 일반 여론을 의식하지 않을 수 없었다. 인터넷과 기타 ICTs의 확산이 국가가 쉽게 통제할수 없는 정보(극단적인 이슬람주의적 정보를 포함하여)에 접근할 수 있는 대안적 채널을 제공하기 때문에 중동의 많은 권위주의 체제들은 대중적 요구에 반하는 지리전략적(geostrategic) 관심사에 균형을 맞추는 것이 점점 더 어려워진다는 것을 알게 될 것이다.

중급기술 미디어와 지정학적(geopolitical) 관심이 중요하다는 점을 염두에 두어야 하지만 우리가 살펴볼 사례들에는 많은 독특한 특징들이 있다. 예컨대, UAE는 그 지역 다른 국가들보다 통신 인프라가 훨씬 잘 구축되어 있다. 특히 두바이는 전자상거래의 촉진, 인터넷 산업의 외국인 투자 유인, 시민 서비스 제공을 촉진하기 위한 전자정부 프로그램 실행 등에서 인상적인 성과를 보이고 있다. UAE는 인터넷 접근을 검열하지만 그 주요 관심사는 포르노그래피이다. 일반적으로 UAE에는 반체제 세력이 거의 존재하지 않으며, 인터넷 상에서도 반체제적인 인터넷 활용 방식은 전혀 찾아볼 수 없다.

사우디아라비아는 UAE보다 인터넷에 대해 보다 분명한 관심을 표명하고 있으며, 좀 더 주의 깊게 접근하고 있다. 대중적인 인터넷 접근은 1999년에야 이루어졌고, 세계에서 가장 광범위한 콘텐츠 검열 메커니즘의 하나를 통해 여과된다. 사우디아라비아는 포르노그래피뿐만 아니라 국내외의 이슬람 반대 단체들의 왕실에 대한 비판과 같은 인터넷 상의 정치정보에도 관심을 갖고 있다. 전자상거래 부문이 경제를 지배하고 있는 국가로부터 독립성을 보여줄지의 여부는 불투명하지만 사우디아라비아는 이 부문을 활성화시키려 하고 있다.

이집트는 인터넷 콘텐츠를 검열하거나 인터넷에 대한 대중적 접근을 제한하기 위해 어떠한 명확한 조치도 취하지 않는다는 점에서 이 책에서 살펴볼 사례들 중에서도 독특한 사례이다. 이집트는 인터넷을 경제발전의 수단으로 활용하는 데 열정적이며, 시골지역에의 인터넷 보급과 정보격차 해소를 위한 프로그램을 추진하고 있다. 무바라크(Hosni Mubarak) 대통령도 미국 같은 부국들로부터 인터넷 분야에 투자를 유치하려 하고 있다. 그러나 이집트의 준권위주의적 정치체제는 후원 시스템(system of patronage)과 정치적 반대자들을 주변화시키는 조치에 의해 잘 유지되고 있으며, 정치지도자들은 정부에 대한 비판을 억압적으로 통제하고 있다. 이집트가 인터넷을 검열하지는 않지만 사회적·정치적으로 부적절하다고 여겨지는 인터넷 이용에 대해서는 전통적인 방식으로 탄압을 가하고 있다.

이들 각국의 사례를 통해 우리는 인터넷 이용이 권위주의적 지배에 도전할 수 있는 몇 가지 방식을 파악할 수 있다. 예컨대, 비기술적 수단에 의해 정치적 위기가 발생할 경우 인터넷은 대중적 불안을 표출하고 이를 확대하는 포럼을 제공할 수 있다. 극단적인 이슬람주의적 정서를 촉진하는 디아스포라(diaspora) 단체들의 인터넷 이용도 대외정책 이슈에 대해 온건한 입장을 취하는 정부에 위협을 가할 수 있다. 그러나 UAE, 사우디아라비아, 이집트는 모두 과거에도 많은 정치적 도전들을 물리쳐 온 안정적인 권위주의 체제들이며, 이 국가들은 대체로 인터넷으로부터 제기되는 도전에 대해서도 대처할 수 있는 능력이 있다는 것을 보여주게 될 것이다.

2. UAE : 안정적이고 부유하며 인터넷 보급률이 높은 국가

아랍에미레이트(UAE)는 1971년에 형성된 7개의 에미레이트(emira-tes)로 구성된 연방국가이다. 각 에미레이트는 자체의 왕실이 통치하지만 아부다비의 통치자인 체이크 자이드 빈 슐탄 알나히얀(Cheik Zayid bin Sultan al-Nahyan)이 연방 형성 이후 전체 연방의 초대 대통령이 되었다. 이 나라의 전체 인구는 240만 명 정도이며, 이들 중 적어도 66%는 직장 때문에 홀로 UAE로 건너온 외국인들이다. UAE 국민들은 비교적 높은 교육수준을 보여주고 있으며, 교육률은 79.2%에 달한다.[9]

오일 달러, 소규모 인구, 비교적 건전한 경제관리의 결과로 UAE의 1인당 GDP는 22,800달러이며, 이 지역에서 가장 부유한 국가들 가운데 하나이다. 석유가 UAE 경제의 중추이지만 매장량은 에미레이트에 따라 다양하게 분포되어 있다. 아부다비가 가장 많은 매장량을 보유하고 있고, 두바이는 훨씬 적으며, 다른 에미레이트들의 매장량은 무시해도 좋을 만한 수준이다. 각 에미레이트들은 독자적인 경제 및 금융 시스템을 유지하지만 상대적으로 더 빈곤한 에미레이트들은 아부다비와 두바이로부터 보조금을 받기도 한다. 최근 UAE는 경제의 다양화를 추구하고 있다. 두바이는 과감한 기술발전 촉진을 통해 이러한 경향을 선도하고 있으며, 비즈니스와 자유무역을 위한 중동의 허브로 육성하고 있다.

9_ CIA, *The World Factbook*(Washington, D.C. : 2001), www.cia.gov/cia/publications/factbook/index.html 참조.

UAE는 경제정책에서는 비교적 자유주의적 입장을 견지하고 있지만 정치 부문에서는 연방 형성 이후 권위주의적 정치체계를 유지하고 있다. 7개의 에미레이트를 지배하는 군주들(sheiks)은 국가의 대통령과 부통령을 임명하고 정책적인 권고를 하며, 법적인 권위가 없는 자문기관인 연방평의회(Federal National Council) 위원도 임명한다. UAE에서는 공직자 선출을 위한 선거는 없고, (시민들이 자신들의 지배자들에게 관심사항을 전달하기 위해 모이는) 전통적 집회인 마즐리스(majlis)가 있을 뿐이며, 정치과정에 대한 대중적인 투입(input)은 전혀 없다.

석유수출 국가의 불로소득 생활자(rentier)의 역동성은 UAE 권위주의 정치체계의 안정성을 이해하는 핵심이다.[10] UAE는 석유로 벌어들이는 수입으로 국가 경제를 유지하기 위해 대규모 이주 노동력을 들여오며, 이들은 본토 에미레이트인들이 했던 일을 상당 부분 보완하고 있다. 정부는 세금을 전혀 걷지 않으며, 시민과 비시민 모두에게 비교적 자유로운 사회적 서비스를 제공한다. 결과적으로 UAE에는 정치적 불안의 근원을 거의 찾아볼 수 없으며, 정치참여를 위한 인센티브도 희박하다. UAE의 모든 국외 이주자들은 자신의 선택에 따라 체류하며 차별 없이 보수를 받지만 UAE 정부를 비판할 경우에는 즉시 추방될 수 있다. 에미레이트 시민들은 추방의 위협은 없지만 풍요로운 물질적 복지를 누리기 때문에 대중적 불안의 원인도 거의 없다고 할 수 있다. 더욱이 정치적 이슬람(political Islam)은 UAE에서 주요한 요인이 아니며 광범위한 부, 널리 퍼져 있는 관용의 문화, 부패로부터 자유로운 관료제, 다양한 이슬람 종

10_ Rugh, "The United Arab Emirates : What Are the Sources of Its Stability?" *Middle East Policy* 5, no. 3 (September 1997), 14-24 참조.

파들 간의 갈등의 부재 등으로 정부 비판의 동기는 거의 없다.[11]

UAE는 경제적·정치적 생활의 거의 모든 측면에서 국가가 광범위한 역할을 수행하기 때문에 시민사회의 독립성은 상당히 낮은 편이다. 국내에 독립적인 시민사회단체는 거의 없으며, 존재하는 단체들도 정부의 허가를 받아야 하고 재정적 지원 때문에 정부에 의존적이다.[12] 많은 다른 아랍 국가들과는 대조적으로 구성원들의 이익을 취합하는 강력하고 전문적인 동업조합이나 지지집단도 없다. 또한 국내와 해외에 정치적으로 중요한 반체제 조직들이 없으며, 이는 일반 국민들이 체제에 만족한다는 것을 반증하고 있다.

UAE 정부가 여러 인접국들보다 정보에 대해 더 개방적이지만 검열과 재정 수익을 위해 ICTs에 대해서는 통제를 유지하려고 한다. 국가는 사실상 모든 방송매체들을 소유하고 있으며, 보도를 위한 가이드라인을 적용하고 있지만 (합법적이며 널리 보급되어 있는) 위성수신기를 통해서 외국으로부터 검열되지 않는 콘텐츠를 수신할 수 있다. 국내의 인쇄매체 저널리스트들은 관례상 금지된 주제의 보도를 회피하며, 외국 출판물의 경우도 과도한 수준은 아니지만 검열을 받는다.[13] UAE에서 통신 서비스는 지분의 60%를 정부가 소유한 독점적 사업자인 에티살랏(Etisalat)이 담당하는데, 이 회사는 국내 유일의 ISP인 에미레이트 인터넷 멀티미디어 (Emirates Internet and Multimedia)를 운영하고 있다.[14]

11_ Rugh, "The United Arab Emirates" 참조.
12_ Al-Sayegh, "Diversity in Unity."
13_ U.S. State Department, *Country Reports*.
14_ Rosenthal, "Information Technology," www.american.edu/carmel/lr2962a/uae.htm.

최근 UAE, 특히 두바이는 중동에서 가장 높은 인터넷 보급률을 보이면서 중동의 인터넷 스타(Internet star)로 떠올랐다. 2000년 3월부터 2001년 3월 사이에 인터넷 가입자 수는 57% 증가했다. 각 계정당 3명의 이용자가 사용하는 것으로 추정되며, UAE의 전체 온라인 인구는 66만 명에 달한다. UAE는 중동의 인터넷 선두주자일 뿐만 아니라 국제적인 수준에서도 인상적인 순위를 기록하고 있다. 2001년 3월 기준으로 UAE는 인구 대비 인터넷 이용자 비율이 세계 22위로 이탈리아, 프랑스, 스페인을 능가하고 있다.[15]

이슬람의 가치가 숨쉬는 하이테크 오아시스 건설

이러한 수치들에서 나타나는 것처럼 UAE에서 인터넷의 대중적 이용은 일상적인 일이다. 정부는 대중의 인터넷 이용을 촉진하는 데 중요한 역할을 수행한다. UAE 정부는 중동지역에서 처음으로 사이버 카페를 승인했고, 접근성을 향상시키기 위해 공공 인터넷 키오스크를 도입할 계획도 가지고 있다. 이 지역의 많은 국가들처럼 (사회의 보수적 단체들을 비롯해) UAE의 지배자들은 인터넷 상에서 노골적인 성적 자료에 대한 대중적 접근의 영향에 대해 일찍부터 관심을 표명해 왔다. 1995년 인터넷이 도입되었을 때만 해도 인터넷 콘텐츠는 전반적으로 제한되었지만, 이후 UAE 정부는 웹에 대한 세부적·기술적 검열계획을 수행하기로 결정했

15_   Ajeeb Research Unit, "3.5 Million Arabs Accessing the Net," http://www.eit.ajeeb.com/ViewArticle.asp?Article_ID=27643.

다. 그리고 블랙리스트나 적극적인 콘텐츠 분석에 기초하여 사이트를 차단할 수 있는 프록시 서버를 통해 인터넷을 필터링하고 있다. 검열 메커니즘은 인터넷 카페 이용자들과 가정의 다이얼업 이용자들에 대해서만 적용되고 있으며, 임대회선 이용자들(대다수의 기업들)은 검열로부터 자유롭다.[16]

정치적 성향의 사이트들도 차단되고 있다는 몇 가지 증거가 있다. 하지만 관료들의 주장에 의하면 사회적으로 부적절한 자료, 주로 포르노그래피가 검열대상이 된다. 특히 UAE는 해외에 기반을 둔 웹사이트와 1999년 개설되어 정부에 대한 정치적 비판 내용을 게시하는 UAE민주토론그룹(UAE Democratic Discussion Group)의 대화방을 차단하려 했다.[17] 휴먼라이츠와치는 UAE가 게이와 레즈비언을 정치적으로 지지하는 사이트를 폐쇄한다고 발표했고, 미국 국무성은 UAE 정부가 다른 국가들로부터 유입되는 급진적인 이슬람주의 자료들을 통제한다고 보고했다.[18] 그러나 일반적으로 정부가 차단하려고 하는 UAE와 관련된 정치적 정보는 인터넷 상에 그리 많지 않다. 이슬람주의자를 비롯한 실질적인 국내의 반대세력도 없고, UAE의 정치체계나 인권 문제에 대한 국제적인 비판

16_ Goldstein, *The Internet* ; 그리고 Rosenthal, *Information Technology in the UAE* 참조. 모자이크 그룹의 1998년 한 보고서는 1997년 이후부터 (임대회선을 포함하여) 모든 계정에 프록시 서버가 필요하게 되었다고 언급하고 있다. 이 보고서에서는 임대회선을 이용하여 접근하는 기업들이 이러한 요구사항에서 언제 해제되었는지에 대해 분명하게 밝히지 않고 있다. Mosaic Group, *The Global Diffusion of the Internet Project : An Initial Inductive Study* (1998). http://www.mosaic.unomaha.edu/gdi.html 참조.

17_ 토론 포럼은 현재 공식적으로 폐쇄되었다. http://www.ddg.hypermart.net 참조.

18_ Goldstein, *The Internet* ; U.S. State Department, *Country Reports*.

도 거의 없으며, 체제가 위협받고 있다고 파악할 수 있는 온라인 자료를
생성해내는 소스도 거의 찾아볼 수 없다.

대체로 UAE에서 대중적인 인터넷 이용은 체제의 안정성에 거의
위협을 가하지 않는다. 검열계획이 불완전하고 금지된 콘텐츠를 중계해
주는 해외 기반 프록시 서버를 이용함으로써 이용자들이 약간의 제한을
받기는 하지만, UAE에서 인터넷 검열은 고양이와 쥐의 게임(a cat-and-
mouse game)이 되고 있는 것으로 보인다.[19] 사우디아라비아와 달리 UAE
는 금지된 사이트에 접근한 사람들을 처벌한다고 위협하지 않으며, 정보
부 장관은 정부가 시민들이 접근한 자료를 실질적으로 통제할 수 없다
고 인정하기도 했다.[20] 정부 당국은 정치적으로 위험한 것으로 간주되는
인터넷 상의 정보를 거의 발견하지 못했으며, UAE 민주토론그룹이 유
일한 온라인 반체제의 사례이지만 이 사이트도 UAE 정치에 거의 영향
을 미치지 못하고 있다. 포르노그래피를 차단하기 위한 정부의 지속적인
노력은 이들 콘텐츠의 차단을 지지하는 많은 보수적인 단체들의 지지를
얻을 것으로 보인다. 위성 TV에 대한 접근이 광범위하고 제한을 받지 않
기 때문에 인터넷은 국민들의 정보 접근에 대해 거의 영향을 미치지 못
할 것이며, 게다가 국민 대다수는 외부 세계를 너무도 잘 아는 국외 이주
자들로 구성되어 있다. UAE에서 일반적으로 정보통제는 체제 안정성의

19_ 이런 서버들은 그런 내용이 게시되자마자 틀림없이 블랙리스트에 오르
   겠지만, (외국에 기반을 두고 있지만 UAE에서도 접근이 가능한) 그 웹
   사이트(http://www.etisalat.charges.too.much.net)는 해외 기반 프록시 서버
   의 URL들을 포함하여 국가의 검열 메커니즘을 우회하는 방법에 대한 기
   술적 정보를 제공한다.

20_ Deutsche Press-Agentur, April 29, 2001.

버팀목이 아니다.

소국(小國)을 관리하기 위해 유능한 관료가 업무를 수행하는 UAE 는 광범위한 시민 서비스 제공을 강화하기 위해 전자정부를 추진하고 있다. 고도로 분권화되어 있는 UAE 정부의 성격 때문에 전자정부는 국가 수준에서 응집력 있는 단일 계획의 산물이라기보다는 개별 에미레이트들의 주권이 결합된 형태에 가깝다. 중앙정부는 국가의 일반적인 정보를 제공하는 웹사이트(www.uae.gov.ae)를 운영하고 있으며, 개별 정부 부처들이 링크되어 있다. 2002년 5월 현재 그런 사이트들의 대부분은 사이트 개설을 준비 중에 있다. 링크된 부처들 중 절반 정도만이 운영 중이며, 목록화된 전자정부 서비스는 아직 이용할 수 없는 것으로 보인다. 주목할 만한 전자정부 서비스로는 국가 수준에서 계획된 인터넷 관련 교육 프로젝트라고 할 수 있다. 2000학년도에 도입된 IT 교육 프로젝트에는 초·중등학교의 커리큘럼에 컴퓨터와 인터넷 이용이 포함되었다.[21] UAE는 또 중동지역에서는 최초로 알루타 국제대학교(al-Lootah International University)에서 온라인 학위 프로그램을 운영하고 있다.[22]

반면, 연방국가 수준의 정책보다 개별 에미레이트인 두바이의 전자정부 추진 노력이 크게 주목받고 있다. 두바이의 쉐이크 모하메드(Sheik Mohaned) 왕세자는 2000년 봄 정부 관료들의 관료적 형식주의와 오랜 타성을 일소하기 위해 모든 부처에서 전자정부 서비스의 확립을 요구하는 두바이의 전자정부 계획을 발표했다.[23] 1년 후인 2001년 말 두바이의 통

21_ IT 교육 프로젝트가 UAE의 모든 학교에 혜택을 주기 위한 프로젝트이지만 이 정책을 주도하고 있는 것은 두바이의 쉐이크 모하메드 왕세자이다.

22_ *Gulf News*, August 23, 2000.

합된 전자정부 포털(www.dubai.ae)이 등장했다.[24] 이 사이트는 자동차 등록, 벌금 및 사용료 지불, 기업 등록과 허가, 그리고 비자 서비스 등과 같은 광범위하고 다양한 정부 서비스를 제공하고 있다.

　대부분의 다른 에미레이트들은 두바이의 전자정부 서비스 발전 수준에 훨씬 못 미치고 있다. 아부다비와 샤르자의 경우 전자정부는 각 에미레이트의 상공회의소가 운영하는 웹사이트가 전부이며, 그 사이트들은 민간 부문을 위한 정보(와 소규모의 온라인 서비스)를 제공할 뿐이다. 특히 두바이를 제외한 어떤 에미레이트도 시민과 기업을 위한 포괄적인 서비스를 제공하는 전자정부 정책을 실행 (또는 심지어 발표조차도) 하지 않고 있다.

　효과적인 정부 서비스의 제공은 UAE 정치안정의 중요한 구성요소이다. 전자정부가 서비스 제공을 개선하는 만큼 시민의 만족도는 증가하고 정치체제는 더욱 견고해질 것이다. UAE의 지배자들에 대한 유일한 부정적 평가는 전자정부 혜택이 불평등하게 분배된다는 잠재적 인식이다. UAE의 온라인 인구가 크게 증가하고 있기 때문에 전자정부에 대한 접근이 엘리트의 특권으로 비춰질 것으로 보이지는 않는다. 그러나 두바이의 의미 있는 선도적 출발 때문에 다른 에미레이트 주민들은 자신들의 정부가 무능하다고 생각할지 모른다. 앞으로의 관심사는 어떻게 다른 에미레이트들이 두바이의 선진사례를 신속하게 따라잡을 것인가

23_　쉐이크 모하메드는 자신의 웹사이트를 운영하고 있으며, 여기서 그는 다양한 IT 정책 관련 정보들과 추진상황을 게시하고 있다. www.sheikmohaned.co.ae/ 참조.

24_　Meena S. Janardhan, "United Arab Emirates E-Government Service Gets Glowing Reviews," Inter Press Service, January 22, 2002 참조.

와 그러한 불균형이 어떤 영향을 미칠 것인가가 될 것이다.

아마도 UAE의 인터넷 발전에서 가장 중요한 것은 경제적인 것이다. UAE가 인터넷 발전을 촉진하는 주요 동기는 중동의 비즈니스·기술 센터로서의 기존의 입지를 더욱 강화하는 것이다. 이러한 노력의 결과로 기업이 UAE 인터넷의 가장 중요한 이용자가 되었으며, 임대회선을 통해 인터넷에 접근하는 기업들은 검열 메커니즘에서 제외되는 특권을 누리고 있다. 에미레이트 은행그룹(Emirates Bank Group)이 2000년 100개의 UAE 기업을 조사한 결과에 의하면 14%가 전자상거래를 운영하고 있고, 42%는 인터넷 상에서 업무를 처리하며, 60%는 자체의 웹사이트를 가지고 있고, 88%가 인터넷에 접속하고 있다.[25)]

두바이 정부는 특히 경제적 혜택을 위해 인터넷의 발전을 촉진하는 데 적극적이다. 경제의 다각화와 석유수출 의존도의 감소 등 UAE의 일반적인 전략의 한 부분으로서 전자상거래와 첨단기술에 대한 투자를 활성화하고 있다. 이러한 두바이의 노력은 인터넷과 연계된 자유무역지대인 두바이 인터넷 시티(Dubai Internet City)에 집중되어 있으며, 이는 싱가포르 사이언스 파크(Singapore Science Park)를 모델로 하여 만들어졌다. UAE의 다른 자유무역지대와 마찬가지로 인터넷 시티는 세금이 면제된 자유로운 투자, 100% 외국인 소유권, 그리고 이윤의 완전 본국 송금 등을 허용하고 있다.[26)] 두바이 인터넷 시티는 2000년 11월 개장했고, 휴렛팩커드, 마이크로소프트, 오라클 같은 저명한 외국기업들을 유치했다. 그

25_ Rodenthal, *Information Technology*.

26_ "New Economy, Old Rules?" *PC Magazine Middle and Near East*, June 2000, www.mafhoum.com/press/52T1.htm.

리고 2001년 1월에 열린 OECD의 전자상거래에 관한 신흥시장경제포럼(Emerging Market Economy Forum on Electronic Commerce)과 같은 중동지역의 주요 전자상거래 국제회의의 장소가 되고 있다.

전자정부 서비스와 함께 UAE의 인터넷 관련 경제활동은 체제의 안정성을 강화하는 데 기여하고 있는 것으로 보인다. UAE는 국가 전체적으로 볼 때 막대한 석유 매장량을 보유하고 있지만 두바이의 석유 매장량은 10년 정도 채굴하면 고갈될 것으로 전망되고 있다. 그래서 두바이 정부는 지역주민의 번영과 정부에 대한 만족도를 유지하기 위해 무역과 첨단기술에 대한 투자를 촉진하고 있다.[27] 일반적으로 UAE는 외국인 투자자들에 대해 대단히 우호적이다. 그렇기 때문에 그들은 UAE 정부의 정책에 반대해서는 거의 인센티브를 얻을 수 없고, 그렇게 공개적으로 반대할 만한 이유도 거의 없다. 인터넷 관련 경제활동이 체제에 대한 정치적 요구를 증가시키는 유일한 방법은 결국에는 독립적인 비즈니스 부문의 성장을 촉진하는 데 있다. UAE의 거의 모든 기업가들과 전문가들은 정부가 채용했거나 정부와 계약을 맺고 있기 때문에 현재로서는 어떠한 독립적인 민간 부문도 존재하지 않는다. 그러나 인터넷은 결국 UAE 시민들이 보다 독립적인 비즈니스 벤처를 추구할 수 있는 경제 영역으로 부상할 것이다. 그런 집단이 과연 부상할 것인지, 그리고 그런 집단이 정부에 대해 어떤 부정적인 함의를 갖는지의 여부가 앞으로 남아있는 중요한 문제이다.

27- 두바이의 경제적 다각화 전략이 없었다면 석유매장량 고갈은 중요한 정치적 관심사로 부각되었을 것이다. 최소한의 석유매장량을 가진 에미레이트들도 경제적으로 지급능력이 있으며 정치적 안정을 유지하고 있는데, 이는 아부다비와 두바이로부터 받는 보조금 때문이다.

요컨대, UAE는 권위주의 체제 하에서 인터넷이 심각한 부정적인 정치적 효과 없이도 도입될 수 있다는 것을 보여주는 가장 적절한 사례가 될 것이다. 현 UAE 정부는 인터넷 이용을 통해 위협받을 정도로 정치체제에서 과거부터 존재해 왔던 취약점이 거의 없다. 체제에 대한 반대는 최소한의 수준에 머물러 있으며, 전자정부는 시민 서비스 제공을 개선하고 인터넷의 경제적 이용은 물질적 복지를 높여준다. 체제에 대한 도전을 제기하는 인터넷 이용 가능성은 장기적인 성찰의 문제로 남아 있다. 만약 UAE 정치체계의 안정성이 경제적 쇠퇴, 권력승계의 위기 또는 그 지역 내 다른 국가들과의 갈등관계 등 다른 요인들에 의해 변화된다면 인터넷에 대한 광범위한 대중적 접근은 정치적 양보를 강제하면서 불만의 표출과 확대를 위한 기반을 제공할 수 있다. 그러나 가까운 미래에도 UAE 권위주의 체제는 견고한 정치적 기반 위에 서 있을 것이고, 인터넷의 발전은 향후 이러한 토대를 더욱 강화할 것으로 보인다.

3. 사우디아라비아 : 보수주의 왕국의 신중한 행보

1932년 군주국으로 개국한 사우디아라비아 왕조는 파흐드 국왕(King Fahd)이 지배하고 압달라(Abdallah) 왕세자가 일상 업무를 관리하고 있다. 사우디아라비아는 이슬람 율법에 따라 통치되며, 시민적·정치적 자유는 거의 없고 정당과 공직선거도 없다. 사우디아라비아는 걸프 만 국가들 중에서 가장 광대한 영토를 가지고 있지만 인구는 2,300만 명밖에 되지 않는다. 석유는 사우디아라비아 경제의 핵심이며, GDP의 40%

와 정부 예산 세입의 75%를 석유에서 충당하고 있다. 이 나라는 현재 세계에서 가장 많은 석유를 생산하고 있으며, 매장량도 가장 많다. 이 왕국의 1인당 GDP는 10,500달러로 걸프 만의 작은 왕국들보다는 낮지만 석유산업으로 막대한 부를 축적하고 있다. 62.8%의 교육률을 보이고 있는 사우디아라비아 국민들은 교육수준도 꽤 높은 편이다.[28]

현대 사우디아라비아는 이슬람 국가로 건국했다. 알사우드(al-Saud) 체제는 와하브파(Wahhabi Islam)의 엄격한 이슬람 해석을 따르고, 이슬람 성지인 메카와 메디나의 책무를 토대로 명백한 종교적 정당성에 근거해 통치하고 있다. 이 나라의 영향력 있는 종교학자들, 즉 울라마(ulama)는 국가 관료와 공무원으로서의 기능을 함께 수행하고 있다. 이슬람 정치는 사우디아라비아 정치의 중심이기도 하지만, 한편으로 이슬람은 국내외를 막론하고 사우디 정부를 반대하는 근거를 제공하고 있기도 하다.[29]

이슬람뿐만 아니라 불로소득 생활자의 역동성도 사우디 정치체계를 이해하는 데 중요하다.[30] UAE처럼 사우디 정부는 세금을 징수하지 않고 석유 세입을 통해 자체적으로 재원을 조달한다. 정부는 국가가 통제하는 이러한 산업으로부터 얻은 수익을 사회적 서비스의 형태, 즉 식료품, 실용품, 기초적 재화 등에 대한 보조금과 정부 관료로의 고용을 통해 분배한다. 이러한 혜택의 분배는 사우디 체제에 대한 대중적 충성을 유지하는 핵심 기제이다. 국가가 경제를 지배하며, 민간 부문은 작고, 정

28_ CIA, *The World Factbook* 참조.

29_ Fandy, *Saudi Arabia* ; Gause, *Oil Monarchies* ; 그리고 Wilson and Graham, *Saudi Arabia* 참조.

30_ Gause, *Oil Monarchies* 참조.

부와의 계약과 보조금에 의존하며, 독립적인 중산계급은 존재하지 않는다. 그러나 급속한 인구성장으로 인한 실업 증가로 사우디 체제는 민영화를 추진하고, 해외투자를 유치하며, 국가 경제를 다각화하기 위해 노력하고 있다. 향후 석유에 기반한 국가의 경제 지배는 점차 쇠퇴할 것이다.

사우디아라비아의 시민사회는 취약하며, 국내에서 활동하는 모든 결사체들은 정부의 허가를 받아야 한다.[31] 소수의 시민사회단체들은 공개적으로 정부를 비판한다. 종교활동은 사우디아라비아 시민사회에서 가장 큰 활동 분야이며, 일부 이슬람 인권단체들도 국내에서 적극적으로 활동하고 있다. 전문가 협회나 상공회의소도 회원들이 정부와의 네트워킹과 커뮤니케이션, 그리고 (가끔은) 정책적 입장을 반영하기 위한 중요한 활동무대로 기능한다.[32]

사우디아라비아는 법적 조치, 후원, 검열 등을 통해 미디어에 대한 실질적인 통제력을 발휘한다. 국내의 신문들은 사적으로 소유되어 있지만 정부의 보조금에 의존한다. 정부는 인쇄 간행물의 편집자를 임명하여 민감한 문제들에 대한 보도에 대해서는 가이드라인을 설정하고, 많은 신문들은 정부가 소유하는 사우디 통신(Saudi Press Agency)에 의해 보도되기 전까지는 민감한 이슈를 다루지 못한다. 신문이 특정 정책이나 개별 정부기관들을 비판하는 것은 허용하지만 법률적으로 정부에 대한 비판을 공표하는 것은 금지되어 있다. 정부는 외국 출판물의 배포에 대한 허가권을 갖고 있으며, 위법적인 내용이 포함되었을 때는 관행적인 검열을

31_   U.S. State Department, *Country Reports*.
32_   Gause, *Oil Monarchies*.

받게 된다. 런던에서 발행되는 사우디 소유의 여러 아랍어 신문들은 국내에서 광범위하게 구독되고 있으며, 전형적인 정부 규제에 따라 자기 검열을 수행하고 있다.[33]

사우디아라비아는 1994년에 최초로 인터넷을 연결했지만 대중적 접근을 허용한 것은 5년 뒤였다. 이는 아라비아 반도 국가들 중에서 가장 늦게 인터넷에 대한 대중적 접근을 허용한 것이다. 그 이전까지 인터넷 접속은 극소수의 연구기관들로 제한되었다. 1990년대 중반까지 인터넷에 접속하기 위해서는 이웃 국가인 바레인으로 전화를 연결해야 가능했고, 국가가 대중적 접근을 허가하기 전까지 인터넷 접근은 부유한 사우디인들에게만 가능했다.[34] 인터넷이 기술적으로 실행 가능해지게 된 이후 많은 인접국들이 신속하게 대중적인 인터넷 접속을 구축했지만, 사우디아라비아는 1997년 원칙적으로 인터넷을 승인하기 전까지 여러 해 동안 이에 대해 연구하면서 신중하게 접근했다. 접속은 2년이 더 늦춰졌고, 그 사이 정부는 인터넷 콘텐츠를 검열하기 위한 기술적 · 제도적 메커니즘을 완벽하게 구축했다.[35]

인터넷에 대한 대중적 접속은 결국 1999년에야 가능해졌고, 그 이후 안정적으로 확장되었다. 2001년 4월 기준으로 사우디아라비아의 인터넷 이용자 수는 57만 명으로 전체 인구의 2.6%이다.[36] 이로써 사우

33_ U.S. State Department, *Country Reports*.

34_ 사우디아라비아에서 대중적 인터넷 접근이 허용된 이후에도 일부 이용자들은 검열받지 않고 저렴한 접속을 위해 바레인을 경유했다.

35_ Mosaic Group, "Global Diffusion," and "An Update : The Internet in the Kingdom of Saudi Arabia," both ar http://www.mosaic.unomaha.edu/gdi. html 참조.

36_ Ajeeb Research Unit, March 15, 2001.

디아라비아의 인터넷 이용자 수는 중동지역에서 두 번째가 되었다. 이 나라는 사적 소유가 인정되는 다양한 ISP들(2002년 3월 기준으로 28개)을 허용했지만, 모든 국제적인 트래픽은 킹압둘아지즈시과학기술센터(King Abdulaziz City for Science and Technology : KACST)의 인터넷관리국(Internet Service Unit : ISU)에 의해 관리되는 게이트웨이를 통과한다. 현재 모든 ISP들은 정부의 통신사업자인 사우디텔레콤(Saudi Telecom)에 의해 통제되는 국가 기간망에 연결되어 있다. 2001년 5월 정부는 사우디텔레콤의 독점을 종식시키는 법안을 승인했다. 그리고 지금까지 통신 분야에 대한 주요 투자는 외국자본에게도 개방되었지만, 그 투자는 독립적인 경쟁체제라기보다는 사우디텔레콤과 컴팩(Compaq) 간의 제휴관계를 통해서만 이루어지고 있다.[37] 어쨌든 ISU가 가까운 미래에도 국제적인 인터넷 트래픽에 대한 통제를 유지할 것은 거의 확실시된다.

전자상거래의 촉진, 반체제 세력에 대한 경계

강력한 보수주의 사회의 전통을 고려하여 사우디아라비아 정부는 인터넷의 대중적 접근을 승인하기에 앞서 인터넷 이용에 따른 잠재적인 영향을 심각하게 고려했다. 인터넷이 연결된 이래로 사우디아라비아 정부는 "세계에서 가장 광범위하게 인터넷 콘텐츠에 대한 접속 통제

37_ "Saudi Telecom Selects Compaq TeMIP for Network and Services Management," Compaq press release, February 5, 2002. See also *Middle East Times*, June 1, 2001.

를 시도하는 것으로 보이는"[38] 방화벽 시스템을 통해 모든 인터넷 트래
픽을 필터링하고 있다. 다른 체제들의 경우 인터넷 검열 동기가 포르노
그래피 차단이지만 사우디아라비아의 관심은 이보다 훨씬 광범위하다.
사우디아라비아 정부는 공개적으로 포르노그래피, 왕실에 대한 비판, 이
슬람을 공격하는 것으로 생각되는 자료 등을 포함하여 사회적·정치적
으로 부적절한 것으로 간주되는 모든 정보를 차단하기 위해 노력하고
있다.[39] 금지 사이트에 접근을 시도할 경우 모든 접근 시도가 기록된다
는 메시지를 보낸다. 누가 그런 위반 때문에 기소되었는지에 대한 증거
는 찾을 수 없지만, 이러한 조치가 위험을 피하려는 많은 이용자들의 자
기검열을 가져오는 것만은 확실하다.

　　최근 정부는 불법적인 콘텐츠의 소스가 증가하는 것을 막기 위해
검열 메커니즘을 확대했다. 사우디아라비아는 2000년에 성적인 정보를
담고 있는 야후 클럽에 대한 접근을 차단한 바 있고, 2001년 4월에는 최
신 장비를 이용하여 금지 사이트를 두 배로 늘리는(전체 40만 개로) 계획을
발표하여 세계 언론의 헤드라인을 장식하기도 했다.[40] (많은 미국 기업들을
포함하여) 외국기업들은 사우디아라비아의 검열 노력을 위한 하드웨어와

38_　Mosaic Group, "An Update," p. 2. 접속이 승인된 인기 있는 수천 개의 사
　　　이트들은 국내 서버에 저장되며, 이용자가 이런 사이트들을 요청할 경우
　　　훨씬 더 빠르게 요청에 대응할 수 있다. 캐시에 저장되지 않은 사이트들
　　　을 요청할 경우에는 금지 URLs의 블랙리스트를 체크하며, 그 사이트가
　　　금지된 사이트가 아니면 키워드에 기반하여 그 사이트를 제거할 수 있는
　　　필터링 메커니즘을 통과한다. Brian Whitaker and Patrick Barkham, "Sites
　　　Caught in Saudis' Web," *Manchester Weekly Guardian*, May 24, 2000 참조.

39_　Goldstein, *The Internet*, p. 53.

40_　"Saudi Arabia Says It Will Ban Two Hundred Thousand Internet Sites," As-
　　　sociated Press, April 29, 2001.

소프트웨어를 제공하기 위해 경쟁하고 있으며, 이를 통해 사우디아라비아는 현대적인 최신 필터링 기술을 유지하고 있는 것으로 보인다.[41] 검열체제에 대중적인 참여를 결합시키려는 혁신적인 움직임 속에서 ISU는 자체의 웹사이트 상에서 인터넷 이용자들이 특정 사이트에 대한 차단이나 차단 해제를 요구할 수 있게 하고 있다. 비판적인 시각에서 보면 이러한 조치도 통제 완화로 분류할 수 있겠지만, 그보다는 정부가 얼마나 진지하게 인터넷 콘텐츠에 대한 대중적 관심을 수용하는지를 보여주는 지표로 해석된다. 사이트 차단을 요청하는 것이 사이트 차단 해제를 요청하는 것보다 훨씬 더 일반적인 현상이다. ISU의 담당자는 1일 기준으로 사이트 차단 요청이 500건 정도이고 사이트 차단 해제 요청은 100건 정도가 된다고 한다.[42]

모든 형태의 인터넷 검열을 행한다고 하지만 사우디아라비아가 사용하는 수단들이 절대 안전한 것은 아니다. ISU의 한 감독자는 2001년 4월 이용자의 44%가 해외 프록시 서버를 이용하여 차단된 사이트에 접근하고 있다고 언급한 바 있다.[43] 몇 년 전 정부는 인터넷에 접근하는 많은 사우디인들이 왕실의 부패를 보여주는 사이트와 해외 반체제 단체 사이트를 방문하고 있다는 것을 공식적으로 인정했다.[44] 이러한 어려움에도 불구하고 정부는 여전히 국내에서 인터넷 접근을 확장하려고 하는

41_   Jennifer Lee, "Companies Compete To Provide Saudi Internet Veil," *New York Times*, November 19, 2001.

42_   *Jedda Arab News*, March 30, 2001.

43_   "Saudi Arabia Says It Will Ban Two Hundred Thousand Internet Sites."

44_   "Saudi Censors Try To Stay a Step ahead of Net Surfers," Associated Press, September 23, 2000.

만큼 인터넷 콘텐츠 통제를 유지하기 위해서도 많은 노력을 기울이고 있는 것으로 보인다.

인터넷 접속이 증가하면서 사우디 국민들의 인터넷 이용은 보다 중요한 정치적 영향을 발휘할 수 있는 잠재력을 갖게 되었다. 몇 가지 점에서 사우디 정부는 국민 대다수의 인터넷 이용 때문에 정치적으로 어려운 입장에 처해 있는 것으로 보인다. 한편으로, (급속하게 증가하고 있는) 사우디의 젊은 세대는 이전 세대보다 더 나은 교육을 받아 학식이 높고 그 어느 때보다 외부 세계에 대해서도 더 많이 알고 있으며, 인터넷 상의 정보에 대해서도 자유로운 접근을 원하고 있다.[45] 다른 한편, 만약 사우디 정부가 인터넷 콘텐츠를 통제하지 않거나 신속하게 제한을 축소한다면 이슬람 비판에 대한 또 다른 심각한 불만을 제공할 수 있다. 역설적이게도, 보수적인 이슬람주의자들이 사회적으로 부적절한 것으로 간주되는 자료에 대한 검열을 지지한다 하더라도 인터넷 상에 이슬람주의자들의 정치적 자료를 검열하는 것은 아마도 체제의 가장 큰 관심사일 것이다. 사우디라아비아의 전통적인 구술문화와 온라인 자료에 대한 불신이 이슬람주의적 온라인 자료의 영향을 제한할 수는 있다. 하지만 단순히 그것이 존재한다는 것만으로도 사우디 국민들의 인터넷 이용은 UAE 같은 국가들보다 더 정치적인 현상이 될 수 있다는 것을 의미한다.

인터넷의 대중적 이용이 사우디 체제에 대한 잠재적 도전을 제기하지만 시민사회단체들과 반체제집단들의 인터넷 이용은 그리 큰 위협이 되지 못한다. 그 증거로 극소수의 국내 시민사회단체들만이 웹페이지

45_ Yamani, *Changed Identities* 참조.

를 운영하면서 인터넷을 이용하고 있고, 앞으로 어느 정도의 단체들이 온라인을 이용할지는 미지수라는 점이 그것이다. 따라서 시민사회단체들은 사우디 정치의 두드러진 특징이 아니며, 그들의 인터넷 이용이 체제의 안정성에 대한 강력한 함의를 갖지도 않는다. 인터넷 이용자들은 해외에 기반을 두고 있는 반체제 집단들을 기피하며, 국내에 기반을 두고 있는 반체제 집단들은 전통적으로 훨씬 더 많은 사람들이 접근할 수 있고 사우디아라비아의 구술문화에 훨씬 더 잘 어울리는 매체인 카세트 테이프에 의존한다.[46)]

국가가 사우디 사회와 경제를 지배하기 때문에 정부의 인터넷 이용은 시민사회 행위자들의 인터넷 이용보다 더 중요하다. 국가가 인터넷을 이용하는 것은 주로 온라인 상에서 종교 정보를 제공하기 위해서이다. 대중적인 인터넷 접근의 확립되기 이전까지만 해도 종교적 성향을 가진 여러 개의 국가 미디어가 웹 상에서 메카와 메디나로부터 기도식을 방송하기 위해 설립되었다. 정부의 이슬람 사무·기부·포고·교시부 (Ministry of Islamic Affairs, Endowment, Call, and Guidance)는 과거에 〈www.islam.org.sa〉라는 사이트를 운영한 적이 있다. 그러나 현재 이 사이트는 민간 소프트웨어 회사가 운영하는 이슬람 지향적 포털에만 링크되어 있다. 과거 신앙심이 깊은 관료인 아브드 알아지즈 빈 압둘라 빈 반즈(Abd al-Aziz bin Abdallah Bin Baz)의 죽음 이후 정부는 이슬람과 사우디 체제에 대한 그의 헌신을 상세하게 담은 〈www.binbaz.org.sa〉 사이트를 개설했다. 이와 같은 국가의 노력은 종교적 토대 위에서 체제를 비판하기 위해 인터넷을 이용하는 해외 반체제 단체들의 영향력을 약화시키기 위한 시도인

46_   Fandy, *Saudi Arabia*.

것으로 보인다.[47] 사우디 정부 관료들은 온라인 상에 종교 정보의 게시
뿐만 아니라 이슬람의 신성한 사이트를 방문한 이방인들을 위한 사무를
신속하게 처리하는 웹 포털을 개설하여 인터넷 상에서 종교 지향적 정
부 서비스를 제공하고 있다.[48]

사우디아라비아에서 현실적인 전자정부 구축을 위한 사업은 종
교적 패턴의 형식을 따르고 있다. 즉 인터넷 상에서 제공되는 대부분의
온라인 정보는 정부 서비스의 일부 항목에 한정되어 있다. 일부 정부 부
처들은 해당 부처의 업무와 성과를 홍보하는 홈페이지를 운영하고 있을
뿐이다.[49] 그러나 사우디 당국은 온라인 서비스를 포함한 훨씬 더 광범
위한 전자정부 계획을 추진하고 있다. 2002 전자상거래 사우디아라비아
(E-Commerce Saudi Arabia 2002) 컨퍼런스(3월에 개최)는 국제적인 사례연구와
전자정부 하드웨어 및 소프트웨어의 시연을 비롯해 다양한 전자정부 서
비스에 초점을 맞췄다.[50] 향후 사우디 정부는 분명히 현재 발전하고 있
는 온라인 서비스를 위한 많은 계획들을 실행할 것이다.

사우디 정부에 의한 인터넷 이용 증가가 가져올 정치적 영향은
복합적인 것으로 보인다. 인터넷 상에서 제공하는 종교 정보와 서비스는
해외 이슬람주의 비판가들의 영향에 대처하는 데 도움을 줌으로써 체제
에 긍정적으로 작용한다. 효과적인 전자정부 서비스를 통해 혜택을 제공

47_ Teitelbaum, "Dueling for *Da'wa*" 참조.

48_ "Saudi Launches Web Portal for Pilgrimage Services," Agence France-Presse, July 2001.

49_ 정부 부처의 홈페이지 리스트는 다음을 참조. www.saudiembassy.net/links/gov.htm.

50_ "eCommerce Saudi Arabia," www.recexpo.com/new/ecom/ecom_index.asp.

하는 국가의 능력이 개선된다면 체제에 대한 만족도를 높이는 효과를 가져올 수 있다. 그러나 사우디아라비아에서 전자정부는 투명성을 증진시켜 정부 부패를 노출시킬 수도 있지만 그것의 정치적 영향은 아직 불확실하다. 왕실의 부패는 체제 비판의 핵심이며, 대부분의 영향력 있는 사우디아라비아의 반체제 단체들의 주요 불만 가운데 하나이다. 그러한 부패의 대규모 노출은 정부를 반대하는 근거를 제공할 수도 있지만, 한편으로는 정부가 그 문제를 효과적으로 해결하고 있다는 것으로 비춰질 수도 있다.

　　따라서 이러한 변화의 패턴 때문에 인터넷의 잠재력은 제한될 수도 있는데, 이는 사우디아라비아에 정당도 없고 정치참여를 위한 인터넷 이용도 존재하지 않기 때문이다. 1990년대 초 자유주의적이고 이슬람주의적인 지식인들은 국왕에게 정치개혁을 요구하는 탄원서를 제출했고, 그 결과 사우디 정부는 헌법과 유사한 법률문서와 자문위원회, 지방자치제를 도입했다. 다른 나라에서와 마찬가지로 인터넷은 그러한 탄원을 유포·확산시키는 데 기여했지만, 사우디 정부는 정권의 안정성을 위협하지 않는 한, 어떠한 개혁에 대해서도 압력을 가할 것으로 보이지는 않는다.[51]

　　인터넷의 제한적인 정치적 이용과는 대조적으로 경제영역에서의 인터넷 이용은 중요하며 지속적인 성장세를 보이고 있다. 사우디 정부는 인터넷 관련 투자와 전자상거래를 촉진하는 데 적극적인 관심을 보이고

51_　사실 계속된 불손한 많은 탄원, 즉 권고 각서(Memorandum of Advice)에 대응해서 국왕은 그 탄원자들을 탄핵하는 종교적 권위를 갖고 있었으며, 국왕은 탄핵안에 서명하기를 거부한 울라마 구성원들을 제명했다. Gause, *Oil Monarchies*.

있다. 2001년 5월 사우디아라비아는 국내 최초로 '전자상거래 사우디 국제 컨퍼런스'(Saudi International Conference in E-Commerce)를 개최했다. 이 컨퍼런스에서는 인터넷 비즈니스의 성장을 촉진하기 위해 계획된 사업들뿐만 아니라 새로운 정부 정책에 관한 발표도 나왔다. 정부는 전자상거래를 조정하기 위해 15명의 기업가들로 구성된 자문 패널을 설치하고 보안과 디지털 서명에 관한 가이드라인 등의 전자상거래 규제를 발표했다. 그 컨퍼런스에서는 또한 실행 시기를 분명하게 밝히지는 않았지만 리야드에 IT 투자 파크를 조성하는 계획도 발표되었다.

소수의 사우디 기업들은 전자상거래를 주도하는 위치에 있다. (정부의 석유 독점회사인) 사우디아람코(Saudi Aramco)는 모든 국내 공급자들에게 전자 시스템을 통해 업무를 처리하는 온라인 조달(online procurement) 시스템 구축에 앞장섰다. 사우디아라비아의 ISP들 중의 하나인 오거텔(Oger-Tel)은 사우디아람코와 기타 기업들을 위한 B2B 전자상거래 전략을 추진하고 있다. 전자상거래 운영을 발전시키려는 다른 기업들에 서비스를 제공하는 사우디 기업통합 비전(Saudi firm Integrated Vision)은 마이크로소프트와 사우디아라비아 최초의 어플리케이션 서비스 사업자(application service provider : ASP) 계약에 서명했다. 점차 사우디의 벤처 기업가들이 포함된 사우디 왕실도 정부의 인터넷 경제 추진에 적극적으로 참여하고 있다. 세계적인 선도기술 투자자들 중 한 사람인 알와리드 빈 탈랄(Alwaleed Bin Talal) 왕자는 사우디의 ISP인 아랍 웹 포털(Arab web portal)과 위성 무선 네트워크에 투자했다.[52]

52_ Serwer and Key, "Tech Is King."

반드시 그런 것은 아니겠지만 사우디 경제에서 인터넷의 활성화
는 체제에 대한 정치적 도전을 야기할 수 있는 개연성을 충분히 보여준
다. 사우디 정부는 지금까지 국가 경제에서 가장 중요한 존재였다. 기업
가들은 전통적으로 정부와 협력했고, 대신 정부는 민간 부문과 계약을
체결하고 보조금을 배분하며 그 외에 여러 가지를 지원하는 책임을 지
고 있다. 따라서 기업이나 비즈니스 단체들은 정부의 특정 정책에 대해
서는 반대를 제기할 수 있지만 극단적으로 체제에 대해 공개적으로 반
대하는 것 같지는 않다.[53] 그러나 인구 증가는 실업의 증가를 가져오며,
정부는 공공 부문 일자리에 대한 모든 요구를 더 이상 충족시킬 수 없기
때문에 민간 부문의 규모를 확장하려고 하고 있다. 부상하는 인터넷 산
업은 과잉 노동력의 일부를 고용하고 정부에 대한 대중적 압력을 경감
시키는 데 도움을 주지만 국가로부터 민간 부문의 독립성을 증진시키는
역할도 할 수 있다. 앞으로 이런 현상이 나타날 것인지, 그리고 그런 현상
이 정치적으로 얼마나 중요한지 등의 문제가 남아 있는 것으로 보인다.
미래에 민간 부문이 성장한다 해도 국가가 경제를 지배할 것임은 거의
틀림없을 것이다.

중동의 많은 다른 체제들과는 대조적으로 사우디와 관련된 중요
한 인터넷 이용의 대부분은 지도자들이 그 국가를 떠나서 해외에 기반
을 두고 있는 반체제 단체들에서 나타난다. 이 단체들의 대부분은 사우
디 왕실의 부패와 이슬람이 추구하는 이상(理想)에 대한 배신을 비판한
다. 사우디 국내정치와 가장 많이 관련된 두 개의 해외 반체제 단체들로
는 합법적권리수호위원회(Committee for the Defense of Legitimate Rights : CDLR)

53_   Gause, *Oil Monarchies*, p. 58 참조.

와 그 분파집단인 아라비아이슬람개혁운동(Movement for Islamic Reform in Arabia : MIRA)이 있다.[54] 두 단체 모두 아랍어와 영어로 된 웹사이트를 운영하고 있지만 사우디아라비아에서는 이 사이트들이 차단되기 때문에 주로 국제사회를 대상으로 활동한다. 그러나 국내의 일부 인터넷 이용자들은 사우디 정부의 사이트 차단을 우회할 수 있으며, 반체제 웹사이트들은 특별히 이러한 사우디아라비아 이용자들을 위한 정보를 제공하고 있다. 예컨대, CDLR 사이트에서는 사우디아라비아에서 CDLR 런던 본부를 호출하는 무료 번호를 사용하는 방법을 상세하게 실명하고 있다.[55] 이 웹뿐만 아니라 CDLR과 MIRA는 가정에서 추종자들과 커뮤니케이션을 하기 위해 (팩스뿐만 아니라) 이메일을 이용한다.

반체제 단체들의 인터넷 이용이 국제사회의 주목을 받고 있지만 그 활동의 궁극적인 정치적 효과에 대해서는 의문스럽다. 그런 단체들의 온라인 정보가 구체적으로 국내 정서에 영향을 미칠 만큼 충분히 도달될 수 있을 것 같지도 않다. 또한 그러한 정보가 국내에 광범위하게 유포된다 하더라도 사우디 국민들이 그에 대해 동조할지 여부는 회의적이다. 마모운 팬디(Mamoun Fandy)는 사우디아라비아 국민들의 제한적인 교육수준, 사우디의 전통적인 구술문화, 그리고 컴퓨터 스크린 상의 정보보다 가까운 친구로부터 얻은 정보를 훨씬 더 신뢰하는 경향 때문에 인터

54_　사우디아라비아의 가장 유명한 반체제 인사인 오사마 빈 라덴(Osma bin Laden)은 사우디 국내에서 CDLR이나 MIRA보다는 영향력이 미미하다. 그의 알 카에다 네트워크(ICTs의 이용을 포함하여)는 국제적 수준에서 매우 중요하다. 이런 이유 때문에 우리는 여기서 빈 라덴과 알 카에다의 사례를 이 장의 결론 부분에서 검토할 것이다.

55_　Fandy, *Saudi Arabia*.

넷에 기반한 CDLR과 MIRA의 노력은 사우디아라비아 내에서는 거의 영향을 미치지 못한다고 주장한다.[56] 이유가 무엇이든, 외국에 기반을 둔 사우디의 반체제 단체들은 체제에 대한 실질적인 위협으로 부상하지 못하고 있다. 이러한 조직들(특히 인권의 맥락에서 그 메시지를 형성하는 CDLR)은 사우디 정부가 반체제 인사에 대해 보다 관용을 베풀도록 하기 위해 외국 정부와 국제기구들을 설득해 압력을 가하도록 하는 등의 간접적인 영향을 미치고 있을 따름이다. 그러나 사우디아라비아에 대한 국제적인 비판은 현 사우디아라비아의 안정적 정치체제와 전략적 중요성, 그리고 석유의 핵심적인 공급자라는 이유 때문에 오늘날 서구 정부들 사이에서 거의 동조를 이끌어내지 못하고 있다.

일반적으로 인터넷 이용 그 자체는 사우디아라비아의 안정성에 강력한 영향을 미치지는 못하는 것으로 보인다. 사우디아라비아의 권위주의 체제는 안정적이며, 과거 수년 동안 다양한 충격들, 이를테면 1980년대 중반 유가폭락, 걸프전, 그리고 다양한 정치개혁 요구 등을 성공적으로 뚫고 지나왔다. 인터넷 이용의 일부 형태가 체제에 대한 잠재적인 도전을 제기하고 있지만, 그러한 도전들은 과거 사우디 왕조가 경험했던 정치적 도전들에 비해서 그리 강한 것은 아니다. 그레고리 가우스(Gregory Gause)가 주장하는 것처럼 체제에 대한 가장 큰 위협은 여러 가지 취약한 잠재적인 영역들—세대 변화, 경제적 쇼크, 이슬람에 대한 반대의 부상—이 상호 결합될 때 나타날 수 있다.[57] 인터넷은 그런 여러 가지 사건들의 상호 영향을 증폭시키는 역할을 할 수 있으며, 일련의 정치

56_   Fandy, "Information Technology."
57_   Gause, *Oil Monarchies*.

적 위기 속에서 인터넷은 체제에 대한 보다 심각한 도전을 제기하는 불만의 표현과 확대를 위한 장을 제공하게 될 것이다. 그러나 그러한 사건이 부재한 현 상황에서 알 사우드 체제는 아마도 일부 정치적 도전에 직면하기는 하겠지만, 대체로 인터넷 기술로부터 혜택을 받으면서 국경 내에서 인터넷 발전을 지속시킬 것이다.

4. 이집트 : 검열의 자유지대

여기서 검토하는 사례들 중 이집트(Arab Republic of Egypt)는 다른 사례들과 달리 군주국도 아니고, 엄격한 권위주의 체제도 아니며, 중요한 석유 수출국도 아니다. 무바라크(Mubarak) 대통령이 이집트를 아랍 근본주의와 거리를 두는 국가로 꾸준하게 변화시키고 있기는 하지만, 이집트 정치체계는 사회주의 체제 수립을 가져온 1952년 혁명에 그 기원을 두고 있다. 광범위한 민영화와 민간 부문의 육성이 외국인 투자의 증가와 꾸준한 성장(비록 최근에는 성장이 침체되었지만)을 이끌면서 1990년대 이집트는 성공적인 IMF 경제개혁 사례로 부상했다. 아랍세계에서 가장 많은 7,000만 명의 인구와 보통 수준의 석유 매장량을 보유한 이집트는 1인당 GDP가 3,600달러로 이 장의 세 국가 중에서 가장 가난한 국가이고 교육률도 51. 4%로 가장 낮다.[58]

이집트는 다당체계와 의회의원 선출제도를 갖춘 준권위주의 체제이지만 선거를 통한 실질적인 권력변동의 가능성은 거의 없다.[59] 대통령은 의회에서 지명되어 국민투표에서 단일 후보로 추인받는다. 현재까지 모든 이집트 대통령은 사망 후 계승자를 뽑아 권력을 이양했다. 1981년 취임한 무바라크 대통령은 다른 어떤 지도자보다 오랫동안 대통령직을 유지하고 있다. 여당인 민주당(National Democratic Party)은 현재 의회의 석의 85%를 점유하고 있다. 이전 선거(특히 1995년 선거)는 엄청난 부정선거였다. 메이 카셈(May Kassem)의 주장처럼 이집트 정치체계는 철저히 사인화(私人化)되어 있으며, 정부 후원을 토대로 하고 있다.[60] 실질적인 권력은 대통령에 집중되어 있고, 여·야당의 모든 국회의원 후보자는 이데올로기적 토대 위에서 선출되기보다 국가가 통제하는 자원들을 유권자들에게 제공해 줄 수 있을 것이라는 신념 위에서 선출된다. 불법적인 무슬림형제단(Muslim Brotherhood)이 정부의 가장 중요한 반대세력이지만 이집트는 어떠한 합법적인 종교에 기반한 정당이 없는 세속적인 국가이다. 이집트는 계속해서 이슬람 테러의 위협을 받고 있으며, 정부는 오래 전에 제정된 긴급 법률에 근거해 이슬람주의 반체제 단체들을 가혹하게 탄압하고 있다.

　　이집트의 시민사회는 주변의 다른 국가들보다 훨씬 강하다. 이집트의 준권위주의 정치체계가 선거를 통한 의미 있는 변화의 가능성을 배제하고 있기 때문에 많은 시민사회단체들은 정치적 변화를 시도하기 위한 대안적 채널을 찾고 있으며, 이를 근거로 정치적 지지를 이끌어내고 있다. 그러나 정부는 이러한 조직들을 강력하게 통제하고 있다. 이집

58_　　CIA, *The World Factbook* 참조.

59_　　Olcott and Ottaway, "Semi-Authoritarianism" 참조.

60_　　Kassem, *Guise of Democracy*.

트 당국은 새로운 단체의 조직 여부를 승인하고 있으며, 정부는 더 강력한 통제를 모색하고 있다. 1997년 이집트 정부는 시민사회단체 평의회 위원 후보를 거부·교체하는 권리를 부여한 법률(1999년 사법부에 의해 파기됨)을 통과시켰다.[61] 정부는 또 종종 의문스러운 법적인 절차를 통해서 과도하게 비판적인 시민사회단체들은 규율하고 있다. 예를 들면, 국제사회의 광범위한 비난을 샀던 한 재판에서 칼둔개발연구센터(Khaldun Center for Development Studies)의 여러 직원들이 이집트의 대외적 이미지를 실추시키고 해외 자금을 남용했다는 이유로 2001년 유죄판결을 선고받았다.[62] 사우디아라비아에서처럼 (엔지니어 신디케이트와 변호사협회 같은) 전문직 결사체들도 이집트 시민사회의 중요한 부분이다. 이들에 대해서도 이집트 정부는 이슬람주의적 영향력을 막기 위해 임원 선출을 제한하면서 통제력을 행사하고 있다.

이집트 정부는 극단주의적이고 적대적인 정치적 정보, 정부에 대한 비판, 이슬람에 대해 부적절하거나 공격적인 것으로 생각되는 자료들과 함께 대중매체를 통해 이용할 수 있는 정보 콘텐츠에 대해 관심을 갖고 있다. 외국 출판물은 물론 카이로 타임즈(*Cairo Times*)와 중동 타임즈(*Middle East Times*) 등의 국내 영자신문도 검열을 당한다.[63] 국내 언론의 경

61_ Diana Digges, "Rights Groups Recoil at Egypt Law," *Christian Science Monitor* 91, no. 131 (June 3, 1999), p. 6.

62_ 이 연구센터의 책임자인 사드 애딘 이브라힘(Saad Eddin Ibrahim)은 이집트의 콥트 기독교 소수파 문제를 처리했을 뿐만 아니라 1995년 의회선거 부정을 신랄하게 비판하기도 했다. Weaver, "Mubarak Regime" 참조.

63_ 이집트에서 공식적으로 판매되는 외국 출판물들의 대부분은 배타적으로 이집트 시장을 위해서 출판되었지만 사이프러스에서 인쇄된다. 그 이유는 그 출판물들이 국내 허가를 획득할 수 없기 때문이다. "Egypt : A Sign

우 직접적인 검열은 없지만 당국과 좋은 관계를 유지하기 위해 광범위한 자기검열을 수행하고 있다.

　　인터넷은 1993년에 연결되었는데, 이는 인접 국가들과 비교해서 빠른 편이었고, 상업적 서비스는 그후부터 바로 이용할 수 있었다.[64] 중동지역의 다른 국가들과 달리 이집트는 인터넷 확대에 따른 정치적 영향의 가능성에 대해 두드러진 관심을 거의 갖지 않은 채 인터넷 확산을 추진했다. 인터넷에 연결된 지 1년 후 이집트 의회의 정보결정지원센터(IDSC)와 정보기술 · 소프트웨어엔지니어링지역센터(RITSEC)는 다양한 기업, 정부기관, 시민사회단체, 전문가들에게 자유로운 인터넷 접근을 제공하기 위한 프로그램을 시행했다. 이집트는 또한 ISP들의 경쟁과 민간 소유를 위한 정책을 지향했다. 기본 통신은 정부 독점 사업자인 텔레콤이집트(Telecom Egypt)의 관할로 남겨놓았지만 ISP 시장은 50개의 사설 ISP들(이들의 서버 모두가 카이로에만 있지만)가 존재하는, 중동에서 가장 활력이 넘치는 곳의 하나가 되었다.[65] 1997년 초 정부는 인터넷에 대한 다양한 국제 게이트웨이를 허가했고, 그 중 하나는 사설 ISP에 의해 운영된다.[66] 이집트의 인터넷 이용자 수는 UAE와 사우디아라비아보다 낮은 수준이지만 전체 이용자 수에서는 비슷한 수준이다. 2001년 4월 기준으로 이집트의 인터넷 이용자 수는 56만 명으로 인구 대비 0.8%이다.[67]

---

of the Times," *Global News Wire*, February 1, 2001 참조.

64_　그러나 엘 나와위(El-Nawawy)는 1996년까지 상업적 서비스가 '법률적 회색지대'(legal gray area)에 존재했다고 보고한다. El-Nawawy, "Profiling Internet Users."

65_　Kelly, Girardet, and Ismail, *Internet on the Nile : Egypt Case Study*.

66_　Kamel, "Information Technology" ; Kamel "Internet Commercialization."

67_　Ajeeb Research Unit, March 15, 2001.

인터넷 촉진과 부도덕한 행위 통제

중동지역의 다른 국가들에 비해 이집트는 인터넷 검열을 위한 공공연한 노력을 하지 않고 인터넷 연결을 적극적으로 확대하려는 열정을 가진 특별한 국가이다. 이집트는 빈곤과 문맹이라는 큰 장애물에 직면해 있지만 시골지역에서의 인터넷 접근과 교육을 확대하는 프로젝트로 이를 극복하려 하고 있다. 1990년대 중반 자유로운 인터넷 접속을 제공하기 위해 노력하면서 전국적으로 300개 이상의 마을에 인터넷을 연결하는 정책에 착수했다. 공동체의 중심지에서 자유롭게 인터넷 연결을 할 수 있도록 하는 공사가 몇 주에 걸쳐 진행되었고, 교육진들은 지역주민들이 인터넷의 잠재적 혜택을 학습하게 되면 가까운 미래에 인터넷 연결을 위해 노력할 것이라는 기대감을 갖고 이들에게 직접 인터넷을 경험하게 해주었다.[68] 유엔개발계획(UNDP)의 후원을 받는 또 다른 프로젝트는 자유로운 인터넷 접속을 위한 기술 확립과 그 기술을 교육하는 공동체 센터의 설립을 추진하고 있다.[69] 미국국제개발처(USAID)도 5년간 이집트의 인터넷 확대를 지원하기 위해 이집트의 법률 및 규제 환경을 개선하고 전자정부, 전자상거래, ICT 확산을 촉진하며, ICT 이용을 향상시키는 데 기여할 미국과 이집트 시민사회단체들에게 기금을 지원하는 3,910만 달러에 달하는 ICT 지원 프로그램에 착수했다.[70]

68_ "Cyber Cafés Hit the Road," *PC World Middle East*, April 2001, www.pcworldegypt.com/archive/ton_cybercafe_April2001.htm.

69_ Jetiana C. Anderson, "Egypt's Cyber Cafes for the Poor," *Choices* (June 2000) : 22-23, www.undp.org/dpa/choices/2000/june/p22-23.htm.

이집트 정부가 다른 미디어의 정치적 콘텐츠에 대해 관심을 갖고 있음에도 불구하고 일반 대중이 이용할 수 있는 인터넷 콘텐츠를 통제하기 위한 확실한 수단을 마련하지 않았다는 점은 주목할 만하다. 이집트 정부는 인터넷 상에서의 어떠한 검열도 수행하고 있지 않으며, 다른 국가에서 금지하고 있는 정보들도 온라인으로 자유롭게 이용할 수 있다. 사이프러스 타임즈(*Cyprus Times*)와 중동 타임즈(*Middle East Times*) 모두 웹 상에서 검열받지 않은 완전한 콘텐츠를 올리고 있으며, 이용자들에게 인쇄판에서 금지된 특정 기사들에 대한 검색도 허용하고 있다.[71] 마찬가지로 이슬람주의의 영향을 받는 노동당 신문인 엘샤브(*El-Shaab*)는 2000년에 인쇄출판이 금지되었지만 인터넷판은 어떤 제약도 받지 않고 있다.[72]

이집트에는 대중적인 인터넷 이용에 대한 어떠한 공공연한 검열도 존재하지 않지만 정부는 논쟁적인 온라인 자료를 게시한 몇몇 사람들을 처벌했다. 최근 사례들을 보면 인터넷 이용자들은 게이 섹스를 광고하거나 유혹한 혐의로 기소되거나 구속되었으며, 한 게이 사이트의 웹마스터는 안보기관이 그 사이트를 방문한 인터넷 사용자들을 추적하고 있다고 주장했다.[73] 2001년 11월 알아브람 위클리(*al-Ahram Weekly*) 신문

70_ "USAID/Egypt : The Information and Communications Technology (ICT) Project," www.usaid.gov/regions/ane/ict/ict-egypt.htm.

71_ Alterman, "Information Revolution" ; Thomas Friedman, "Censors Beware," *New York Times*, July 25, 2000 ; 그리고 Middle East Times, www.metimes. com 참조.

72_ "Banned Islamist Paper Now on the Net," Reuters, February 21, 2001. 또한 http://www.alarabnews.com/alshaab/ 참조.

73_ "Egypt Hold Three over Homosexual Web Site," Reuters, April 5, 2001 ; "Two Jailed for Three Months for Gay Website," AgenceFrance-Presse, April 12, 2001.

의 웹마스터는 인터넷 상에 정부를 비판하는 시(詩)를 게시하여 체포되었는데, 당국은 그를 '부도덕한 자료를 배포한' 혐의로 고발했다.[74] 이런 사건들이 발생한 이후부터 정부는 인터넷 이용에 대한 모니터링에 착수하고 물의를 빚는 온라인 활동가들을 기소하기 위해 준비하고 있는 것으로 추측되고 있다. 인터넷 상에서의 '부도덕한' 자료를 통제의 대상으로 삼는 것은 극단적인 이슬람주의자들에게 부분적으로 양보를 하는 것이 될 수 있으며, 이 정치세력들은 일반적으로 다른 국가들의 공공연한 인터넷 검열을 지지하고 있다.[75] 이들은 그러한 체포와 의문스러운 기소가 지속될 경우, 이집트의 인터넷 이용자들 사이에서 자기검열이 일상화될 것이라고 확신한다.

만약 이집트의 인터넷 확산이 지금 상태로 제한된다고 가정하면 정부가 인터넷을 검열하지 않고 내버려둘 수도 있을 것이다. 그러나 인터넷 접근이 증가함에 따라 일반 대중들의 인터넷 사용은 지금보다 더 많은 정치적인 연관성을 갖게 될 것이다. 일단 인터넷 접근을 제한하는 기술적 · 제도적 인프라가 구축되기만 하면 앞으로 이집트 정부가 강력한 검열 메커니즘을 실행할 것 같지는 않다. 존 알터만(John Alterman)은 이슬람주의적인 정치적 정서를 억제하려 하기 때문에 정부의 지지 기반이 협소해졌다고 주장하며, 이집트 국민들이 이전보다 더 식견이 높으며 잘 '연결되어'(wired) 있다고 지적한다.[76] 그런 환경에서 인터넷 접근의 증가

74_ "Poet's Son Held by 'Web' Police Egypt," Africast.com, November 26, 2001 ; "Web Cats," *al-Ahram Weekly Online*, November 29, 2001, www.ahram.org. eg/week/2001/562/eg6.htm.

75_ Alexander Stille, "Egypt : Internet Arrest," *Correspondence : An International Review of Culture and Society*, No. 9 (Spring 2002), 38-39.

는 체제에 대한 불만과 이의 확대를 위한 수단을 제공할 수 있다.

　　이집트는 시민사회가 강력하고 시민사회단체들의 인터넷 이용도 방해받지 않는다. 따라서 이들의 인터넷 이용은 체제에 위협을 가할 수 있는 또 다른 요인이다. 예를 들면, 이븐칼둔센터(Ibn Khaldun Center)에 대한 탄압은 그 단체의 웹사이트 상에서, 그리고 이메일 리스트(모두 해외에 기반을 두고 있음)를 통해서 강력하게 항의받았으며 국제적인 주목을 받기도 했다.[77] 그러나 이 경우와 달리 정부에 압력을 가하기 위한 캠페인에서 인터넷을 이용한 사례는 찾아볼 수 없다. 여러 이집트 시민사회단체들은 해외에 기반을 두고 운영되는 국제적인 인권공동체와의 유대관계를 유지하고 있지만 이것이 그들의 활동에 얼마나 영향을 미치는지는 불확실하다.[78] 이집트의 전문가 단체들은 인터넷의 주요 이용자가 아니다. 정부의 비기술적 통제수단들이 시민사회단체들의 정치적 영향의 주요 결정요인이 된다 하더라도 미래에 이집트 시민사회단체들의 인터넷 이용은 증가할 것으로 보인다.

　　이집트 정치에서 인터넷 이용의 가장 중요한 측면은 전자정부이다. UAE 다음으로 이집트는 중동지역에서 가장 선진화된 전자정부 정책을 추진하고 있다. 정부 내부에서 ICT 이용을 촉진하기 위한 노력은 일찍부터 시작되었다. 1987년 지역 거버너레이트(governorate, 이집트의 행정단위)를 전산화하기 위한 정책 프로그램이 마련되었고, 1992년 이후 전국

76_　Alterman, "Egypt : Stable."

77_　www.ibnkhaldun.org 참조.

78_　사례들에는 아랍여성연대협회(Arab Women's Solidarity Association : http://www.awsa.net/)와 인권법률연구센터(Legal Research Center for Human Rights, www.geocities.com/~lrrc/)가 포함된다.

적인 네트워크를 통해 거버너레이트들을 연결시키려고 하고 있다.[79] 이집트에는 현재 중앙정부 웹사이트인 〈www.alhokoma.gov.eg〉가 있으며, 이 사이트는 단순정보만을 제공하고 아직까지 상호작용 서비스는 이루어지지 않고 있다. 여러 정부 부처 사이트들을 포함하여 약 500개의 정부 관련 사이트들이 있다. 시민들이 이집트텔레콤과의 파트너십을 통해 온라인으로 전화요금을 결제할 수 있지만 대부분의 정부 사이트들은 정보만 제공한다.[80] 2001년 4월 이집트는 시민 서비스를 제공하고 정부 간 협력을 촉진하기 위해 전자정부 계획을 발표했으며, 마이크로소프트가 이러한 노력을 위한 기술 인프라를 제공하고 있다.[81]

　　다른 사례들과 마찬가지로 이집트 전자정부는 정부에 대한 시민 만족도를 개선함으로써 체제 유지에 기여할 것으로 보인다. 그러나 이러한 효과는 사우디아라비아와 UAE에 비해 정치적인 관련성은 약하며, 서비스 제공은 체제에 대한 지지의 토대가 되는 사회계약을 위해 중요하다. 이집트는 관료적 효율성에 대한 전자정부의 잠재적 영향과 상당한 관련성을 보인다. 관료제의 효율성은 국가가 향후 경제발전 프로젝트를 추진하기 위해서 보다 좋은 조건을 갖추는 것이 된다. 그러나 정부의 효율성 증진은 일자리를 축소시킬 가능성이 있는 반면, 정부 일자리는 현 체제에 대한 정치적 지지를 확보하는 중요한 수단이 되고 있다. 전자정

79_ Nidumolu er al., "Information Technology."

80_ "The Dawn of Egypt E-Government," *PC World Middle East*, June 2001, www.pcworldegypt.com/archive/ton_gov_june2001.htm 참조. 온라인 전화 요금 지불은 www.mcitel.gov.eg에서 할 수 있다.

81_ Ahmed Fekry, "Egypt Upgrades State It with Microsoft Help," *Middle East Times*, April 13, 2001, http://www.metimes.com/2K1/issue2001-15/bus/egypt-upgrades_state.htm 참조.

부를 통한 투명성 강화는 이 두 가지 효과가 혼합되는 것으로 나타날 것으로 보인다.

이집트의 정당들은 지금까지 인터넷 이용자들을 활용하는 데 소극적이었다. 여당인 민주당은 정부와 동일시되었기 때문에 독자적인 웹사이트를 개설할 필요를 전혀 느끼지 못했으며, 그래서인지 자체의 웹사이트를 갖고 있지도 않다. 여러 야당들이 온라인 신문을 운영하고는 있지만 정당 웹사이트를 갖고 있지는 않다.[82] 이집트 정당 가운데 무슬림형제단이 가장 주목할 만한 인터넷 이용을 하고 있지만 이는 기술적으로도 불법이며, 이 단체의 슬로건을 내세워 공개적으로 선거운동을 하거나 참여하는 것도 금지되어 있다. 2000년 의회선거 이전에 무슬림형제단은 독자적으로 공직에 출마한 후보자들의 사진과 신상을 담은 선거용 웹사이트를 개설한 적이 있다.[83] 선거에서 온라인 선거운동 전략이 얼마나 도움을 주었는지를 파악하기는 어렵지만 무슬림형제단은 선거에서 선전하여 17석을 확보했고, 의회 내에서 가장 큰 반대세력으로 부상했다.

이집트의 인터넷 접속이 확대됨에 따라 다른 야당들도 인터넷 이용에 적극적으로 나서고 있다. 정부가 최근 단체회원 모집과 인쇄자료 배포를 제한하는 긴급 법률을 제정했기 때문에 인터넷은 야당들에게 보다 공정하게 경쟁할 수 있는 수단이 되었다. 그러나 인터넷이 야당의 중요한 정치적 수단이 될 경우 정부는 인터넷 이용 제한 조치를 확대할 가

82_ 예를 들면, www.addustour.com, www.alahali.com과 www.alwafd.org를 참조.

83_ Faith M. Yilmaz, "Muslim Brotherhood Looks at Internet for Effective Campaign," IslamiQ.com, October 3, 2000, www.islamiqdaily.com/world/art_wld1_03102000.php4.

능성이 있다. 더욱이 이집트 체제 내에서 야당들의 주변화는 정치체계에 깊숙이 스며들어 있고, 선거운동 제한 이외에도 많은 요인들에 의해 야당의 활동은 제한될 수 있다. 야당들을 정치적 위협요인이 되지 못하게 하는 후원 패턴이 여전히 존재하기 때문에 인터넷 접근이 증가하더라도 여기에 영향을 미칠 것으로 보이지는 않는다.

UAE와 사우디아라비아에서처럼 경제영역은 이집트의 인터넷 이용에서 중요한 영역이다. 경제발전은 인터넷 성장을 촉진하려는 정부에게 강력한 인센티브가 된다. 관료제의 규모와 상대적 비효율성의 차이때문에 두바이에서 쉐이크 모하메드가 수행했던 신속하고 효과적인 행동과 똑같은 것으로 인정받지는 못하지만, 이집트도 UAE처럼 (종종 인접국인 요르단과의 경쟁에서) 지역기술센터가 되려 하고 있다.[84] 게다가 이미 이집트는 주목할 만한 단계를 수행하고 있다. 이집트의 '스마트 빌리지' (smart village) 정책은 다양한 ICT 비즈니스 파크를 구축하는 것으로 2000년 6월 이 프로젝트에 4,000만 달러가 투자될 계획이다.[85] ICT 비즈니스 파크의 첫 번째 계획은 피라미드 스마트 빌리지이며, 2002년 중반에 문을 열 계획이다. 2002년 3월 무바라크 대통령은 버지니아 주의 북부에 있는 둘레스 기술회랑(Dulles technology corridor)을 방문했고 AOL과 PISNet의 본사에 들러 이집트에 인터넷 관련 투자를 요청했다.

무바라크 대통령의 노력이 아직은 결실을 맺지 못하고 있지만, 이

84_ Samir, "Egypt's Cyber Agenda" 참조.

85_ "Egypt Slashes ISP Line Costs, Plan 'Smart Villages,'" Reuters, September 14, 2000 ; 그리고 "Investors Raise Capital of Smart Village Project in Egypt to US$40 million," DITnet, June 21, 2000, www.dit.net/ITNews/newsjune 2000/newsjune21.html 참조.

집트의 민간 부문에서 여러 가지 중요한 인터넷 정책들이 추진되고 있다. 예컨대, 〈CareerEgypt.com〉은 카이로의 아메리카대학교 학생들이 시작한 일자리 연결 웹사이트이다. 이 사이트는 최근 〈CareerMideast.com〉으로 확장되었고, 중동지역 12개국을 대상으로 한 포털이 되었다. 〈CarOnNile.com〉은 중고차를 매매하는 혁신적인 포털로 자동차 판매점에 전자 쇼룸과 지불 센터를 설치하여 판매량을 늘리고 있다. 이집트의 ISP인 링크닷넷(LINKdotNet)은 외국 인터넷 투자자들과의 파트너 관계를 형성하는 데 성공을 거뒀다. 이 사이트는 마이크로소프트와 협력하여 아랍 최초의 국제 포털이면서 비즈니스 뉴스, 온라인 게임, 인터넷 기반 이메일의 서비스를 제공하는 MSN 아라비아를 운영하고 있다. 이러한 벤처 기업들뿐만 아니라 이집트 정부와 이집트 기업들은 달러 수입의 주요 원천이라고 할 수 있는 관광을 촉진하기 위해 인터넷을 이용하고 있다.[86]

인터넷의 경제적 이용은 사우디아라비아와 UAE에 비해 이집트 정부에 더 많은 도전을 제기할 것이다. 이집트에서 국가는 경제적 지배력이 다소 약하며, 민간 부문이 성장함에 따라 더 많은 정치적 주장이 제기되고 있다. 인터넷 산업의 발전은 정치적으로도 훨씬 적극적인 기업 이익의 출현에 기여할 수 있지만 민간 부문의 성장이 반드시 체제에 대한 정치적 도전을 제기하지는 않을 것이다. 이슬람주의의 반대가 가져오는 악영향에 대처하기 위해 무바라크 정부는 지금 현재도 적극적으로 민간 부문과의 유대를 강화하려 하고 있으며, 기업들에 대한 유인책으로 이집트와 미국의 정책결정자들과 긴밀한 관계를 맺을 수 있는 기회를

86_ 사례들에는 IDSC의 TouriamNet(www.touriam.egnet)와 관광부 사이트 (www.touregypt.net)가 포함된다.

주고 있다.[87] 그리고 이집트는 오랫동안 경제 자유화를 추진하고 있다. 이집트는 정치체제에 대한 가시적인 위협 없이 1990년대 초 이후 꾸준한 성장률을 보이고 있다. 사실, 이집트는 준권위주의 체제에서 경제성장과 자유화가 반드시 민주화를 가져오는 것은 아니라는 것을 보여주는 사례이다.[88] 앞으로의 성장은 체제의 후원에 기초한 자원과 권력분배 체계를 계속 강화하도록 만들 것이다.

국제적으로 이집트와 관련된 인터넷 활동은 그리 많지 않다. 예를 들면 이집트의 콥트 기독교 소수파를 지지하는 초국적 캠페인이 있다. 이 캠페인은 이집트에서 이들에 대한 박해를 비난하고 동등한 대우를 요구하기 위해 인터넷과 관련 기술들을 이용한다.[89] 또 다른 사례로 영국에 있는 무슬림형제단운동(Muslim Brotherhood Movement) 홈페이지를 들 수 있는데, 이 홈페이지는 자신들의 정치적 입장과 이집트와 다른 국가들에서 이루어지는 자신들의 활동에 관한 정보를 제공한다.[90] 이뿐만 아니라 국제사면위원회와 휴먼라이츠와치 같은 국제적인 조직들은 이집트의 인권 실태, 특히 이븐칼둔센터(Ibn Khaldun Center) 탄압에 관한 비판을 인터넷을 통해 공표하기도 한다. 그러한 노력의 결과 확실한 증거는 없지만 이러한 인터넷의 국제적 이용은 정부 탄압의 심각성을 완화하면서 이집트 내 박해받는 집단이 처한 곤경에 대해 국제적인 관심을 높이는 데 도움을 줄 수 있다. 이러한 캠페인들은 이집트에 대한 외국 정부들의 입장에 영향을 미치려고 하는 것인 만큼 큰 효과를 보지는 못할 것이

87_ Alterman, "Egypt : Stable."

88_ Olcott and Ottaway, "Semi-Authoritarianism."

89_ Copts의 웹사이트 www.copts.com/ 그리고 Rowe, "Four Guys" 참조.

90_ www.ummah.org.uk/ikhwan/

다. 사우디아라비아와 UAE의 경우처럼 인권과 국내정치는 서구 정부들과 중동 내 동맹국들과의 관계에서 무역·안보보다는 부차적인 관심대상이기 때문이다.

일반적으로 이집트는 검열이나 접속에 대한 제한을 통해 인터넷을 통제하기 위한 어떠한 계획도 갖고 있지 않다는 점에서 특징적이다. 결과적으로 이집트는 여기서 검토한 다른 사례들에서는 불가능했던 인터넷 이용의 주요한 사례—즉 인터넷 상에서 금지된 콘텐츠를 게시하는 신문, 비합법적 야당의 공개적인 온라인 선거운동, 정부의 인권기록에 대한 국내 시민사회단체들의 비판 게시—라는 특징을 보인다. 그러한 사건들만 가지고 보면 우리는 이집트에서의 인터넷 이용이 이집트 정부에 대해 실제 이상으로 훨씬 심각한 도전을 제기한다고 가정할 수 있다.

이집트의 정치적 맥락에서 보다 완전한 인터넷 이용의 모습은 좀 더 신중한 결론을 필요로 한다. 세속적인 야당을 체제내로 흡수하고 정치적 후원을 통해 민간 부문의 확대를 관리하는 장기적 패턴의 측면에서 보면 이집트의 준권위주의 체제는 안정적이다. 잠재적인 취약점은 이슬람주의적인 정치적 정서를 합법적으로 배출하는 데 대한 체제의 낮은 수준의 관용이다. 일반 대중들의 인터넷 이용은 보다 일상적이 되었고, 그러한 정서는 인터넷 상에서 배출구를 찾고 적극적 행위로 활성화될 수 있다. 무슬림형제단은 이미 인터넷 기반 선거운동을 위한 첫걸음을 시작했고, 미래의 정치적 목적을 위해 인터넷을 다른 방법으로 활용할 방안을 발전시킬 것이다. 그러나 이집트의 준권위주의 체제는 이집트에서의 다른 인터넷 이용, 즉 정부의 전자정부 정책과 인터넷 관련 경제활동으로부터 혜택을 받고 있다. 이집트에서 인터넷 이용의 궁극적인 정치적 영향은 따라서 불확실하다. 인터넷에 대한 접근이 좀 더 광범위해질

때까지는 여러 가지 비기술적 요인들이 이집트 정치에서 훨씬 더 중요하게 작용할 것이다.

5. 결론 : 지속적인 안정, 미미하지만 명백한 위협

인터넷이 UAE, 사우디아라비아, 이집트 전역으로 확산되면서 인터넷의 정치적 중요성은 높아졌으며, 인터넷 이용이 자유화되는 경향을 보이면서 인터넷은 점차 국내정치에서 영향력 있는 요인이 될 것이다. 인터넷 이용은 관광과 여행을 통한 외부 세계와의 접촉 증가, 글로벌 경제와의 통합 증진, 젊은 층의 현대적 사고방식의 고양 등과 같이 자유화를 위한 많은 그리고 보다 장기적인 잠재력들을 보완하게 될 것이다.

그런데 이러한 다양한 요인들의 영향 때문에라도 우리는 인터넷의 영향에 대한 냉철한 결론을 이끌어내야 한다. UAE, 사우디아라비아, 이집트의 권위주의 정치체제는 대체로 안정적이며, 자유화의 잠재적 효과는 최소한의 또는 점진적인 영향을 미치는 데 그칠 것이다. 불로소득 생활자들의 지대추구(rentierism)의 정치경제와 정치적 이슬람의 영향력 같은 요인들은 여전히 정치적 자유화에 대한 견고한 장벽으로 작용할 것이다. 3개국에서 나타나는 적극적인 인터넷 이용은 또한 현재의 정치질서를 강화하는 데 도움이 될 것이다. 각각의 사례에서 전자정부도 주로 이러한 목적을 위한 것이고 인터넷의 경제적 이용도 역시 마찬가지이다.

중동에서 인터넷의 영향에 대한 기대가 큰 영역이 대중들의 인터

넷 이용이다. 일부 국가들이 인터넷 검열을 위해 노력하고 있다는 점에
비춰보면 표면상 이들 국가들이 가장 많은 관심을 갖는 영역이 바로 대
중들의 인터넷 이용이라는 것을 알 수 있다. 사우디아라비아와 UAE는
사회적·정치적으로 환영받지 못하는 콘텐츠를 차단하기 위한 검열에
막대한 자원을 쏟아붓고 있다. 사우디아라비아의 경우, 체제가 여러 해
동안 대중의 인터넷 접근의 도입을 지체시켰기 때문에 콘텐츠 통제를
위한 메커니즘을 완성할 수 있었다. 두 국가 모두에서 일부 이용자들은
해외에 기반을 둔 프록시 서버를 이용하여 국가가 차단한 사이트에 접
근할 수 있으며, 트라이앵글 보이(Triangle Boy)와 피카부티(Peekabooty) 같
은 새로운 서비스의 이용을 통해 검열을 회피하고 있다는 증거도 있다.
이러한 서비스들은 웹에 대한 익명의 접근을 조장하고, 금지 사이트를
보려고 하는 사람들에게 부가적인 수단으로 작용할 것이다. 사우디아라
비아와 UAE 같은 국가가 검열체제를 더욱 강화시킨다고 해도 일부 이
용자들의 경우는 국가가 부과한 제약들을 우회할 수 있을 것이라고 조
심스럽게 말할 수 있다.

　　그러나 대중적인 인터넷 이용의 정치적 영향을 평가하는 것은 검
열과 회피의 문제를 넘어서 파악할 필요가 있다. 각 사례에서 (인터넷을 검
열하지 않는 이집트를 포함하여) 인터넷의 대중적 이용이 권위주의 체제를 심각
하게 위협할 것이라는 점에 대해 의혹을 품게 하는 이유들이 있다. 여러
분석가들의 지적에 의하면 중동에서 인터넷에 접근하는 사람들은 현 상
황에서 기득권을 유지하고 있는 엘리트들이며, 정치활동으로 인해 그들
의 사회적 지위가 위협받을 것 같지는 않다.[91] 정보격차를 해소하기 위
한 노력이 역동적으로 진행되고 있지만 그러한 정치적 노력들은 장기적
인 시각으로 보아야 할 것이다. 반체제 인사가 거의 없고 정치적 정보에

대한 통제가 체제 안정성에 중요하지 않은 UAE 같은 국가들에서 대중적 인터넷 이용에 가장 중요한 영향을 미치는 것은 보수적인 이슬람 전통에 대한 도전이며, 이는 정치적이라기보다 사회적인 것으로 보인다. 정치적 이슬람이 중요한 정치적 요인이 되고 있는 사우디아라비아에서는 인터넷 발전으로 사회가 너무 급속하게 변화되거나 너무 미약한 통제를 부과할 경우 오히려 권위주의 세력의 반발을 가져올 수 있다.

그러나 정치적인 불만을 전적으로 대중적인 인터넷 이용의 잠재력과 연결시키는 것은 바람직하지 않다. 이집트와 사우디아라비아는 정부를 비판하는 많은 온라인 정보를 관심 있게 지켜보고 있다. 권력승계, 국제적인 논쟁, 또는 경제위기와 같은 요인들에 의해 초래되는 위기상황에서 인터넷 이용은 가능한 정치적 결과와 함께 대중적 불안을 표현하고 확대하는 분출구로 작동할 수 있다.

일반 대중들의 인터넷 이용이 정치적으로 중요한 잠재력을 갖게 되는 데 반해 시민사회단체들의 인터넷 이용은 기대에 미치지 못할 것으로 보인다. 다른 세계에서 시민사회단체들의 인터넷 이용은 민주주의를 위한 중요한 추동력으로 알려져 있으며, 일부에서는 중동에서도 유사한 역동성이 일어날 것이라고 주장한다.[92] 그러나 우리가 검토한 사례들은 그렇지 않은 것으로 나타났다. UAE와 사우디아라비아같이 국가가 석유로 돈을 벌어 국민들에게 그냥 나눠주는 지대국가(rentier state)에서 국가는 경제를 지배하며 독립적인 시민사회단체들을 매수할 수 있을 만큼의 경제적인 여유가 있다.[93] 시민사회단체들이 더 광범위하고 영향력 있

91_ Salhi, "Information Technology" ; Fandy, "Information Technology."
92_ 예컨대, Dahan, "Internet Usage" 참조.

는 이집트에서도 인터넷을 정치적으로 이용하는 단체는 그리 많지 않다. 시민사회단체들의 활동이 인터넷 확산을 증진시킬 수 있지만, 이들을 통제하기 위한 체제의 광범위한 법률적 메커니즘이 있기 때문에 이들의 영향은 앞으로도 제한될 것이다.

정치영역에서 우리의 3개 사례 중 가장 주목할 만한 인터넷 이용은 전자정부 추진인 것으로 보인다. 다만 두바이의 두드러진 발전은 전형적인 것이라고 할 수 없기 때문에 제외한다면 사우디아라비아와 이집트는 전자정부 추진에 관심을 집중하고 있고, 이집트는 정부의 온라인 서비스 제공에서 괄목할 만한 성과를 보여주고 있다. 특히 사우디아라비아와 UAE 같은 불로소득 생활자 국가에서 사회적 서비스의 효과적인 제공은 권위주의의 정치적 안정성을 위해 중요하다. 결과적으로 전자정부 추진은 석유로 벌어들인 재정을 보다 효과적으로 분배하기 때문에 정부에 대한 시민들의 만족도를 강화하고 있다. 이집트 같은 비지대국가들(nonrentier states)은 전자정부를 통해 시민들에게 더 많이 봉사함으로써 혜택을 받을 것이다. 전자정부는 또한 관료제의 효율성을 증진시키며 경제발전을 촉진하기 위한 보다 큰 역량을 발휘할 것이다.

전자정부의 발전은 우리가 검토한 권위주의 체제에 여러 가지 잠재적인 도전들을 제기할 수도 있다. 정부의 일자리 창출은 국민의 지지를 확보하는 중요한 수단이지만 전자정부의 추진은 오히려 많은 일자리의 상실을 가져올 수도 있다. 그러나 한편으로 관료적 효율성은 향상될

93_ 캄라바와 모라는 중동의 많은 정부들이 다른 지역들과 달리 비국가 행위자로의 권력이동이 이루어지는 광범위한 형태의 경제적 자유화를 수행하지 않았다고 주장한다. 이러한 관찰은 특히 불로소득국가에서 더 잘 나타난다. Kamrava and Mora, "Civil Society" 참조.

수 있다. 전자정부를 통한 투명성 제고는 권위주의 체제에 대한 지지를 제공하지만 기존 부패의 폭로는 또다른 정치적 위기를 가져올 수도 있다. 뿐만 아니라 인터넷 접속의 불균형(그리고 UAE 내에서의 다양한 에미레이트들 사이에서 전자정부 진전상황의 불균형)은 전자정부로부터 더 많은 서비스를 받는 사람과 그렇지 못한 사람들을 만들기 때문에 정치적 긴장을 만들어낼 수도 있다. 따라서 전자정부를 추진하고 있는 국가들이 그러한 도전들을 어떻게 관리할 것인가의 문제는 여전히 중요한 문제이다. 그러나 일반적으로 전자정부의 발전은 UAE, 사우디아라비아, 이집트에서 정치체제의 안정을 위한 긍정적인 요인으로 작용하고 있는 것으로 보인다.

우리가 검토한 국가들에서 인터넷은 국내에서 반대의 정치(opposition politics)에 광범위하게 이용되지는 않고 있다. 다만 사우디아라비아에서는 외국에 기반을 둔 반체제 단체들의 의미 있는 인터넷 이용을 볼 수는 있다. 이것은 UAE와 사우디아라비아에서 정당들의 부재에 따른 것이기도 하지만 이집트에서조차도 정당들(여당을 포함하여)은 인터넷을 광범위하게 이용하지 않는다. 불법적인 무슬림형제단은 인터넷 기반 선거운동에서 가장 많은 진전을 보였다. 이들의 온라인 선거운동이 단체의 성공에 얼마나 기여했는지를 확신할 수는 없지만 2000년 의회선거에서 무슬림형제단은 온라인 선거운동을 적극적으로 활용했다. 일반적으로 이집트의 야당들은 여전히 효과적인 선거운동을 위한 심각한 법적ㆍ제도적인 장애물에 직면해 있으며, 인터넷 이용은 그들에게 이러한 장벽들을 극복하는 데 최소한의 도움을 주고 있을 뿐이다. 향후 사우디아라비아와 UAE 같은 보다 폐쇄적인 정치체계에서의 민주주의 운동은 인터넷 이용이 함축하는 공개적인 저항을 회피할 것이며, 대신에 내부 채널을 통해 영향력을 추구하는 방법을 선택하게 될 것이다.[94]

중동지역에서 인터넷의 정치적 영향에 대한 상당수 연구들은 일반 대중들의 인터넷 이용에 초점을 맞추지만 우리가 검토한 사례들의 인터넷 활동에서 가장 중요한 영역은 경제적 영역이다. 모자이크 그룹(Mosaic Group)이 지적하는 것처럼 중동지역 대부분의 국가들에서 인터넷을 발전시키는 추진력은 주로 상업적인 것이었다. 세계의 많은 다른 국가들에서 나타나는 공통적인 패턴과는 대조적으로 이 지역 국가들에는 인터넷의 초기 성장을 형성하는 강력한 학문적 관심이나 시민사회단체, 또는 다른 비상업적 관심들이 존재하지 않았다.[95] 우리 사례들에서 UAE(특히 두바이)는 인터넷 관련 외국인 투자를 촉진하고 있는 선도자이다. 이집트는 스마트 빌리지 추진으로 UAE의 뒤를 따르고 있으며, 사우디아라비아는 인터넷에 초점을 맞춘 하이테크 발전지역 구상을 모색하고 있다. 각 국가에서 종종 외국인 투자자들과 파트너십을 형성하고 있는 국내기업들은 초보적인 전자상거래 벤처 기업을 출범시켰다. UAE, 사우디아라비아, 이집트가 미래에 인터넷 관련 경제활동을 훨씬 더 중요하게 보고 있다는 것은 분명하다. 아랍권의 공통 언어는 지역적 벤처 기업들을 촉진시킬 가능성이 높다. 왜냐하면 인터넷 상에서 아랍어 텍스트를 처리하기 위한 기술이 개선되면 인터넷은 이 지역에서 훨씬 광범위하게 확산될 것이기 때문이다.

인터넷 관련 경제활동의 확대가 단기적으로 주요한 정치적 효과를 보일 것 같지는 않다. 인터넷의 경제적 이용 확대는 서구 파트너들의 더 많은 투자를 의미하지만 기술이나 외국기업의 개입 때문에 UAE, 사

94_ Wheeler, "Global Culture" 참조.
95_ Mosaic Group, "Global Diffusion" 참조.

우디아라비아, 이집트에서 비즈니스의 성격이 변화할 것이라고 장담할 수는 없기 때문이다. 존 앤더슨(Jon Anderson)의 주장처럼 국내 기업가들은 인터넷을 '아랍화'(Arabize)할 것이다. 즉 인터넷은 아랍의 비즈니스 문화에 적응하고 경제영역에서의 인터넷의 성장은 아랍의 상업과 발전정책에 의해 형성될 것이다.[96] 우리가 다룬 세 사례 모두에서 국가는 경제를 운용하는 데 강력한 역할을 수행하고 있으며, 정부 계약과 접촉은 국내 기업가나 외국인 투자자들 모두에게 중요하다. 민간 부문은 이러한 게임의 정치적 규칙을 알고 있으며, 그 변화는 점진적일 것이다. 더욱이 인터넷 발전을 통한 경제적 다각화는 사우디아라비아와 UAE 같은 석유수출국들이 정치적 불안정의 기회를 줄이면서 유가파동을 뚫고 나가는 데 도움을 줄 것이다.

다른 한편, 인터넷 관련 경제활동의 장기적 성장은 중동에서 경제적 권력과 정치적 영향력의 성격을 변화시키는 원인이 되고 있다. 존 알터만(Jon Alterman)의 지적처럼 인터넷은 소규모 기업들에게 힘을 실어주며, 전통적으로 체제와 강력한 정치적 유대관계를 맺어온 대규모 가족복합 기업들(family conglomerates)로부터 소규모 기업들로 권력을 이동시키고 있다.[97] UAE와 사우디아라비아 같은 불로소득 생활자 국가에서 경제적 다양성과 인터넷 관련 경제활동의 증가는 정부의 선호에 크게 의존하지 않는 민간 부문의 성장에 기여할 수 있다. 또한 그러한 발전이 권위주의 체제들에 대한 정치적 요구를 증가시켰지만, 이집트의 사례에서 설명한 것처럼 권위주의적 지배자들은 정치적 지지에 대한 보답으로 더

96_ Anderson, *Arabizing the Internet.*
97_ Alterman, "Counting Nodes."

많은 후원과 함께 더 크고 더 영향력 있는 민간 부문을 도모할 수 있다.

국제적으로 우리가 검토한 가장 가시적인 인터넷 이용에는 정부, 특히 사우디아라비아를 비판하는 해외 반체제 단체들의 조직적인 노력들이 포함된다. 사우디아라비아는 정치 사이트의 차단을 통해 정부를 비판하는 자료의 배포를 제한하고 있지만, 이러한 조직들의 인터넷 이용에 따른 국내적 영향은 인터넷에 대한 접근을 보다 광범위하게 증가시키고 있다. 그러나 한편으로 마오운 팬디(Mamoun Fandy)의 주장처럼 국내 주민들은 컴퓨터 스크린에서 읽은 반정부적 담론을 신뢰하려 하지 않을 것이다.[98] CDLR에서 발생했던 것처럼 해외에 기반을 두고 있는 조직들이 서구적인 자유주의적 가치에 호소하기 위해 그들의 담론을 변경할 경우, 그들은 자신들이 목표로 하는 국내에서 신뢰를 상실할 수도 있다. 그리고 그러한 조직들은 공격대상인 나라의 정치개혁을 요구하기 위해 서구 정부들의 압력을 호소하지만, 중동 국가들의 민주적·인권적 신념은 미국과 다른 나라들이 그러한 조직들을 지지하는가의 여부에 실질적인 영향을 거의 받지 않는다. 특히 글로벌 테러리즘이 증가하고 있는 오늘날에 안보 문제에 따른 지역적 정책의 형성은 민주주의의 촉진보다 더 중요시되고 있다.

해외에 기반을 두고 있는 조직들의 정치적 비판을 제외하면 우리가 검토한 국가들에서 정치적 함의를 가지고 있는 국제적 영역 혹은 또 다른 영역에서 인터넷의 활용은 잘 알려져 있지 않다. 해외에 거주하는 중동인들은 모국의 정치적 이슈에 대한 토론은 물론 자신들의 생활과 일

98_   Fandy, "Information Technology."

때문에 (대화방과 이메일을 포함하여) 인터넷을 광범위하게 이용한다. 보다 자유주의적인 환경에서 인터넷을 이용한 정치적 담론을 경험했던 이들 재외동포들은 고국으로 돌아오면 국내 이용자들과 온라인 포럼에 참여한다. 그리고 이들의 경험은 고국에서 인터넷이 활용되는 방식에 영향을 미칠 수 있다. 이와 유사한 역동성이 이미 다른 ICTs에서 발생하고 있으며, 런던을 비롯한 여러 곳에 있는 아랍어 위성방송국은 중동에서의 정치적 토론에 대한 보다 개방적인 환경을 만드는 데 기여하고 있다.[99]

오사마 온라인? 넷 상의 이슬람 근본주의자들

2001년 9·11 사태는 ICTs의 이용뿐만 아니라 오사마 빈 라덴(Osama bin Laden)과 그의 알 카에다 테러리스트 네트워크에 대한 세계적인 관심을 촉발시켰다. 알 카에다의 가장 중요한 인터넷 이용은 조직원들 간의 세부 전술(logistics)의 조정을 위한 것이며, 이러한 활동의 주된 영향은 가장 중요한, 그러나 본 연구의 범위에서는 벗어나는 국제안보에 관한 것이다. 그러나 9·11 사태와 관련한 인터넷의 국제적 이용은 UAE, 사우디아라비아, 이집트의 통치자들뿐만 아니라 중동 정치체제 안정을 위해 보다 직접적인 함의를 갖는다.

빈 라덴과 그의 추종자들은 중동 정치와 관련되어 있으며, 그들은 특히 사우디아라비아 같은 체제를 표적으로 하고 있다. 빈 라덴의 활동

99_ Alterman, "Information Revolution"; and Anderson, *Arabizing the Internet* 참조.

은 사우디 왕정에 대한 비판에서 출발했고, 걸프전 당시 사우디 영토에 미군이 주둔한 이후부터 그의 주요 초점은 미국으로 이동했다. 빈 라덴은 CDLR이나 MIRA과 같이 사우디 체제에 대항하여 인터넷을 이용하지는 않았지만 여론을 형성하기 위해 다른 국제적인 미디어를 이용하는데는 정통한 것으로 알려져 있다. 그는 알 카에다 네트워크를 통해 쉽게 인터넷 상에서 사우디 정부(또는 다른 나라들)에 대한 비판을 확산시켜 나갈 수 있었다. 그러나 사우디아라비아 국내의 빈 라덴 추종자들은 그의 국제적인 영향에는 훨씬 못 미쳤고, 국내에서의 영향력은 CDLR이나 MIRA 보다도 취약하다.

　　사우디 체제에 대한 빈 라덴의 비판에 동조하는 것보다 더 중요한 문제는 2001년 9·11 사태 이후 궁극적으로 중동 정치체제에 위협을 가할 수 있는 극단적인 이슬람주의 정서와 반서구적 정서를 촉발할 수 있는 인터넷의 잠재적 가능성에 있다. 과거에는 중동지역의 많은 정부들이 그런 정서들을 주의 깊게 다스렸다. 그러나 만약 중동지역 정부들이 미국과의 동맹을 선택하고 국민들은 빈 라덴의 국제적 의제에 공감한다면 앞으로 정부는 국민적 정서를 통제하기 어렵게 될 것이다. 파키스탄의 무샤라프(Musharraf) 정부는 실질적인 대중적 반대에도 불구하고 미국 편에 선 이후 더 불안정해졌다. 인터넷도 중동지역에서 여론형성을 위해 중요하지만 주로 알 자지라 같은 위성 TV 네트워크와 같은 ICTs의 이용을 통해서 그러한 대중적 반대가 활성화된다. 미국에 기반을 두고 있는 많은 대화방과 웹페이지들은 빈 라덴의 활동과 미국의 군사적 대응에 관한 견해들을 나누는 포럼을 제공한다. 그러한 온라인 표현은 극단주의적 경향을 보일 수도 있다. 즉 9·11 사태 이후 미국의 수많은 ISP들은 법규를 위반한 웹사이트들을 폐쇄했고 대화방의 게시물도 검열했다.

만약 디아스포라 단체들과 전 세계의 다른 동조자들에 의해 표출된 이러한 형태의 극단주의가 중동 국민들에게 영향을 미칠 수 있다면 그것은 이 지역 정치체제에도 영향을 미치게 될 것이다. 물론 UAE에서는 대외정책에 대한 정부의 입장에 대해 국민들의 반대가 그리 크지 않다. 현재 사우디아라비아와 이집트에서 인터넷 접속은 여론에 많은 영향을 미칠 수 있는 온라인 극단주의에 상당한 제약을 가지고 있다. 그러나 인터넷 접근이 확대됨에 따라 온라인 극단주의는 특히 기업통제에 대한 계획이 현재로서는 없는 이집트에서 더 큰 영향력을 발휘할 수 있는 잠재력을 갖고 있다.

온라인 극단주의의 잠재력에도 불구하고 우리는 여전히 UAE, 사우디아라비아, 이집트에서의 인터넷 이용은 이들 권위주의 체제의 안정성에 대해 아직까지는 중대한 위협을 가하지 못한다고 결론내릴 수 있다. 인터넷에 대한 접근과 이용이 더 확대될 경우 우리가 이 장에서 확인한 역동성은 정치적으로 더 많은 관련성을 갖게 될 것으로 보인다. 반체제 단체들의 인터넷 이용이나 반정부적 대중의 정서를 형성할 수 있는 정보에 대한 접근 증가와 같이 그것들 중 일부는 기존 권위주의 체제에 도전을 야기할 것이다. 일련의 정치적 위기 속에서 인터넷은 반체제적 표현과 확대를 위한 장을 제공할 수 있다. 몇 가지 점에서 인터넷 이용은 이들 체제들 중의 하나가 붕괴되는 데 역할을 수행할 것이라고 생각할 수도 있다. 그러나 중동지역 권위주의 국가들은 과거 그들이 처했던 다양한 잠재적 도전들을 뚫고 지나왔다. 이 국가들이 어떻게 사회적으로 인터넷 도입을 성공적으로 관리할 것인가 역시 이와 똑같은 가능성을 가지고 있을 것으로 보인다.

6

맹목적 낙관주의를 넘어서

정보혁명은 공산주의 국가가 보다 폭넓은 개방을 향해 나아가도록 추동하고 있다. 통치체제로서 공산주의의 궁극적 운명이 무엇이든지 간에 서방세계는 공산주의 사회에 좀 더 개방된 정보 흐름을 촉진함으로써 공산주의 체제 자체의 성격을 변화시키는 데 기여할 수 있는 정책과 프로그램을 후원해야 하는 흥미로운 도전에 직면해 있다.

■■■ Walter R. Roberts and Harold Engle, "The Global Information
Revolution and Communist World," *Washington Quarterly*, Spring 1986.

역사적으로 볼 때 모든 형태의 기술진보는 그것의 사회적 영향과 관련하여 커다란 논쟁을 불러일으켜 왔다. 현대의 ICTs도 예외는 아니다. 인터넷이 지구적 현상으로 등장하기 오래 전부터 ICTs 분야의 혁신은 수많은 사회·경제·정치적 변화들을 가져올 것이라고 전망되었다. 예를 들면, 1980년대 서구의 분석가들은 소련 당국의 정보통제를 무너뜨리기 위해 ICTs의 이용방법을 신중히 고려했었다. 1980년대 말 공산국가들의 연이은 붕괴는 정보기술에 대한 확신과 정책적 유용성—특히 권위주의 체제의 붕괴와 관련해서—에 대한 열정을 공고화시켰다.

이러한 열정은 지구화와 정보혁명이 현대 세계에서 국가의 중요성을 감소시킬 것이라는 관념에 토대를 두고 있다. 인터넷 전자상거래와 연결된 통합된 시장들은 거시경제 정책의 입안과정에서 중앙은행들을 압박하고 있다.[1] 새로운 안보위협들이 상호 연결된 테러리스트 네트워크에서 무정형의 형태로 등장하고 있으며, 이러한 현상은 비국가적 전투원들 간의 전쟁이 증가될 것이라는 것을 암시하고 있다.[2] 지구적 연결망을 가진 활동가들과 시민사회단체들은 초국적 이슈와 다자적 조약의 협상과정에서 점점 더 중요한 역할을 해왔다.[3] 가장 효율적인 정부들에서도 인터넷이 도전적 요소가 되는 변화의 시대에 권위주의 정권의 구시대적인 관료들과 노쇠한 독재자들에게 인터넷이 위협이 되고 있다는 사실은 일면 당연한 것이다. 따라서 정책담당자들과 활동가들은 인터넷이 권위주의 체제의 몰락을 가져올 것이라는 통념에 따라 인터넷의 활용을 추구하고 있다.

인터넷을 권위주의 체제에 대한 도전으로 활용하는 방법에는 여러 가지가 있다. 폐쇄된 사회의 대중들은 검열이 이루어진 출판물과 방

1. Friedman, *Lexus* ; Kobrin, "Back to the Future" ; and Wriston, *Twilight* 참조.
2. Arquilla and Ronfeldt, *Networks* ; and Arquilla and Ronfeldt, *Swarming* 참조.
3. Florini, *Third Force* ; Mathews, "Power Shift" ; Simmons and Oudraat, *Managing Global Issues* ; Warkentin, *Reshaping World Politics* 참조.

송 미디어를 통해서만 정보에 접근할 수 있다. 경제자원을 독점한 국가
와 부유층 엘리트들에 의해 오랫동안 통제되어 온 국가들에서 독립적인
인터넷 기업들은 아마도 갑작스럽게 등장할 것이다. 반체제 인사들은 새
롭고 잠재적인 권력도구를 당국의 감시 속에서 획득할 수 있고, 그러한
감시 속에서도 조직구성과 의사소통을 촉진시킬 수 있을 것이다. 캐서린
달피노(Catharin Dalpino)가 언급한 것처럼 '민중의 힘'(people power) 시위는
미국 국민들에게 커다란 반향을 불러왔으며, 변화의 기폭제로서 시민사
회를 활용하려는 전망은 미국의 권위주의 체제에 대한 정책에 상당 부분
스며들었다.[4] 따라서 미국의 정책담당자들이 권위주의에 대한 인터넷의
영향력을 언급할 때 병적인 집착을 보이는 경향은 결코 놀랄 만한 일이
아니다.

　그렇다고 권위주의 국가가 결코 인터넷 시대에 뒤떨어져 있는 것
은 아니다. 실제로 권위주의 국가는 인터넷 발전계획의 수립과 사회·경
제·정치 행위자들의 인터넷 이용방식 결정에서 중요한 역할을 수행하
고 있다. 권위주의 정권은 전자정부 구축 및 핵심 산업들의 연계와 같은
능동적인 정책을 통해 인터넷 발전을 견인하고 국가 목표와 우선 순위
를 제시하고 있다. 이는 국가 능력의 범위를 확대하는 것이며, 심지어 인
터넷 이용이 국가 권위에 대해 다양한 형태의 도전으로 나타날 때도 그
러할 것이다. 더 나아가 국가는 인터넷의 물질적·정책적 체계의 광범위
한 틀의 수립을 통해 인터넷 이용 환경을 조성할 수 있다. 이러한 노력들
로 인해 비국가 행위자들에 의한 인터넷 이용은 예상 밖의 미약한 정치

4_　Dalpino, *Deferring Democracy*, p. 52.

적 영향력을 발생시킬 것이다. 예를 들어, 인터넷 이용자들은 아마도 웹
상에서 정치적으로 민감한 요소들과 거리를 둘 것이며, 기업들은 당국의
검열정책에 대한 도전보다 협력이 더 이익이 되리라는 것을 간파할 것
이다.

인터넷은 분명 많은 권위주의 국가들에서 현상 타파를 가져올 수
있지만 그러한 파급효과는 단선적이지 않을 것이다. 이 장에서 우리는
그러한 효과들의 윤곽을 제시할 것이며, 8개국 사례연구로부터 도출된
주요한 발견들도 제시할 것이다. 결론적으로 우리는 인터넷이 태생적으
로 권위주의 통치에 대한 위협이 될 수 없다고 주장한다. 인터넷의 지구
적 확산은 권위주의 정권의 조종(弔鐘)을 울리기보다는 오히려 권위주의
정권에게 기회와 도전을 동시에 제공할 것이다. 이는 미국의 정책담당자
들이 인터넷의 영향력에 대한 단순화된 관념들을 버리고 구체적 행동과
정책들을 지원할 때 권위주의 국가들의 개방을 증진시킬 수 있다는 것
을 의미한다.

1. 계속되는 국가의 통제

과거 ICT의 통제 유산에 기대는 정부

대부분의 권위주의 체제에서 국가는 ICTs 및 매스미디어의 발전
과 통제에 있어 역사적으로 강력한 역할을 수행해 왔다. 이러한 유산은
인터넷 발전 분야에서도 여전히 국가가 지배적인 역할을 수행하는 것으

로 나타났다. 인터넷 기술의 초기 실험단계에서 학계 또는 과학계가 선도적 역할을 수행한 반면, 국내의 인터넷 확산은 국가의 지도 아래 이루어졌다. 이러한 과정 속에서 정부 당국은 인터넷에 대한 국가통제를 용이하게 할 수 있는 전형적인 기술적 · 정책적 시스템을 고안해냈다.[5]

예를 들면, 이집트를 제외하고 우리가 다루었던 대부분의 국가들은 국가 통신망의 척수인 장거리 광통신망과 해외 인터넷 접근을 위한 게이트웨이를 비롯한 국내의 수많은 물리적 네트워크 인프라를 통제하고 있다. 이론적으로 볼 때 이는 정부가 국내 인터넷 접근에 대한 통제권을 가지고 있음을 의미한다. 물론 인터넷 접근을 통제하는 경제적 비용이 잠재적인 정치적 이익을 초과하기 때문에 이 같은 통제가 이루어질 가능성은 희박하다. 그러나 국가 네트워크 시스템에 대한 통제는 권위주의 정권에게 다른 유형의 이익들을 가져다 준다. 특히 이는 국가세입의 중요한 한 부분을 차지할 것이며, 또한 온라인 이용에 대한 감시도 용이하게 할 것이다.

5_ 실제로 인터넷에 대한 국가 규제와 통제는 민주주의 국가에서도 두드러진 현상이다. 인터넷의 무정부적인 태동과는 대조적으로 인터넷은 정부 조직, 준정부 조직, 그리고 비정부 조직들에 의해 규제되고 감독되어 왔다. 정부는 국내의 콘텐츠를 결정하는 데 있어 더 큰 목소리를 내기 위해 압력을 행사하고 있다(야후에 대항했던 프랑스 사례와 같이). 강력한 인터넷 통제를 선호해 왔던 권위주의 체제들은 최근 들어 전 세계의 대중들로부터 이전보다 더 큰 지지를 받고 있다. 더욱이 지난 9 · 11 사태 이후 변화된 안보환경은 정보 인프라에 대한 통제를 더 강화시켰으며, 이는 일반적으로 더 강화된 인터넷 규제로 나타났다.

인터넷 이용 환경을 형정하는 범국가적 ICT 계획

많은 권위주의 정부들은 인터넷 시스템을 통제하는 것에 덧붙여 범국가적 ICT 계획을 입안하고 있다. 이러한 계획은 인터넷 발전이 국가가 규정한 사회 · 정치 · 경제적 목표를 어떻게 달성할 것인가라는 전략적 비전 속에서 출발하고 있다. 예를 들면, 쿠바는 컴퓨터 네트워킹을 교육과 공공 보건 분야에 이용하는 데 집중하지만 이와 동시에 대중들의 인터넷 접근은 규제하고 있다. 중국은 완벽한 정보사회의 구축을 전략적 목표로 삼고 있으며, 이는 국가의 광범위한 현대화 계획에 동력을 제공하고 보완적 역할을 하게 될 것이다. 버마와 같은 일부 국가들은 규제 일변도의 인터넷 발전정책을 유지하고 있지만 범국가적 ICT 계획 수립에는 적극적으로 나서고 있다.

우리 연구에서 다루는 대부분의 권위주의 정권들은 인터넷 정책의 발전과 관련하여 전자상거래의 활성화에서부터 대중의 인터넷 이용 통제에 이르기까지 다른 국가들로부터 '모범적인 사례'를 찾고 있다. 쿠바는 ICT 발전계획 분야에서 중국의 경험과 지원을 제공받고 있다. 이 분야와 관련하여 중국은 싱가포르가 정치 · 사회적 통제와 더불어 현대화, 탈부패, 기술친화적 사회를 어떻게 조화시켰는지에 대해 오랫동안 관심을 기울여 왔다. 이 외에도 UAE와 같은 다른 권위주의 국가들 역시 싱가포르의 사례에서 영감을 받았다.

국가 능력의 중요성

권위주의 정권들이 ICT 정책과 사례들에서 상호 영향을 받아온 반면, 정책의 이행은 주로 개별 국가의 능력에 의해 좌우되고 있다. 정부 부처 간 경쟁이 첨예한 가운데 거대하고 비효율적인 관료조직은 ICT 전략의 효과적인 수행에 방해가 되고 있다. 이는 특히 인터넷 발전이 권력에 굶주린 정부기관들에게 수지맞는 장사로 인식되고 있는 중국에서 현실화되고 있다. 베트남의 경우처럼 인터넷 발전에 따른 이익을 결코 나누려하지 않는 리더십은 상호 모순적인 정책으로 나타나고 있다.

반면, 작고 효율적인 권위주의 국가는 집중된 리더십과 정책수행에서의 적은 간섭을 통해 막대한 이익을 얻고 있다.[6] 싱가포르는 야당의 반대에도 불구하고 ICT 비전을 신속하게 이행하려는 국민행동당의 능력으로 대규모의 통신망을 급속히 가설할 수 있었다. 또한 싱가포르의 작은 국가 규모는 관료들이 그들의 미래 비전인 '아시아 정보 중심지 구상'(intelligent island)을 추진하는 데 기여했다. UAE에서도 다른 에미레이트들이 개별적 정책을 추진하기는 했지만 세이크 모하메드(Sheik Mohammed)가 통치하는 두바이는 보다 신속하고 효과적인 인터넷 발전을 적극적으로 추진했다.

6_   이는 권위주의 체제가 민주주의 체제보다 더 효율적일 수 있다는 주장을 뒷받침한다. 왜냐하면 권위주의 체제는 반대세력으로부터 자유롭게 정책을 수행할 수 있기 때문이다. 물론 이러한 시각의 이면에는 권위주의 체제를 견제할 세력이 존재하지 않기 때문에 더 큰 실수를 범할 수 있다는 점도 고려되어야 한다. Maravall, "Authoritarian Advantage" 참조.

효과적인 전자정부를 만드는 능률적인 국가

대규모 국가들과 비교해 ICT에 친화적인 리더십을 가진 소규모 권위주의 국가들이 거시적 수준의 ICT 정책은 물론 미시적 수준의 전자 정부 정책 또한 더 효과적으로 추진할 수 있다. 관료나 정치적 반대세력 으로부터 방해받지 않은 싱가포르와 UAE는 전자정부 서비스를 발전시 키는 데 있어 놀랄 만한 모습을 보여주었다. 특히 싱가포르는 전자정부 의 발전을 통해 관료들을 혁신하고 시민들에게 보다 향상된 서비스를 제공하고 있다. 민주주의 국가와 권위주의 국가를 막론하고 많은 국가들 이 이제 싱가포르의 사례를 따르려 하고 있다. 물론 중국과 이집트 같이 대규모의 비효율적인 국가들도 전자정부를 그들의 문제에 대한 해결책 으로 보고 있지만, 그러나 이 국가들에서 이러한 새로운 해결책에 적응 하도록 관료들을 신속하게 재교육시키기는 불가능하다. 본질적으로 ICT 친화적 지도자들이 통치하는 규모가 작은 국가들이 능률성이 좋은 전자 정부를 이끄는 반면, 규모가 큰 국가들에서는 좋은 전자정부가 보다 나 은 능률성을 이끌고 있는 것으로 보인다.

반응적 전자정부와 정부의 정통성 강화

전반적으로 시민들에게 효과적인 서비스를 제공하는 전자정부 프로그램은 정권의 정통성을 강화시킨다고 할 수 있다. 특히 국가가 전 통적으로 정치적 지지의 대가로 광범위한 혜택과 유인책을 제공해 온 국가들에서 더욱 그렇다고 할 수 있다. 예를 들어 UAE의 효과적인 정부 서비스는 정권 안정성의 중요한 원천이며, 서비스 제공을 확대하는 어떤 전자정부 프로그램도 대부분 정권에 이익이 되는 것으로 판명될 것이다. 싱가포르의 국민행동당은 대중들에게 높은 삶의 질을 유지시켜 주는 그들의 능력을 바탕으로 많은 지지를 획득하고 있으며, 혁신적인 전자정부 서비스의 실행은 국민행동당의 지지기반을 더 공고하게 만들고 있는 것으로 보인다. 그러나 전자정부 서비스 접근에서 나타나는 불평등은 여기서 배제된 사람들로 하여금 전자정부 서비스를 일종의 엘리트들만의 특권으로 인식하도록 만들고 있다. 이러한 측면에서 국가 전체적으로는 온라인 서비스 접근이 불평등하게 이루어지고 있지만, 전자정부를 야심차게 추진하고 있는 UAE의 두바이 같은 국가에서 미래의 전자정부를 주시해 보는 것도 상당히 유용한 일이 될 것이다.

시민들에게 중요한 혜택을 제공하는 전자정부

효과적인 전자정부는 분명히 권위주의 국가를 강화시키는 잠재력을 가지고 있으며, 특히 네트워크화된 정보 운영을 통해 정부 관료들을 능률적으로 만들거나 지방정부와의 보다 효율적인 의사소통을 통해 중앙의 권위를 강화시킬 수 있다. 하지만 이러한 권력 계산에 따른 이해득실의 측면만이 전자정부를 추진하는 유일한 동기는 아니다. 많은 권위주의 체제의 관료들은 투명성의 증가, 부패의 감소 그리고 시민들의 관심사를 정부 정책에 반영시키기 위해 진정으로 노력하고 있다. 그러므로 비록 이런 목표들이 그 자체로는 '민주적'이 아닐지라도 국민들에게 중요한 혜택을 제공하는 발전들을 포함하고 있으며, 이는 아마도 향후에 정치적 자유화의 기반이 될 것이다.

정교화되는 국가 선전

다양한 온라인 정부 서비스의 제공과 더불어 여러 권위주의 체제들은 다방면에 걸쳐 인터넷을 선전에 활용하고 있다. 국가가 운영하는 많은 신문들은 현재 모두 온라인으로도 제공되고 있으며, 연재기사나 웹토론 같은 것들이 때때로 인터넷의 쌍방향성을 이용하여 소개되고 있다. 일부 국가에서는 인터넷이 국가의 이데올로기적 메시지를 세밀하게 조정하고 온라인 상의 분위기를 주도하는 정교한 정치적 환경을 만드는 데 사용되고 있다. 중국 정부는 국영 신문의 실제 지면에서보다 좀 더 의도된 이미지를 창출하기 위해 온라인 판을 이용한다. 예를 들어, 인민일보 웹사이트의 채팅룸에서는 이용자들이 수많은 국제 문제들에 대해 당국의 입장을 지지하는 민족주의적 정서들을 발산하는 것이 허용되고 있다. 이러한 점에서 국가는 본질적으로 인터넷 이용자들이 국가의 입장에 대해 지지를 표명할 수 있는 포럼들을 제공하고 있으며, 이러한 포럼들은 공식적 수사(official rhetoric)보다도 이데올로기적 환경에 영향을 미치는 보다 효과적인 수단이다.

정치적으로 위험한 인터넷 이용에 대한 정부 규제

정부는 공중에 의한 인터넷 이용이 정치적 도전이 되지 않도록 제한하는 많은 수단들을 가지고 있다. 가장 보편적인 방법은 방화벽 및 프록시 서버와 같은 국가 시스템을 통해 인터넷 트래픽을 여과함으로써 정치적 또는 도덕적으로 부적절한 내용에 대한 접근을 차단하는 것이다. 공공연한 인터넷 검열의 가장 보편적인 동기는 대부분 음란물에 대한 차단이지만 이는 정부의 실질적인 차단 노력 중 일부분에 불과하다. 그럼에도 불구하고 그러한 검열에 대한 대중적 지지가 실제로 존재하며, 이는 특히 중동지역에서 그렇다. UAE와 사우디아라비아 같은 국가에서는 많은 국민들이 정부의 음란물 차단을 지지하고 있으며, 그러한 차단을 유지하지 않을 경우에는 상당한 대중적 저항에 부딪힐지도 모른다. 그 밖의 여러 국가들에서는 음란물 차단이 광범위한 검열을 위한 일종의 구실로 이용되고 있다. 예를 들어, 베트남 정부는 음란물 사이트를 차단하고 있으나 주된 관심사는 반정부 사이트와 망명자들에 의해 해외에서 운영되는 호스트를 차단하는 것이다.

물론 검열이 결코 완벽한 것은 아니다. 많은 웹 전문가들은 음란물, 반정부 웹사이트, 그리고 다른 정치·문화적으로 민감한 내용에 접속하기 위해 검열 시스템을 우회하는 방법을 알고 있다. 또한 대부분의 권위주의 국가들도 그들의 검열노력이 완벽하지 않음을 인식하고 있음에도 완벽한 방화벽 구축을 목표로 하기도 한다.

검열통제를 우회하는 용의주도한 이용자들이 존재하는 국가들은 때때로 간단하고도 노골적인 방법을 채택하는데, 그 방법은 인터넷에 대한 대중의 접근 자체를 규제하는 것이다. 완전한 접근 규제에 의존하는 국가는 방화벽 및 프록시 서버를 포함하는 대규모의 중앙집권적인 검열 체제가 필요 없다. 쿠바와 버마는 현재 소수의 웹사이트에 대한 차단이 제도적 수준에서 이루어지고 있지만, 프록시 서버 시스템을 통해 모든 트래픽에 대한 필터링 없이도 인터넷 접근을 통제하고 있다. 사우디아라비아는 여러 해 동안 인터넷 접근을 규제해 왔으나 1999년에 복잡한 검열 메커니즘의 사용과 여과된 인터넷 버전에 대한 광범위한 대중적 접근을 허용하면서 접근 규제 방식을 포기했다. 사우디아라비아의 예는 접근 규제 방식을 취하고 있는 다른 국가들이 미래에 취할 수 있는 방향을 보여주고 있다.

국가 인트라넷은 접근 규제를 채택(또는 최근에 채택한)하고 있는 국가들에서 종종 글로벌 인터넷의 대체수단으로 등장하고 있다. 인트라넷 이용자들은 글로벌 인터넷 접속을 위해 정치적으로도 '안전한' 네트워크 밖으로 나갈 수 없기 때문에 대중들의 인트라넷 사용은 정치적으로 거의 위협이 되지 않는 것처럼 보인다. 쿠바에서 국가는 대중들이 인터넷에 대한 접근 없이도 컴퓨터 사용을 통해 이익을 얻을 수 있다는 신념을 바탕으로 인트라넷을 구축·활용하고 있다. 베트남의 인트라넷은 인터넷 도입 초창기에 인기가 있었고, 가격이나 위험면에서 글로벌 인터넷에 대한 대안으로 존재했다. 그러나 인트라넷이 모든 권위주의 국가들에게 안전장치는 아니다. 왜냐하면 인터넷에 대한 대중 접근이 보편화된 곳에서는 인트라넷이 매우 어렵기 때문이다. 따라서 중국의 정부 관료들은 오랫동안 인트라넷 구축을 원했지만 글로벌 인터넷에 대한 대중적 접근의 급속한 증가로 그 계획의 실현은 불가능하게 되었다.

효과적인 '연성'(soft) 통제

권위주의 국가들은 인터넷 이용에 따른 잠재적 도전이 체제에 대한 도전이 될 때 검열, 접근 규제, 인터넷 통제의 다른 공공연한 방법들과 더불어 종종 '연성' 수단들을 이용한다. 연성수단들은 대중들의 자기검열을 증진(이는 종종 소수 유명인사의 체포를 통해 이루어진다)시키거나 인터넷 민간 기업들의 콘텐츠 필터링 또는 그늘 회사의 이용자들에 대한 단속을 증진시키는 것들을 포함한다. 이러한 수단들은 권위주의 정부로 하여금 방화벽과 다른 수단들을 사용하여 인터넷에 대한 노골적인 통제의 필요성을 감소시킨다. 권위주의 국가의 많은 평범한 웹 이용자들은 정치적으로 용인되는 인터넷 이용의 한계를 이해하고 있으며, 당국은 이러한 이해를 바탕으로 포괄적인 검열이 필요하지 않은 환경을 만드는 데 활용하고 있다. 싱가포르 정부는 이러한 전략을 전통적 미디어에도 활용해 왔으며, 인터넷에도 성공적으로 적용하고 있다. 중국 또한 점진적으로 개인 수준에서의 인터넷 이용통제를 시도하기보다는 오히려 인터넷 이용 환경을 조성하는 데 주력하고 있다.

인터넷을 활용할 수 없는 야당세력

권위주의 국가에서 대부분의 야당세력들은 국내에서 인터넷 사용을 할 수 없다. 많은 권위주의 체제에서는 공식적으로 야당의 존재 자체가 금지되어 있거나 또는 정치적 통제 메커니즘 때문에 효과적인 활동을 하지 못하고 있다. 단지 이집트와 싱가포르에서 인터넷을 사용하기 위한 야당들의 시도가 있었으나 이 두 사례에서도 그 영향력은 최소한에 그쳤다. 싱가포르와 이집트에서 정치적 경쟁을 제한하는 일반적인 선거 방식은 인터넷까지 확대되어 있으며, 따라서 야당 정치인들의 온라인 선거운동도 금지되어 있다. 예를 들면, 이집트의 많은 야당들은 온라인 기관지를 발행하고 있지만 정당의 웹사이트는 만들지 못한다. 유일한 예외로 2000년 의회선거를 위해 웹사이트를 불법적으로 만든 무슬림형제단(Muslim Brotherhood)의 사례가 있다. 한편, 싱가포르의 여당인 국민행동당은 성장 가능성이 있는 야당의 등장을 온라인 또는 오프라인에서 효과적으로 막고 있다. 즉 규제와 입법을 통해 비판세력들의 정치적 의사소통을 위한 인터넷의 이용 자체를 제한하고 있는 것이다.

미래에는 인터넷 접근이 증가할 것이기 때문에 더 많은 반정부 운동들은 대중들을 정치적으로 조직화하거나 의사소통을 위한 매개수단으로 인터넷을 사용하려 할 것이다. 정치적 또는 경제적 위기는 현존 야당 또는 잠재적 야당의 광범위한 인터넷 사용을 촉진할 가능성이 농후하다.[7] 그러나 경제위기가 정치변동을 촉발하는 상황을 예견하는 것은 매우 어려운 일이며, 더욱이 그러한 사건들에 인터넷이 활용될 가능성도 매우 적다고 할 수 있다.

7_   예를 들어, 말레이시아에서 부수상의 체포와 투옥에 항의하기 위해 시작된 풀뿌리 운동은 온라인 운동에서 점화되어 점차 공식적인 야당으로까지 확산되었다. 이러한 사례는 잠재적 반대운동이 시작되는 데 인터넷 접근이 필요하다는 증거로 자주 인용된다. 그러나 국내적 상황이 더 중요하다. 예를 들면 말레이시아의 준권위주의 정부는 논의의 여지가 있지만 여기에서 조사된 강한 권위주의 정부에 비해 반대세력에게 취약했다.

2. 시민사회와 대중 : 민중의 힘 혹은 정부 지지?

엘리트들만의 인터넷 접근

인터넷에 대한 일반적 통념은 국민 대부분이 인터넷에 접근을 할 수 있게 될 때 정치적으로 중요하게 될 것이라는 가정에 입각하고 있다. 그러한 가정에도 불구하고 현재까지 권위주의 체제에서 인터넷에 접근하는 사람들은 주로 엘리트 계층에 한정되어 있으며, 이들은 현상유지를 바라는 기득권층이다. 예를 들어, 버마에서 인터넷 접근은 극소수의 사업가들과 정치 엘리트들에게만 제한되어 있으며, 이들은 정치적으로 민감한 행동을 위해 인터넷을 이용할 가능성이 거의 없는 사람들이다. 쿠바의 권위주의 체제도 정치적으로 신뢰할 수 있는 개인들과 조직들에게만 인터넷 접근을 허용하고 있다. 이러한 엘리트 중심의 인터넷 접근 패턴은 사우디아라비아와 이집트 같이 접근 규제를 하지 않고 있는 국가에서도 마찬가지이다.

두드러진 위험회피 관행

권위주의 체제의 인터넷 이용은 엘리트들 사이에서 두드러지게 나타나고 있지만 대중들의 인터넷 이용도 점진적으로 증가하고 있다. 틀림없이 일부 사람들은 권위주의 국가들이 원치 않는 이념과 이미지들에 접근할 수 있을 것이다. 그러나 권위주의 체제의 많은 시민들은 민주주의 체제의 시민들이 이용하는 방법과 같은 방식으로 인터넷을 사용하고 있다. 그들은 친구 및 가족들과의 연락, 손쉽게 접근할 수 있는 뉴스 탐색, 엔터테인먼트와 스포츠 사이트 검색, 그리고 실생활과 관련된 구체적 정보 검색에 인터넷을 활용한다. 비록 어떤 사람들은 검열되지 않은 뉴스 또는 정치적으로 민감한 웹사이트에의 접근을 원할지도 모르지만 대부분의 이용자들은 위험부담이 너무 커서 그렇게 하지 않는다. 더구나 일생 동안에 걸친 정부의 선전은 많은 권위주의 체제의 시민들에게 국내외의 모든 미디어들을 의심해야 된다고 가르쳐 왔다. 그러므로 단지 외부 뉴스에 대한 노출이 권위주의 체제의 여론을 동요시키기에 충분하다는 것은 의심의 여지가 있다.

정보의 진공상태와 인터넷 이용

인터넷 말고도 외부 정보에 접근할 수 있는 다른 방법들이 존재하는 곳에서 대중들의 인터넷 이용은 그것이 가져올 최소한의 영향력조차도 그리 크지 않아 보인다. 많은 권위주의 체제들은 인터넷 외에도 휴대폰 문자 메시지나 위성 TV 같은 많은 ICTs에 대한 접근을 용인(또는 막는 것이 불가능하다)하고 있다. 예를 들면, 서구 세계의 위성 TV는 대부분의 중동 국가들에서 널리 이용되고 있으며, 이들을 막는 규제들 또한 대부분 무시되고 있다. 시민들도 관광객들과의 접촉이나 해외 친척들과의 연락 등을 통해 세상에 관한 정보를 얻고 있다. 특히 쿠바에서 이러한 현상이 두드러지고 있으며, 여론 제공에 있어 인터넷보다 더 큰 역할을 하고 있다. 대중이 이미 해외에 관한 정보를 습득하고 있는 곳에서는 아마도 보다 광범한 인터넷 접근이 특별한 영향력을 발휘할 것으로 보이지 않는다.

소수 반체제 인사들의 접근

인터넷 접근에 대한 엄중한 규제가 없는 권위주의 국가에서는 정치적 반체제 인사들이 인터넷을 이용하고 있으며, 이들은 인터넷을 통해 대중에게 정보를 제공하거나 서로 간에 의사소통을 하고 있다. 그러나 이러한 반체제 인사들은 수적으로는 소수이며 국제적으로는 널리 알려져 있지만 국내적으로 그들의 영향력은 미미한 것으로 보인다. 왜냐하면 그들은 국내적으로 거의 알려져 있지 않으며, 또한 그들과의 교류를 통해 유대관계를 형성하거나 정보를 받을 경우 정부에 의해 위험에 처할 수 있기 때문이다. 더욱이 반체제 인사들이 인터넷을 통해 정치적 영향력을 발휘하기 위해서는 인터넷 접속이 가능한 사람들과 교류할 수 있는 그들의 능력을 전제 조건으로 한다.

인터넷 상에서 소수인 반정부 시민사회단체

인터넷 이용은 시민사회단체들 사이에서 보편적이지만 그들이 반드시 체제에 대해 반대하는 것은 아니다. 우리가 연구한 사례들을 통해 볼 때 국내 시민사회단체들의 가장 보편적인 인터넷 이용은 비정치적이거나 국가 정책을 지지하는 분야에서였다. 쿠바와 같이 정부가 대중의 인터넷 접근을 제한하는 곳에서는 중립적이거나 정치적 지지 세력으로 인정되는 시민사회단체들만이 인터넷에 접속할 수 있다. 많은 쿠바의 시민사회단체들은 지속적 발전, 환경보전, 빈곤퇴치와 같은 목표를 내세우며 국가와 일종의 협력관계를 맺고 있다. 따라서 인터넷 접근이 허용된 행운아들은 그들의 특별한 지위를 위태롭게 할 수 있는 행동을 조심하고 있다.

더구나 시민사회는 우리가 조사한 대부분의 국가들에서 취약한데, 이는 국가가 사회 내 대부분의 정치적 공간을 지배하고 잠재적 반대 세력 또한 포섭하기 위해 노력한 결과이다. 예를 들어, 싱가포르에서 인터넷을 자유롭게 이용할 수 있는 시민사회단체들 가운데 극소수만이 정부에 대항하기 위해 인터넷을 사용한다. 이 단체들은 자신들만의 독립적인 조직을 만들기 위해 웹사이트를 구축하려고 노력해 왔는데, 싱가포르 정부는 이 단체들에 대해 법적 조치에 대한 위협과 비공식적인 협박을 통해 경고해 왔다. 신터콤(Sintercom)과 싱크센터(Think Centre) 같은 사이트들은 싱가포르 시민들에게 정부에 대해 비판을 가하고 이러한 의견들을 읽고 표현할 수 있는 기회를 제공해 왔지만, 이러한 활동을 불법으로 규정한 새로운 규제들이 등장함에 따라 문을 닫아야 했다.

3. 신경제 : 현 상태의 지속

인터넷 발전의 강력한 인센티브로서의 경제발전

대부분의 권위주의 체제에서 경제발전은 정통성을 강화할 수 있는 중요한 요인이다. 많은 경우 권위주의 국가는 지지의 대가로 경제적 이익과 안정을 제공해 왔던 역사적 유산을 가지고 있다. 인터넷은 권위주의 통치자들에게 매력적으로 이용될 수 있는데, 그 이유는 인터넷이 사회·경제적 발전을 증진시키는 강력한 도구로 이용될 수 있기 때문이다. 예를 들어, 중국 당국은 인민들의 생활수준을 향상시키기 위한 인터넷 이용방안을 강구하고 있으며, 특히 이러한 움직임은 가난으로 고통받고 있는 서부지역에서 두드러지게 나타나고 있다. 쿠바에서는 사회발전의 추진을 사회주의 혁명의 핵심 목표로 삼아왔으며, 이를 달성하기 위해 당국은 온라인 진료 등에 인터넷 기술을 활용해 왔다. 이집트는 기술접근 공동체 센터들을 발전시킴으로써 정보격차를 줄이고 지방교육을 증진시키려고 하고 있다.

국가 주도의 발전계획을 위한 인터넷 이용과 더불어 정부는 인터넷 분야에서 민간 경제활동을 증진시키는 데 선도적 역할을 하고 있으며, 이의 대표적인 경우로는 UAE의 두바이를 인터넷 도시로 발전시키려는 모하메드(Sheik Mohammed) 왕세자의 계획에서부터 싱가포르를 '전자상거래의 세계적 거점'(Dotcom the Private Sector)으로 만들려는 싱가포르 정보개발청의 노력에 이르기까지 다양하다. 일부 권위주의 정권들은 달러를 벌어들이는 핵심 산업 또는 경제에 집중하고 있다. 예를 들어, 버마와 쿠바에서 정부는 온라인을 통한 관광산업 육성을 강력하게 추진하고 있는데, 이는 경제 전체에서 관광산업이 차지하는 중요성을 반영하는 것이다.

글로벌 경제로의 편입수준을 반영하는 인터넷 정책

국제경제체제의 일원이 되고자 하는 국가들은 WTO처럼 선진국들이 만든 규범을 준수해야 하는 압력에 직면해 있다. 결과적으로 국제경제에서 활동하기를 원하는 권위주의 체제들은 일반적으로 인터넷 분야에 대한 민간영역의 대규모 투자와 시장지향적 발전을 허용해야 한다. 세계은행과 IMF 같은 국제금융기구로부터 지원을 받기를 원하는 권위주의 국가들은 또한 정보통신 분야에 대한 규제완화와 외국자본의 투자 유치와 같은 특정한 형태의 개혁을 수행하도록 권고(그리고 때때로 강요)받고 있다. 이는 주요 경제 분야에서의 국가 영향력의 감소로 이어질 수 있지만, 한편으로 국내 ICT 산업에 있어 국내 기업의 성장을 위한 길이 될 수도 있을 것이다.

예컨대, 중국은 WTO에 가입하기 위해 전면적인 정보통신 개혁에 착수했다. 중국은 정부 소유의 독점적인 정보통신 사업자를 분리시켜 더 많은 경쟁자들의 참여를 허용했으며, 곧이어 인터넷 분야에 대한 보다 광범위한 외국인 직접투자를 허용할 예정이다. 인터넷을 이용하는 민간 부문은 정부에 의해 더 확대되고 촉진될 것이며, 이는 국영기업들이 민간기업들과 경쟁할 때에도 마찬가지로 적용될 것이다. 이집트는 IMF

가 권유한 경제개혁 모델을 채택했는데, 이 권고안은 자율적인 민간 부문과 경쟁적인 ISP 시장을 특징으로 하고 있다. 이는 그동안 많은 다른 권위주의 국가들에서 볼 수 없었던 특징이다.

부유한 국가들의 인터넷 발전에 대한 강한 인센티브는 보통 기술·서비스 허브와 같은 지역적(regional) 지위를 달성하려는 욕망에서 비롯된다. 이러한 현상은 싱가포르와 UAE 양국에서 볼 수 있으며, 이 국가들은 대중들의 인터넷 이용을 확대하기 위한 정책들을 채택하고 있다. 싱가포르 정부는 일정 수준 이상의 교육과 전문기술 교육을 받은 인력을 양성하고, 아시아 최고의 지식·서비스 중심지로서의 지위를 확고히 하기 위해 인터넷으로 모든 시민들을 연결하는 정책을 강력하게 추진해 왔다. UAE, 특히 두바이 또한 적극적인 기술발전의 증진을 통해 중동지역에서 정보화 시대의 스타로서의 지위를 굳히기 위해 노력해 왔다.

글로벌 경제에 적극적으로 참여하지 않고 있는 국가들은 전자상거래와 기타 민간 부문에서의 인터넷 접근을 확대하려는 인센티브를 거의 가지고 있지 않다. 경제적으로 고립된 쿠바는 국제기구와 외국인 투자자로부터 인터넷 산업 분야에서 기업가 정신 또는 더 많은 경쟁을 촉진시킬 수 있는 정책 채택에 대한 압력을 거의 받고 있지 않다. 쿠바의 경우 수출주도형 경제 부문에서 인터넷 발전을 장려하고 있기는 하지만 국내경제에 시장경제 메커니즘을 도입하는 것에 대해 경계하고 있으며, 여기에는 개인적인 인터넷 접근을 위한 시장도 포함되어 있다. 버마 역시 국제경제로부터 고립되어 왔으나 ASEAN에 가입하면서 이러한 현상은 변화하고 있다. ASEAN은 지역 내 투자가들의 선호와 결합되어 ICT 발전을 강조하는 정책을 채택했으며, 이는 버마 정부에 ICT 규제를 완화하라는 압력으로 나타나고 있다.

인터넷 발전에 따른 중앙집권적 경제의 약화

대부분의 권위주의 체제들에서 민간 부문의 인터넷 발전은 경제 자원의 분산과 국가에 집중된 경제력의 완화라는 현상을 가져올 것으로 보인다. 특히 이러한 과정이 중소기업에 의해 촉발된다면 그 가능성이 더욱 높아질 것이다. 이집트와 사우디아라비아에서 독립적인 인터넷 기업가들의 성장은 이제까지 권위주의적 지배의 지속을 후원해 왔던 기존 거대 가족 기업집단의 헤게모니에 대한 도전이 되고 있다. 중국과 베트남에서 독립적인 인터넷 기업가들은 이전에 국가의 독점 분야였던 곳에서 작은 싹을 틔우고 있다. 예를 들어, 중국은 전통적으로 모든 정보산업을 통제해 왔으나 지금은 인터넷 사기업들과 일정 공간을 공유하고 있다.

일부 국가들에서는 경제적 분산화가 오히려 정권에 긍정적으로 작용할 수도 있다. 천연자원 수출 국가인 사우디와 UAE에서는 인터넷 산업 발전이 경제의 다각화라는 중요한 목표를 성취할 수 있는 기반을 제공할 수 있다. 이들 국가의 정책결정자들은 미래 어느 시기에 천연자원의 고갈이 부를 분배하는 국가의 전통적 능력에 대한 도전으로 나타날 가능성을 예상하고 있을지도 모른다. 결론적으로 고도성장 산업 속에서 경제 다각화는 체제 안정의 핵심으로 떠오르게 될 것이다. 실제로 다각화 전략은 구체적 형태를 갖추고 이미 시작되고 있다. UAE, 특히 두바이는 이미 이의 심각성을 인지하고 있으며, 이를 구체적 정책으로 추진하고 있다.

입증되지 않은 인터넷 투자와 정치적 도전의 관계

비록 인터넷 기업들이 경제자원의 분산과 국가의 경제적 권위의 약화를 초래한다고 하더라도 그들이 반드시 국가로부터 독립적이거나 도전적이라고 볼 수는 없다. 대다수 국내 기업가들은 정권과 협력하려 하고 국가가 정한 게임의 규칙을 준수해야 한다는 사실을 잘 알고 있다. 정부와 민간 부문은 일반적인 연성통제(soft control) 전략에 따라 어떤 종류의 행동이 허용되고 허용되지 않는가에 대해 암묵적인 합의에 도달했다. 중국의 인터넷 기업가들은 자발적으로 자제 서약을 해왔으며, 많은 민영기업들은 결코 자유언론의 선구자가 될 수 없다. 오히려 그들은 국가와의 협력이 필수적임을 알고 있으며, 많은 기업들은 아마도 국가의 정책 목표를 지원할 것이다. 어쨌든 UAE와 싱가포르는 민간 부문을 정치적으로 충분히 신뢰하기 때문에 더 많은 ICT 특권을 허용했으며, 이는 UAE에서 전용회선 소비자(대부분 기업들)의 인터넷 접근에 대한 미검열로 나타나고 있다.

외국인 투자자들은 또한 권위주의 정권과 협력하려는 경향이 있으며, 이러한 경향은 비록 그들이 자국에서 지지하고 있는 온라인 프라이버시와 표현의 자유라는 원칙이 침해되었을 때도 그렇다. 외국의 인터넷 투자가들은 국내 기업가들보다 국가로부터의 직접적 보복 위협을 직접적으로 받지 않고 있음에도 불구하고 그들의 자산과 투자를 보호하는 데 민감하다. 결론적으로 그들은 정보의 자유와 같은 민감한 이슈를 주장하지는 않을 것 같다. 나아가 몇몇 투자가들은 웹 콘텐츠의 필터링과 인터넷 트래픽 모니터링을 위한 소프트웨어를 제공함으로써 권위주의 체제의 인터넷 통제를 지원하고 있다. 이는 벌써 중국과 사우디아라비아과 같은 국가에서 나타나고 있다.

투자 대상지로서 한 국가가 가진 매력도는 외국인 투자자들이 정부의 요구를 따르는 정도를 결정하게 된다. 예컨대, 중국의 잠재적인 13억 소비자들은 많은 외국기업들에게 중국을 필수적인 시장으로 인식시키고 있다. 따라서 외국기업들이 중국에 투자하려는 희망은 그들로 하여금 중국 정부와의 정치적 또는 정책적 불일치가 무엇이든지 간에 이를 무시하도록 만들었다. 많은 정보산업 기업들은 투자는 물론 나아가 자유의 확대를 얻기 위해서도 중국 정부와 긴밀한 관계를 유지해야 함을 알고 있다. 한편 싱가포르와 UAE 같은 국가들은 첨단 통신 · 서비스 산업 기반시설을 잘 갖추고 있을 뿐만 아니라, 해당 지역의 중요한 경제 허브들이기 때문에 외국인 투자자들에게 매력적인 투자처이다.

버마와 쿠바 같은 국가들은 불확실한 투자 대상지이다. 따라서 자체 판단에 따라 이 국가들에 투자한 회사들도 부랑자 국가(pariah state) 혹은 경제제재 조치를 받고 있는 경제에 투자하는 것에 대해 일종의 불안감을 가지고 있다. 또한 ICT 부문은 정치적으로 매우 민감하기 때문에 이들 국가의 인터넷 투자자들은 특히 정부에 호의적일 수밖에 없다. 예를 들어, 쿠바 인터넷 부문에 투자한 외국인들은 종종 쿠바 정부와의 연대를 표명하고 있다. 비슷한 현상이 버마에서도 나타나고 있다. 버마 ICT 산업의 투자자들 대부분이 ASEAN 국가들이기 때문에 이들은 버마 정권에 대해 공공연한 불만의 목소리를 내지는 않을 것이다.

4. 경계를 넘어 : 초국적 행동주의와 선동

중요하지만 성공적인 행동주의로 이끌기에는 불충분한 인터넷

인터넷은 초국적 행동주의의 주요한 수단이 될 수 있으며, 널리 알려진 특정 사례는 권위주의 체제에 미치는 인터넷의 영향이라는 보편적인 통념을 강화하고 있다. 예를 들면, 인터넷은 버마 정권교체를 위한 국제 캠페인의 초기 단계에서 중요한 역할을 수행했으며, 성숙단계에서도 지속적으로 중요한 수단이 되고 있다. 권위주의 체제에 대항하는 소수의 초국적 네트워크들은 인터넷을 사용함으로서 광범위하고 공식적인 혜택을 보고 있다.

버마 자유화 운동(Free Burma Campaign)의 규모와 성공은 유사한 운동이 어디에서나 효과적일 것이라는 일반적인 가정을 이끌고 있다. 그러나 거의 모든 초국적 캠페인들이 인터넷을 사용하고 있음에도 불구하고 권위주의 체제에 대한 궁극적인 영향력에 대해서는 의문의 여지가 있다. 비록 버마 자유화 운동이 버마 정부의 폭압에 대한 높은 국제적 관심과 무역 감소를 가져왔음에도 불구하고 버마 내부의 가시적인 정치적 변화를 가져오는 데는 실패했다. 오히려 국내적인 자유화의 진전과 여야의 타협을 포함한 다른 요인들이 초국적 운동의 결과에 영향을 미칠 수 있다. 버마 자유화 운동에서 인터넷 사용은 효과성의 측면에서 필요조건은 될 수 있지만 결코 충분조건이 될 수는 없었다.[8]

매개요인들 : 망명자들 간의 연계와 해당 국가의 중요성

버마를 제외하고 권위주의 체제에 대항하는 초국적 운동의 등장과 성공이라는 양 측면에는 중요한 변수들이 존재해 왔다. 초국적 운동을 지탱하는 요인은 정권에 대해 강한 반대를 보여온 망명가 단체의 존재이며, 이는 우리가 조사한 중국, 쿠바, 베트남, 버마, 사우디아라비아를 포함한 많은 사례들에서 특징적으로 나타나고 있다. 또한 아웅산 수지와 같은 카리스마를 가진 국내 지도자는 초국적 운동의 중심으로 활동함으로써 그런 운동을 촉진시킬 수 있다.

다만, 저명한 반체제 지도자 또는 정치적 동기를 가진 온라인 망명가 단체의 존재만으로 정치적 영향력이 보장되는 것은 아니다. 초국적 운동의 성공은 대부분 제3의 분야(외국 정부 또는 다국적 기업과 같은)의 영향력에 의존하고 있기 때문에 해당 국가의 경제적·전략적 중요성은 강력한 매개요인이다. 예를 들어, 권위주의 체제에 대항하는 인터넷 기반 운동은 관련 국가가 미국의 주요 무역 또는 안보 파트너가 아닐 경우 훨씬 더 효과적일 수 있다. 아마도 버마에서 투자자들을 비난하는 초국적 운동이 그렇게 효과적이 될 수 있었던 원인들 중의 하나는 버마가 미국에게 있

───────

8＿　버마의 거의 완벽한 인터넷 접근 통제가 주요 반체제 인사들이 인쇄물을 국가 밖으로 반출하거나 또는 비밀통화를 통해 초국적 네트워크에 정보를 전달하는 것을 막지 못한다는 것에 주목할 필요가 있다. 인터넷 접근은 분명히 반체제 인사들과 해외 활동가들의 의사소통을 쉽게 할 수 있도록 하고 있음에도 불구하고 접근통제만으로 정보를 해외로 반출할 수 있는 다른 방법까지 막을 수는 없다.

어 전략적 중요성이 떨어지기 때문이다. 마찬가지로 미국의 전략적 파트너를 대상으로 하는 인터넷 기반 운동은 효과를 거두기 어려울 것이다. 사우디아라비아의 인권탄압에 초점을 두는 초국적 운동은 그 성과가 그다지 크지 않을 것으로 보이는데, 이는 사우디아라비아의 석유 매장량에 대한 경제적 중요성과 미국의 동맹국으로서의 지위 때문이다.

온라인 디아스포라의 정치적 중요성

인터넷을 이용하는 다른 주요 국제적 이용자들은 디아스포라이며, 이들은 종종 초국적 운동을 전개하는 정치적 망명가 집단보다 더 크다. 디아스포라의 구성원들은 모국의 대중들보다 더 부유하고 더 많은 교육을 받은 경향이 있으며, 아마도 그들의 견해를 온라인에서 표현할 수 있는 더 많은 기회를 가질 수 있을 것이다. 디아스포라의 인터넷 이용은 모국 정권을 지지할 수도 혹은 반대할 수도 있다. 중동과 중국의 디아스포라 공동체들은 인터넷에서 민족주의적 담론 형성에 지대한 영향력을 행사하고 있다. 민족주의적 감정은 아마도 체제의 목표를 성취하는 데 이바지할 수도 있으나 때로는 체제에 비판적일 수도 있는데, 일반적으로 이러한 성향은 다른 나라들을 상대할 때 약점으로 지적받기도 한다.[9] 디아스포라의 구성원들은 모국에서보다는 검열로부터 자유롭기 때문에 자신들의 견해를 온라인에서 자유롭게 표현한다. 따라서 디아스포라의 담론은 종종 모국에서 볼 수 있는 것보다 훨씬 극단적인 경향을 보이기도

9_   Kalathil, "Community and Communalism."

한다.

그러나 디아스포라의 인터넷 활용에 따른 직접적인 정치적 영향력을 계량화하기는 어렵다. 체제에 호의적이든 아니면 체제에 적대적이든 디아스포라의 인터넷 활용이 가져올 주요 효과는 국내 정치적 여론으로 확대될 가능성이 높다. 온라인 상에서 디아스포라가 모국의 인터넷 이용자들과 서로 상호작용하는 가운데 그들은 아마도 국민들에게 정보를 제공하면서 정치적 저항의 촉매로 작용할 가능성이 높다.

5. 정책과 정책결정자들을 위한 함의

특정한 외교정책의 결과를 촉진시키기 위해 정보기술을 사용하는 것은 결코 새로운 아이디어가 아니다. 그러나 이러한 현상은 최근 미국이 테러와의 전쟁을 지원하기 위해 시작한 세계적인 공공외교(public diplomacy)와 더불어 부활하고 있다. 미국 정치인들은 광범위한 프로그램들을 통해 미국의 가치를 해외에 전파하거나 폐쇄사회에서 민주화를 진전시킬 수 있는 구체적 시도들을 통해 "과거 정권과 엘리트, 그리고 직접적으로 국민들을 상대할"[10] 필요성을 강조해 왔다. 이러한 맥락에서 이를 거칠게 개념화하면 인터넷 이용은 새롭게 부활한 미국의 대외정책상

10_ 미국 하원의원이며 하원 국제관계위원회 위원장인 헨리 하이드(Henry Hyde)의 2002년 6월 17일 외교문제평의회(Council on foreign Relation) 연설.

의 중요한 구성요소라고 할 수 있다.

우리의 연구는 기술과 정치적 변화 간의 상호 영향력 행사(intersec-tion)에 관심을 갖는 정책결정자들을 위해 정리된 정책 목록을 일목요연하게 제공하기 위해 착수한 것은 아니다. "인터넷의 (구체적) 이용에 따른 부가 효과가 정권교체와 동일하다"라는 방정식을 고안하려는 시도는 가치 없는 것이며, 이 연구의 정신에도 위배되는 것이다. 그럼에도 불구하고 우리가 이 책의 사례연구를 통해 얻은 결론은 권위주의 체제 하에서의 인터넷 이용에 관해 혁신적으로 사고하는 데 흥미를 가진 사람들에게는 시사하는 바가 있다.

무엇보다도 정치인들과 전문가들 모두 인터넷과 민주화를 연결시키는 서투른 견해를 경계할 필요가 있다. 낙관주의가 만연한 가운데 충분한 사람들을 연결시키기만 하면 권위주의적 통치의 종식이 가능할 것이라는 인식은 문제를 지나치게 단순화시키는 것이다. 그러한 견해는 민주주의를 증진시키려고 하는 사람들에게 민주화에 대한 지극히 단순한 인식만을 불어넣을 뿐만 아니라, 권위주의 국가들의 시민들에게 정치적 변화가 단지 이메일을 보내는 것만으로 이루어질 수 있다는 잘못된 희망을 불어넣을 수 있다. 그러나 기술만으로 기적은 이루어지지 않는다. 인터넷 자체는 본질적으로 정치적 가치를 지니고 있지 않기 때문이다. 인터넷은 단지 수단에 불과할 뿐이며, 정치, 경제 그리고 사회행위자들에 의한 인터넷의 구체적 사용들이 주의 깊게 고려되어야 한다. 인터넷과 인터넷이 가져올 현실 적용에 대해 도취된 결과는 정책결정자들로 하여금 불운하게도 특정 국가에서 단지 인터넷의 등장만으로도 변화를 추동하는 데 충분하며, 이는 기술의 구체적인 사용을 증진시키는 개별 프로그램들보다 훨씬 중요하다는 결론으로 이어질 수도 있다.

그러나 한편으로 그러한 개별 프로그램에 대한 의존 또한 균형을 유지해야 한다. 미국의 정책결정자들은 민주주의의 증진에 있어 인터넷의 중요성을 과대평가하는 신념들을 수용하는 데 조심해야 한다. 일반적 통념은 URL과 같은 것이 사법개혁에 관해 주요 관리들과 대화하거나 직접 만나는 것보다 더 효과적이라는 일반적 생각에 일조하고 있다. 그러나 이러한 명제는 민주주의를 지원하는 프로그램의 미래와 관련하여 중요한 함의를 지니고 있다. 실제로 인터넷의 이용은 아마도 민주적 이행에 있어서는 단지 작은 요소일 뿐이다. 민주주의를 지원하는 전통적(비록 덜 매력적임에도 불구하고) 형식들, 즉 정부 지원, 정당의 후원, 그리고 시민 교육 증진은 장기적 측면에서 자유화를 지지하는 더 중요한 방법들이다. 실제로 인터넷 그 자체는 주인공이라기보다는 오히려 다른 분야들의 주요한 촉진작용으로 생각하는 것이 도움이 될 것이다.[11]

많은 사람들은 인터넷이 폐쇄된 체제에서 저절로 확산될 것이며, 일단 인터넷이 확산되기 시작하면 권위주의 국가에 커다란 재앙이 될 것이라는 믿음을 견지하고 있다. 이러한 시각은 권위주의 국가들이 국내 인터넷 확산 속도는 물론 그 성격까지도 통제할 수 있다는 사실을 여전히 무시하는 것이다. 물론 이런 시각이 권위주의 국가에서 인터넷 확산

11_ 미국 민주당 산하인 민주주의 연구소(National Democratic Institute)와 공화당 산하인 국제공화연구소(International Republican Institute)와 같은 민주주의 증진 조직들은 민주주의를 지원하는 그룹들과 지방의회 또는 서로 간을 연결시키는 것과 같은 구체적인 행동들을 지원하기 위해 인터넷을 사용하는 데 있어 적극적이다. 영국 외무부에서 주최한 국제 워크샵에서의 미국 국립민주주의 기금(the National Endowment for Democracy)의 회장 칼 거쉬만(Carl Gershman)의 발표논문인 "The Internet and De-mocracy-Building : The NED Experience" 참조.

이 정치적 영향력을 미치는 것이 불가능하다는 것을 의미하지는 않는다. 다만 민주주의의 증진에 관심을 가지는 정책결정자들은 주로 기술 사용자들에게 초점을 맞추기보다는 오히려 WTO와 같은 국제기구들을 통해 그들의 목적을 성취하는 방법에 대해 고려하는 것을 희망할 것이며, 이는 권위주의 체제 내의 특정한 정보통신부문에 대한 지원과 인터넷 정책을 통해 가능할 것이다. 비록 권위주의 국가들이 글로벌 경제 규범에 순응하도록 압력을 받고 있지만, 권위주의 국가에서 인터넷의 확산과 활용은 자유로운 접근과 콘텐츠 정책들이 경제발전을 추동하고 그 정치적 영향력이 제한적일 때 효과를 발휘할 수 있는 것이다.

동시에 정책결정자들은 외국의 투자와 인터넷 상거래 증진 그 자체만으로는 권위주의 체제의 정치변동을 위한 긍정적 환경이 조성될 수 없다는 것을 인식할 필요가 있다. 우리가 지적한 바와 같이 권위주의 국가들에 대한 국내외 투자가 자동적으로 정보의 자유로운 유통과 같은 자유주의적 정부 정책으로 귀결되는 것은 아니다. 실제로 ASEAN과 같은 지역적 조직들은 권위주의 국가 회원국들에게 친기업적이고 정치적으로도 무해한 인터넷 인프라를 구축할 것을 권유하고 있다. 한편으로 국제적 압력이 없는 경우 많은 권위주의 체제들은 더 용이하게 그러한 모델을 채택할 수 있을 것이다. 더 나아가 미국의 정책결정자들은 단지 권위주의 체제에 대한 미국 투자의 존재가 (특히 미디어 분야에서) 자동적으로 더 개방된 정보환경 또는 미국식의 자유언론 이념의 확산을 가져오지 않는다는 점을 유념해야 한다. 정책결정자들이 개방된 정보환경 또는 미국식의 자유언론의 이념들을 바람직한 목표로 생각한다면 그러한 목표들을 달성하기 위해 핵심적 인권과 표현의 자유, 정부와 민간의 제휴에 초점을 두는 직접적인 외교적 이니셔티브를 취하든지 아니면 다른 방법들

을 통해서 구체적으로 일할 필요가 있다.[12]

미국의 정책결정자들은 권위주의 국가들의 모든 반체제적 인터넷 활동이 반드시 친미적이거나 친민주화 성향이 아니라는 점을 인식해야 한다. 과격 민족주의자들과 종교적 운동들은 평화적 이행을 요구하는 세력들만큼이나 쉽게 인터넷을 이용할 수 있었다. 중국에서 인터넷은 애국주의에 불을 지피기 위해 사용되었으며, 이는 곧이어 정보제공뿐만 아니라 국가 지도자의 외교정책 결정을 정당화하는 데 이용된다. 이러한 온라인 민족주의는 중요한 반대운동과도 결합될 수 있지만 결론적으로는 미국의 정책에 호의적이지는 않다. 마찬가지로 중동지역에서 권위주의적 지배에 반대하기 위해 ICT를 이용하는 과격 회교도 운동들과 반체제 집단들은 당연히 미국 외교정책과 배치되는 목표를 가질 것이다. 자유를 사랑하는 사이버 반체제 인사들이 독재자를 제거하려는 생각은 낭만적인 것이며 현실적이지 않다. 결론적으로, 미국의 정책결정자들은 인터넷을 사용하는 사람이 누구이며 어떤 목적을 가지고 있는지 자세하고 정확하게 파악해야 한다.

마지막으로, 인터넷이 촉진하는 정치적 변화는 풀뿌리 운동의 영역으로부터만 촉발될 필요는 없으며, 또한 정치적 변화의 목표가 항상 체제의 완전한 몰락에 있는 것도 아니다. 정책결정자들은 일반적으로 권

12_ 인권친화적인 기업활동에 민간 부문, 비정부 조직 그리고 정부가 함께 참여한다는 아이디어는 다른 분야에서도 실행될 수 있다. 영국 외무부와 합동으로 미국 국무부는 안보와 인권의 측면에서 자발적이면서도 구속력을 갖지 않는다는 원칙 하에 1990년대 후반에 석유와 석탄회사를 운영했다. Freeman, "Drilling" 참조. 예를 들면 정보 프라이버시의 규제에 관한 산업의 역할에 대해서는 Haufler, *Public Role* 참조.

위주의 체제 내의 저항운동인 '민중의 힘'(people power)에 대한 지지를 강조하고 있으며, 종종 그들과의 교류를 촉진시키려고 시도하고 있다. 달피노(Catharin Dalpino)가 지적하듯이 미국의 정책은 권위주의 체제 내의 점진적인 자유화의 당면 기회들을 무시하고 있으며, 대신에 급속한 민주화 또는 권위주의의 몰락을 추구하는 냉전적 정책들에 의존하고 있다.[13] 이러한 접근은 인터넷과 같은 첨단기술이 풀뿌리 반대운동을 성공적으로 동원하는 데 중요하다는 인식을 제공하고 있으며, 인터넷 자체가 정치적인 변화를 위한 필수요소로서 인지되고 있다. 그 결과 해외 대중을 직접적 대상으로 하는 공공외교 프로그램이 새롭게 강조되고 있으며, 이러한 시각은 시급성과 정당성을 얻고 있다.

그러나 권위주의 체제의 정치적 변화가 인터넷 시대에서만 발생한 것은 아니다. 많은 경우에 있어서 제도적 기반이 먼저 놓여졌고, 이는 권위주의 체제의 엘리트 자신들에 의해 이루어져 왔다. 따라서 인터넷이 촉진하는 아래로부터의 민주화에 초점을 맞추는 것은 비생산적일 뿐만 아니라, 민주화가 아닌 자유화에 공헌할 수 있는 다른 측면들을 간과하게 만든다. 혁신적인 전자정부를 통해 시민들의 관심사를 반영하려는 실질적인 시도는 실제로 국가를 강화시키는 데 도움이 될 것이며, 시민들의 생활수준도 향상시킬 것이다. 특정 권위주의 국가에서 개혁적 마인드를 가진 엘리트들은 투명성의 증가, 부패의 감소 그리고 시민 중심의 정부를 만들기 위해 인터넷 이용을 또한 원할 것이다. 만약 인터넷 이용이 권위주의 체제 하에서 개방과 자유화를 증진시키는 데 공헌할 수 있다

13_   Dalpino, *Deferring Democracy*.

면 그 자체만으로도 지원할 가치가 있는 정치적 영향력이 될 것이다. 정책결정자들은 현존하는 자유화의 흐름을 인터넷 이용을 통해 지원할 수 있는 방법들에 대해 고민하고 있으며, 이는 풀뿌리 반대운동을 촉진시키는 기술적 잠재성에 초점을 맞추기보다는 오히려 엘리트 수준에 관심을 두고 있다.

결론적으로, 그러한 재강조는 인터넷의 정치적 영향력에 관해 소중히 오랫동안 간직해 온 명제들을 포기하는 것을 의미할 수도 있다. 그렇다고 이것이 비관주의는 아니다. 오히려 필요한 것은 인터넷 기술의 가능성에 대한 직시와 거품으로 뒤덮인 안이한 사고를 분별할 수 있는 분명한 시각을 가진 현실주의이다. 다시 말하면 이러한 시각은 인터넷이 폐쇄적인 체제를 개방시킬 수 있다는, 보다 풍부한 정보를 바탕으로 하며 그래서 더 유용한 낙관주의로 이끌 것이다.

역자 후기

1

이 책은 산티 칼라틸(Shanthi Kalathil)과 테일러 보아스(Taylor C. Boas)의 *Open Networks Closed Regimes : The Impact of the Internet on Authoritarian Rule*의 번역서이다. 카네기연구재단(Carnegie Endowment)에서 3년 동안 수행된 연구결과를 정리한 이 책은 이미 2001년에 발표된 "The Internet and State Control in Authoritarian Regimes"[1]라는 워킹 페이퍼에서 분석의 틀과 중국, 쿠바의 사례분석을 통해 대체적인 윤곽을 제시한 바 있다.

이 책은 인터넷과 정치 분야, 특히 인터넷이 권위주의 국가에 미치는 정치적 영향에 관한 새로운 이정표라고 할 만큼 중요하고 영향력 있는 저술이라고 할 수 있다. 이 책은 세계적으로 저명한 많은 저널들에서 서평으로 다루어질 만큼 높은 관심을 끌었던 책이다.[2]

1_ Shanthi Kalathil and Taylor C. Boas, "The Internet and State Control in Authoritarian Regimes : China, Cuba, and the Counterrevolution," *Carnegie Endowment Working Papers*, No. 21 (July 2001).

2_ 이 책의 서평이 실린 저널들은 다음과 같다. *Foreign Affairs*, Vol. 82, No. 1 (January/February 2003), Reviewed by G. John Ikenberry ; *SAIS Review*, Vol. 23, No. 2 (Summer/Fall 2003), Reviewed by Charalambos Konstantinidis ; *The China Quarterly*, Vol. 175 (2003), Reviewed by Christopher R. Hughes ; *The Washington Monthly*, January/February 2003, Reviewed by Nicholas

이 책은 인터넷의 세계적 확산에 따라 인터넷이 가져올 장밋빛 미래를 예견하는 미래주의와 결합된 기술결정론이 사회적으로 통념화되고 있던 현실을 체계적이고 실증적으로 비판한 거의 최초의, 그리고 최고의 저술이라고 할 수 있다. 또 이 책은 독재체제에서 인터넷이 '양날의 칼' [3] 즉 위협요인인 동시에 기회요인이 될 수 있는 가능성을 제기함으로써 인터넷과 민주주의 관계에 관한 이론화에도 중요한 기여를 한 연구이다. 따라서 이 책은 이론과 현실 양면에서 인터넷과 정치 또는 민주주의의 미래에 대한 보다 현실적이고 객관적인 인식과 통찰의 필요성

Thompson ; *The Economist*, Jan 23rd 2003 ; *Survival*, Vol. 45, No. 3 (2003), Reviewed by Andrew Rathmell ; *Governance*, Vol. 17, No. 3 (Fall 2004), Reviewed by Marcus Franda ; *Political Science Quarterly*, Vol. 119, No. 2 (Summer 2004), Reviewed by Garry Rodan ; *Resource Center for Cyberculture Studies* (September 2004), Reviewed by Arthur L. Morin ; *Political Communication*, Vol. 22, No. 2 (April/June 2005), Reviewed by Kenneth Rogerson ; *Media, Culture, & Society*, Vol. 27, No. 3 (May 2005), Reviewed by Jairo Lugo ; *Journal of Communication*, Vol. 56, No. 1 (March 2006), Reviewed by Annemijn F. van Gorp & Benjamin Yeo.

3_ 이러한 인식은 1992년 론펠트(D. Ronfldt)가 만들어낸 신조어인 '사이버 체제' 론으로 거슬러 올라갈 수 있다. 그는 정보혁명이 폐쇄적인 구체제를 일소하는 데 기여할 가능성을 인정하지만 그렇다고 해서 민주사회를 더욱 민주적으로 만들거나 권위주의 체제를 불가능하게 만들 것이라는 보장은 없다고 주장한다. 인터넷도 역시 "민주주의나 전체주의 중 어느 하나를 촉진시킨다기보다 양 체제를 각각 더욱 발전된 형태로, 더욱 대립적인 형태로, 그리고 상대 체제와는 더욱 동떨어진 형태로 몰고갈 수 있다"(p. 282)는 경고에서 예외가 아니다. 이는 인터넷의 존재가 국가권력을 약화시키고 대중에게 정치적 힘을 실어주는 '민주적 사이버 체제'뿐만 아니라 국가권력을 강화하고 대중에 대한 통제와 감시의 칼날을 세우는 '권위주의적 사이버 체제'가 등장할 수도 있음을 주장하는 것이다. David Ronfeldt, "Cyberocracy is Coming," *The Information Society*, Vol. 8, No. 4 (October/December 1992), pp. 243-296.

을 제기하는 저술이라는 점에서 중요한 의미를 갖는다.

이러한 중요성에도 불구하고 이 책은 한국의 독자들에게는 그리 의미심장하게 다가오지 못할 수도 있다. 이미 한국은 권위주의 체제를 탈각한지 오래고, 세계적인 '인터넷 강국'이라는 명성을 꾸준히 유지해 오고 있으며, 더구나 인터넷이 정치에 미치는 영향에서도 낙관론적 맥락에 근접한 현상들이 많이 관찰되고 있기 때문이다.

그러나 조금만 더 눈을 크게 뜨면 이 책은 우리에게도 남다른 의미로 다가올 수 있다. 세계적으로 거의 유일하게 인터넷을 개방하지 않고 있는 북한이라는 존재가 있기 때문이다. 특히 2003년에 출판된 이 책이 지금도 우리에게 의미 있게 다가오는 이유는 북한이 2007년 9월 국제인터넷주소관리기구(ICANN)에 자국의 국가 도메인(ccTLD)인 '.kp'의 등록을 요청하여 승인을 받음으로써 인터넷 개방이 가시권 내에 들어오게 되었기 때문이다.[4]

따라서 역자들이 이 책을 번역하게 된 동기는 권위주의 체제에서 인터넷의 정치적 영향 분석을 통해 인터넷이 민주주의를 이끈다는 사회적 통념에 대한 실증적 비판을 제기하는 연구를 국내에 소개하는 동시에, 향후 북한의 인터넷 개방 이후 인터넷이 미치는 정치적 영향과 그에 대한 북한 당국의 대응방식 등을 조심스럽게 예측할 수 있는 지침서가 될 수 있으리라는 생각에서이다.

---

4. ICANN. 2007. "Clarification Regarding .KP Country Code Top-Level Domain." 17 August. http://www.icann.org/en/announcements/announcement-2-17aug07.htm (검색일 : 2007. 12. 27).

2

이 책의 문제의식은 비교적 단순명료하다. 인터넷이 권위주의적 지배에 치명적인 위협으로 작용한다는 이른바 '사회적 통념'을 비판하는 것이다.[5] 이러한 관념은 기술결정론을 기본 가정으로 하고 있으며, 미래주의적 낙관론에 경도되어 있을 뿐만 아니라 그 전거 또한 의심스럽다는 것이다. 더욱 문제인 것은 이러한 관념이 미국의 대통령과 고위 관료 및 정치인, 언론인, 대기업 CEO 등에 의해 널리 유포되어 일반 대중들 사이에서도 만연되고 있다는 점이다. 따라서 이 책의 중심 논제는 인터넷이 민주주의를 이끈다는 고정관념을 비판하고, 더 나아가 인터넷이 민주주의에 역행하여 오히려 독재체제를 강화하는 수단으로 이용될 수 있는 가능성까지 제안하고 있다.

칼라틸과 보아스는 인터넷의 영향에 대한 광범위하고 균형적인 설명을 위해 시민사회, 정치와 국가, 경제, 그리고 국제적 영역 등 네 가

5_ 인터넷과 민주주의 관계의 '사회적 통념화'에 기여한 대표적인 논의로 크리스토퍼 케지의 연구를 들 수 있다. 그는 민주주의와 전자적 커뮤니케이션 네트워크의 상호 연결성(interconnectivity)이 긍정적인 상관관계를 보인다는 가설을 통계적으로 검증하면서 "민주적 사상을 차단한 채로 경제를 성장시키는 것은 사실상 불가능할 것"이라는 '독재자의 딜레마'(dicataor's dilemma)를 제기했다. 그리고 이를 바탕으로 미국과 같은 선진 민주주의 국가들이 권위주의 국가들의 민주적 발전에 효과적으로 영향을 미치려고 한다면 정보기술의 역할을 무시해서는 안 되며, 현재 독재자들이 직면하고 있는 '성장 대 통제의 딜레마'(growth-versus-control dilemma)를 이용할 필요가 있다고 제언했다. Christopher R. Kedzie, *Communication and Democracy : Coincident Revolutions and the Emergent Dictator's Dilemma*(Santa Monica, CA : RAND, 1997).

지 영역에서 이루어지는 인터넷 이용의 분석틀을 설정했다. 이 분석틀은 2001년의 워킹 페이퍼를 통해 중국과 쿠바의 사례를 중심으로 구축되었고, 이 책에서는 이 분석틀을 토대로 아시아와 중동의 여러 권위주의 체제 사례들에 적용하고 있다. 따라서 이들의 분석은 국가별 맥락에 더해서 지역별로 특수한 정치적 · 문화적 맥락을 묶어 분석하고 있다는 점에서 인터넷에 대한 권위주의적 지배의 보다 거시적인 특징을 파악하는 양상으로 발전하고 있음을 알 수 있다.

광범위한 국가들을 대상으로 분석하는 이들의 연구는 권위주의 국가에서 인터넷의 정치적 영향이 반드시 민주주의를 가져오지는 않는다는 주장으로 귀결된다고 할 수 있다. 많은 권위주의 체제들이 다른 ICTs에 대한 장기적이고 성공적인 통제의 역사를 강력한 인터넷 통제로 전이시키고 있다는 것이다. 즉 일반 시민과 시민사회, 경제, 국제공동체 등에 의해 제기되는 국가에 대한 잠재적인 도전은 인터넷 접근에 대한 제한, 콘텐츠 필터링, 온라인 활동에 대한 모니터링, 또는 인터넷 이용 전면 금지 등과 같은 다양한 통제 수단들을 통해 그러한 도전에 대처하고 있다는 것이다.

그러나 필자들은 권위주의 국가들이 인터넷을 통제의 대상으로만 편협하게 인식하는 것은 아니라는 점도 지적하고 있다. 인터넷 발전을 위한 국가주도적인 정책들도 분명하게 시행되고 있다고 주장한다. 전자상거래와 같은 인터넷의 경제적 활용은 물론이고 전자정부를 통한 관료부패의 제거나 공공업무의 효율성 증진도 무시하지 않는다. 특히 이러한 방식의 인터넷 운용은 권위주의 체제에 대한 국민들의 지지를 지속적으로 유지 · 확장하는 데도 기여한다. 국가의 전략적 관점에 따라, 즉 체제 유지와 경제발전에 대한 우선 순위에 따라 인터넷 통제와 발전을 위한 인식과 정책은 달라질 수 있다는 것을 보여준다. 결국, 이들의 주장은 인터넷이 권위주의 국가를 위협하는 요인으로 작용할 수도 있지만, 이를 적절하게 통제하면서 국가가 긴밀하게 관리하고 촉진한다면 권위주의적 통치체제를 강화하는 수단으로 이용될 수 있다는 것을 보여준다.

칼라틸과 보아스는 인터넷과 민주주의의 관계에 관한 '사회적 통념'을 인터넷을 자유와 동일시하는 맹목적 낙관주의(blind optimism)라고 비판한다. 이는 "기술적 경이로움의 사회적 결과를 극단적으로 단순화시킨 외삽법에 근거한 미래학적 예언"[6]일 뿐 경험적으로 검증된 바도 없다는 까스텔의 지적과 유사하다. 그러면서 미국의 대외 인터넷 정책과 이를 입안하여 추진하는 정책결정자들에게 의미심장한 함의들을 던지고 있다. 이를 거칠게 요약하면 다음과 같다.

첫째, 인터넷과 민주화의 섣부른 연계를 경계해야 할 필요성을 제기하고 있다. 어떤 권위주의 국가에 인터넷이 연결되었다고 해서 자동적으로 민주화가 이루어질 것이라는 인식은 민주주의를 증진시키려고 하는 사람들이나 권위주의 국가들의 시민들 모두에게 해로울 수 있다. 인터넷은 단지 수단에 불과한데도 마치 인터넷 그 자체가 민주화를 추동하는 독립변수로 인식하도록 함으로써 의식적인 민주화의 노력을 제한할 수 있다고 보기 때문이다.

둘째, 권위주의 국가들의 모든 반체제 인터넷 활동이 반드시 친미적 성향으로 귀결되지 않을 수도 있음을 강조한다. 최근 들어 주요 논의의 대상으로 떠오른 중국의 사이버 민족주의(cyber nationalism)가 이러한

6_   Manuel Castells, *The Internet Galaxy : Reflections on the Internet, Business, and Society* (New York : Oxford University Press, 2001), p. 3.

주장의 주요 논거가 될 수 있을 것이다. 중국에서 인터넷은 강력한 국가 통제 하에 있지만 인터넷 상의 이슈가 민족주의적 정서와 관련될 경우 통제는 한 템포 늦춰지며, 어떤 경우는 국가의 외교정책 결정을 정당화하는 데 인터넷 상의 논쟁이 이용될 수도 있다. 인터넷이 민족주의와 만날 때 그것은 오히려 반미주의의 확산을 가져오는 촉매제가 될 수 있다. 마찬가지로 중동에서 권위주의적 지배를 반대하기 위해 ICTs을 이용하는 과격 회교도 단체들도 미국의 시각과 배치되는 목표를 가질 것이다.

셋째, 인터넷을 통해 촉발될 수 있는 정치변동은 항상 '밑으로' 부터 나오는 것은 아니며 '위로부터' 등장할 수 있는 가능성을 유념해야 한다고 지적한다. 미국의 정책은 권위주의 체제 내의 점진적인 자유화보다 급격한 민주화나 권위주의 체제의 붕괴를 추구하는 냉전적 시각의 정책들에 의존하고 있다는 달피노(Catharin Dalpino)의 지적을 비판의 논거로 삼아 인터넷 이용이 권위주의 체제 하에서 개방과 자유화를 증진시키는 데 공헌할 수 있는 방안 모색이 더 중요하다고 주장한다. 실제로 권위주의 국가의 정책결정자들은 인터넷 이용을 통해 개방과 자유화를 확대하는 방법들을 고민하고 있으며, 따라서 밑으로부터의 반체제적 저항운동보다는 엘리트 수준에서의 인터넷을 통한 자유화의 확대에 관심을 둘 필요가 있다는 것이다.

이러한 정책적 함의는 인터넷의 정치적 영향력에 대한 '사회적 통념'은 재고되어야 하며, 인터넷과 정치 또는 민주화에 관한 과도한 낙관주의도 비관주의도 아닌 현실주의에 기초한 정책 선택의 필요성을 의미한다. 그것은 바로 인터넷 기술의 속성에 대한 냉철한 인식과 권위주의 체제의 정치에 대한 객관적인 판단이 필요하다는 강조에 다름 아니다.

3

칼라틸과 보아스가 분석한 권위주의 국가들의 인터넷 현실과 이를 바탕으로 한 정책적 함의의 도출은 한국 정부의 대북한 인터넷 정책에 대한 이해를 위해서도 고스란히 적용될 수 있다. 그들의 논의를 토대로 할 때 북한의 인터넷 개방 전망과 향후 인터넷 정책의 방향, 그리고 그에 대응한 한국 정부의 정책적 대응은 지나친 낙관도 지나친 비관도 아닌 현실주의적 인식을 바탕으로 추진되어야 할 것이다.

북한은 지금 현재도 공식적으로 인터넷을 전면 차단하는 세계적으로도 유례가 없는 인터넷 통제정책을 취해 오고 있다. 북한의 직간접적 지원에 의해 운영되는 사이트들은 모두 일본, 중국, 독일, 미국 등 외국의 인터넷 서버를 이용하여 개설한 것이었다. 그러나 국가 도메인 승인을 계기로 이제 북한은 '.kp' 도메인으로 자국 내에 위치한 인터넷 서버를 이용하여 웹사이트를 개설할 수 있는 제도적 조건을 확보하게 되었다. 이러한 북한의 선택은 전면 차단으로 10여 년간을 일관해 온 폐쇄적인 인터넷 정책의 변화를 의미하는 중대한 징후라고 할 수 있다.

그런데 국내에서 북한 인터넷에 관한 연구는 초보적인 단계를 벗어나지 못하고 있다. 간헐적으로 등장했던 북한 인터넷 연구는 주로 외국에 개설된 웹사이트 분석이나 인터넷의 경제적 활용방향 및 정치적 영향에 대한 전망이었다. 이론적 접근에 기반한 학술적 연구들은 더욱 많지 않았다. 이와 같은 기존 연구들이 한계에 부딪칠 수밖에 없었던 가장 큰 이유 중 하나는 북한에 대한 신뢰할 만한 자료 접근의 제약 때문일 것이다. 북한의 인터넷 관련 자료들은 북한 체제 당국자들의 필요에 의해, 즉 주로 선전 차원에서, 그것도 단편적이고 간헐적으로 관영매체를 통해 공개되는 것이 거의 전부라고 할 수 있다. 자료 접근의 제약과 함께 맞물려 있는 또 다른 문제로 북한의 인터넷 문제를 북한의 체제적 특수성의 연장선상에서 보는 경향도 지적될 수 있다. 이와 같은 자료접근의 제약과 북한 체제의 특수성에 대한 과도한 강조 때문에 이론적 또는 비교적 시각의 북한 인터넷 관련 연구들은 거의 찾아보기 어려웠다.

그러나 칼라틸과 보아스의 분석을 참고하면 북한의 인터넷 문제는 전혀 새로운 주제라고 할 수는 없다. 나아가서 북한의 개혁·개방 확대 가능성 등을 전제로 여타 현존 사회주의 국가들의 경험을 검토해 보면 북한과 인터넷의 문제는 전혀 고유한 문제가 아니다. 따라서 북한의 인터넷 개방 문제는 자료접근의 제약이나 북한 체제의 특수성에 대한 과도한 강조로부터 벗어나 외국 사례들과의 비교적 시각에서 검토할 필요성이 요청된다.

북한의 인터넷 개방을 전망하기 위한 적절한 비교연구의 대상이 사회주의 국가들이다. 북한은 주체사상이나 김일성주의에 기반한 고유한 체제로 분류되기도 하지만 넓게 보면 사회주의 체제이다. 중국이나 베트남 역시 개혁·개방 정책의 채택 이후 경제적 측면에서 자유시장경제를 도입하고 있으나 정치·사회적 측면에서는 여전히 사회주의 체제를 유지하고 있다. 쿠바 역시 제한적인 개방정책을 채택하고 있으나 사회주의 체제의 본질적 성격을 유지하고 있다는 점에서는 예외가 아니다.

폐쇄적인 정치체제와 개방적인 경제체제를 거시적인 특징으로 하면서 공산당에 의해 통치되고 있는 사회주의 체제들에게 인터넷의 도래는 국가경쟁력 향상의 새로운 기회이자 체제를 위협하는 새로운 요소의 등장을 의미한다. 이들에게 인터넷은 경제발전의 효과적인 수단이 되는 새로운 기술인 동시에 기존의 사회문화적 가치와 정치 이데올로기를 위협할 수 있는 새로운 미디어이기 때문이다. 이러한 인터넷의 이중적 성격 때문에 사회주의 국가들은 촉진자로서의 역할과 규제자로서의 역할을 분별적으로 수행해야 한다.

그렇다고 사회주의 국가들 모두가 동일한 맥락에서 이러한 역할들을 수행한다고 할 수는 없다. 국가별로 처해 있는 대내외적인 정치경제적·사회적 상황과 조건에 따라 인터넷 촉진자와 인터넷 규제자 사이에서의 역할 비중을 달리한다. 결국, 북한의 인터넷 개방 문제는 북한과 유사한 정치경제적 조건과 상황, 그리고 인터넷의 통제와 활용 사이에서의 전략적 선택을 하는 사회주의 국가들의 경험에 대한 분석을 통해서 접근할 필요가 있다.

북한의 인터넷 개방 이후 한국 정부가 당면하게 될 가장 중요한 과제 중의 하나는 어떻게 인터넷을 활용하여 남북 교류협력을 업그레이드할 것인가가 될 것으로 보인다. 물론 이 책이 남북한 인터넷 교류협력의 교범이 된다고 할 수는 없다. 그리고 국가 도메인 승인을 계기로 가시화되고 있는 북한의 인터넷 개방을 남북 인터넷 교류 협력의 활성화와 직접 연계시키는 것도 우리만의 희망사항일 수도 있다. 북한이 인터넷을 개방한다고 하더라도 완전 개방이 아니라 제한적 개방이 될 가능성이 높으며, 따라서 그 효과를 섣불리 예단하는 것은 충분히 경계되어야 할 필요가 있기 때문이다.

막연한 그리고 낙관적인 기대와 예측만으로 북한의 인터넷 개방을 논의하고 또 그에 대처하기 위한 건설적 방안을 도출하는 것 또한 어려울 것이다. 북한이 왜 그리고 어떻게 인터넷 개방이라는 새로운 정책을 선택하게 되었는지, 그리고 어떤 인터넷 정책을 채택할 것인지 등에 대한 폭넓은 이해와 전망을 바탕으로 북한의 인터넷 발전과 남북 인터넷 교류에 접근해야 할 것이다. 이런 측면에서 이 책은 북한의 인터넷 개방과 이후의 인터넷 정책 방향을 전망하고 향후 남북 인터넷 교류 협력의 틀과 방향을 설정하는 데 중요한 시사점을 줄 것이라고 믿어 의심치 않는다.

4

칼라틸과 보아스의 책을 번역하게 된 일차적 동기는 당연하게도 그 책이 갖는 학문적 가치와 실용적 함의의 중요성에 있다. 그러나 번역을 하기로 결정하게 된 사적인 동기를 언급하지 않을 수 없다. 역자들에게는 이 번역서가 오래 전에 동문수학했던 선후배들 간의 인간적 유대를 계속 이어나가기 위한 노력의 산물이다. 역자들은 모두가 정치학을 전공했지만 세부 전공이 조금씩 다른 관계로 각자의 학문영역에서 그리고 직장에서 나름의 연구를 수행해 왔다. 여기에 시·공간적 제약까지 더해져 점점 더 소원(疏遠)해지는 선후배 간의 관계가 안타깝기 그지없었다. 그러던 차에 번역을 매개로 지속적인 유대를 맺어보려는 생각이 스쳤고 여기에 모두 흔쾌히 동의하여 번역작업이 시작될 수 있었다. 얇은 원서 번역에 다섯이나 되는 역자가 참여하게 된 것도 이런 이유 때문이다.

번역은 고경민이 1장과 5장을, 이지용은 2장을, 장성훈은 4장을, 김일기는 6장을, 그리고 박성진은 3장을 각각 번역했다. 그리고 번역된 원고를 서로 돌려가며 읽고 재검토했다. 특히 이 과정에서 박성진은 가장 많은 기여를 했다. 꼼꼼한 검토는 기본이고 어색한 의미전달을 조금이라도 줄이기 위해 노력을 아끼지 않았다.

번역에 참여한 다섯 사람 모두 정치학의 초학도들이다. 그런 만큼

이 책을 내놓는 데는 많은 용기와 준비가 필요했다. 그렇다고 만족할 만큼의 번역이 이루어졌다고 자족(自足)하는 것은 아니다. 물론 번역원고를 검토하는 과정에서 문제점들을 최소화시키기 몇 차례 검토를 거쳤지만 번역자들의 미숙함에 따른 오역(誤譯)과 여러 사람에 의해 번역되었기 때문에 나타나는 오류가 있을 수 있을 것이다. 그런 부분에 대해서는 독자들의 질책과 가르침을 기대한다.

마지막으로 저작권 계약에서부터 번역 및 출간과정을 인내로 지켜주시고 역자들의 게으름에도 오랫동안 묵묵히 기다려주신 인간사랑의 여국동 사장님과 이국재 부장님께 감사의 뜻을 전하고 싶다.

2009년 6월
역자를 대표하여 고경민

참고문헌

Ahmad, Mumtaz, and I. William Zartman. "Political Islam : Can It Become a Loyal Opinion?" *Middle East Policy* 5, no. 1 (1997) : 68–84.

Ajami, Fouad. "What the Muslim World Is Watching." *New York Times Magazine*, November 18, 2001.

Al–Sayegh, Fatma. "Diversity in Unity : Politicla Istitutions in Civil Society." *Middle East Policy* 6, no. 4 (1999) : 14–16.

Alterman, Jon B. "Counting Nodes and Counting Noses : Understanding the New Media in the Middle East." *Middle East Journal* 54, no. 3 (2000) : 355–61.

_____. "Egypt : Stable, But for How Long?" *Washington Quarterly* 23, no. 4 (2000) : 107–18.

_____. "Focus on the New Media : Shrinking the World and Changing the News." *Middle East nsight* 14, no. 2 (1999) : 29–61.

_____. "The Middle East's Information Revolution." *Current History* 99, no. 633 (2000) : 21–26.

_____. "Mid–Tech Revolution." *Middle East Insight* 5, no. 1 (2001).

_____. New Media, *New Politics? From Satellite Television to the Internet in the Arab World*. Washington, D.C. : Washington Institute for Near East Policy, 1998.

Amin, Hussein Y., and Leo A Gher. "Digital Communications in the Arab World : Entering the Twenty–first Century." In *Civic Discourse and the Digital Age : Communications in the Middle East* ; ed. Hussein Y. Amin and Leo A. Gher. Stamford, Conn. : Ablex, 2000.

Amnesty International. "Asia/Pacific : Highlights of Amnesty International Report 2002 Covering Events from January to December 2001." Amnesty International Publications, 2002.

Anderson, Jon W. "Arabizing the Internet." *Emirates Occasional Papers*, no. 30. Emirates Center for Strategic Studies Research, Abu Dhabi, United Arab Emirates, 1998.

Arquilla, John, and David Ronfeldt, eds. *Networks and Netwars : The Future of Terror, Crime, and Militancy.* Santa Monica, Calif. : RAND, 2001.

———. *Swarming and the Future of Conflict.* Santa Monica, Calif. : RAND, 2000.

Atkins, William. *The Politics of Southeast Asia's New Media.* Richmond, U.K. : Curzon Press, 2002.

Award, Ibrahim. "The External Relations of the Arab Human Rights Movement." *Arab Studies Quarterly* 19, no. 1 (1997) : 59–75.

Bahgat, Gawdat. "The Gulf Monarchies : Economic and Political Challenges at the End of the Century." *Journal of Social, Political, and Economic Studies* 23, no. 2 (1998) : 147–75.

Bakkar, Piet. "New Nationalism : the Internet Crudase." Paper Presented at the annual meeting of the International Studies Association, Chicago, February 20–24, 2001.

Bar, Francois, et al. "Access and Innovation Policy for the Third–Generation Internet." *Telecommunications Policy* 24 (2000) : 489–518.

Barlow, John Perry. "A Declaration of the Independence of Cyberspace." World Economic Forum, Davos, Switzerland, February 8, 1996, www.eff.org/~barlow/ Declaration–Final.html.

Beach, Sophie. "Running in Place." *Committee To Project Journalists : Press Freedom Respects from around the World,* 2001, www.cpj.org/Briefings/2001/China_aug01/ China_aug01.html.

Bell, Daniel A., David Brown, Kanishka Jayasuriya, and D. M. Jones. *Towards Illiberal Democracy in Pacific Asia.* New York : St. Martin's Press, 1995.

Bell, Mark R., and Taylor C. Boas. "Falun Gong and the Internet : Evangelism, Community, and Struggle for Survival." *Nova Religio* 6, no. 2 (2003).

Bengelsdorf, Carollee. "Intellectuals under Fire." In *These Times,* September 16, 1996, pp. 27–29.

Benkler, Yochai. "Free as the Air to Common Use : First Amendment Constraints on Enclosure of the Public Domain." *New York University Law Review,* volume 74 (1994) : 354–446.

Bimber, Bruce. "The Internet and Political Transformation : Populism, Community, and Accelerated Pluralism." *Polity* 31, no. 1 (1988) : 133–60.

Blanchard, Anita and Tom Horan. "Virtual Communities and Social Capital." *Social Science Computer Review* 16 (1998) : 293–307.

Boas, Taylor C. "The Dictator's Dilemma? The Internet and U.S. Policy toward

Cuba." *Washington Quarterly* 23, no. 3 (2000) : 57–67, www.twq.com/summer00/boas.pdf.

_____. "www.cubalibre.cu? The Internet and Its Prospects for a Democratic Society in Cuba." *Stanford Journal of International Relations* 1, no. 1 (1998) : 30–41.

_____. "www.cubalibre.cu? Transnational Networking and the Impact of the Internet on Non–Democratic Rule." Honors thesis, Stanford University Center for Latin Americal Studies, 1999.

Brown, Frederick Z. "Vietnam's Tentative Transformation." *Journal of Democracy* 7, no. 4 (1996) : 73–87.

Budge, Ian. *The New Challenge of Direct Democracy*. Oxford : Polity Press, 1996.

Bunt, Gary R. *Virtually Islamic : Computer–mediated Communication and Cyber–Islamic Environments*. Cardiff, U.K. : University of Wales Press, 2000.

Carey, James W. "Mass Media and Democracy." *Journal of International Affairs* 47, no. 1 (1993) : 1–21.

Carothers, Thomas. *Aiding Democracy Abroad : The Learning Curve*. Washington, D. C. : Carnegie Endowment for International Oeace, 1999.

Chase, Michael, and James Mulvenon. *You've Got Dissent : Chinese Dissident Use of the Internet and Beijing's Counter–Strategies*. Santa Monica, Calif. : RAND, 2002.

Clark, Janine A. "Private Voluntary Organizations in Egypt : Islamic Development, Private Initiative, and State Control." *Middle East Journal* 51, no. 2 (1997) : 286–87.

Coleman, Stephen. "Can the New Media Invigorate Democracies?" *Political Quarterly, volume* 70, no. 1 (1999) : 16–22.

Committee To Project Journalists. Attacks on the Press in 2001 : *A Worldwide Survey by the Committee To Project Journalists*. New York, 2002.

Cotton, James. "East Asian Democracy : Progress and Limits." In *Consolidating the Third Wave of Democracy : Regional Challenges*, ed. Larry Diamond, Marc F. Plattner, Yun–han Chu, and Hung–mao Tien, pp. 95–119. Baltimore, Md. : Johns Hopkins University Press, 1997.

Cullen, Richard. "The Internet in China." *Columbia Journal of Asian Law* 13, no. 1 (1999) : 99–134.

Cullen, Richard, and Hua Ling Fu. "Seeking Theory from Experience : Media Regulations in China." *Democratization* 5, no. 2 (1998) : 199–77.

Dahan, Michael. "Internet Usage in the Middle East : Some Political and Social Implications." People across Borders Conference, Middle East Virtual Community,

August 1–15, 2000, www.mevic.org/papers/inetmena.html.

Dai, Xiudian. "Chinese Politics of the Internet : Control and Anti-Control." *Cambridge Review of International Affairs* 8, no. 2 (2000) : 181–94.

Dalpino, Catharin E. *Deferring Democracy : Promoting Openness in Authoritarian Regimes.* Washington, D.C. : Brookings Institution Press, 2000.

Dang, Hoang-Giang. "Internet in Vietnam : From a Laborious Birth into an Uncertain Future." *Informatik Forum* 13, no. 1 (1999).

Danitz, Tiffany, and Warren Strobel, "The Internet's Impact on Activism : The Case of Burma." *Studies in Conflict and Terrorism* 22 (1999) : 257–59.

Dao, Tang Duc. *On the Struggle for Democracy in vietnam.* Springwood , New South Wales, Australia : Butterfly Books, 1994.

Davis, Richard. *The Web of Politics.* New York : Oxford University Press. 1999.

Diamond, Larry. "The Globalization of Democracy : Trends, Types, Causes, and Prospects." *Global Transformation and the Third World*, ed. In Robert O. Slater et al. Boulder, Colo. : Lynne Rienner, 1992.

Diamond, Larry, and Marc F. Plattner, ers. *Democracy in East Asia.* Baltimore, Mtd. : Johns Hopkins University Press, 1988.

Drake, William J. From the Global Digital Divide to the Global Digital Opportunity : Proposals Submitted to the G–8 Kyushu-Okinawa Summit 2000–*Report of the World Economic Forum Task Force on the Digital Divide.* Geneva : World Economic Forum, 2000, www.ceip.org/files/projects/irwp/pdf/wef_gdd_statement.pdf.

Drake, William J., ed. *The New Information Infrastructure : Strategies for U.S. Policy.* New York : Twentieth Century Press, 1995.

Drake, William J., Shanthi Kalathil, and Taylor C. Boas. "Dictatorships in the Digital Age : Some Considerations on the Internet in China and Cuba." IMP : *The Magazine on Information Impacts* (2000), www.ceip.org/files/Publications/dictatorships_digital_age.asp?p=5&from=pubdate.

Dunn, Michael Collins. "Is the Sky Falling? Saudi Arabia's Economic Problems and Political Stability." Middle East Policy 3, no. 4 (1995) : 29.

Eickelman, Dale F., and Jon W. Anderson, eds. *New Media in the Muslim World : The Emerging Public Sphere.* Bloomington : Indian University Press, 1999.

El-Nawawy, Mohamed A. "Profiling Internet Users in Egypt : Understanding the Primary Deterrent against Their Growth in Number." Paper presented at the annual meeting of the Internet Society, Yokohama, Japan, July 18–21, 2000, www.isoc.org/inet2000/cdproceedings/8d/8d_3.htm.

Eng, Peter. "A New Kind of Cyberwar." *Columbia Journalism Review* (September/ October 1998).

Evans, Peter B. *Embedded Autonomy : States and Industrial Transformation*. Princeton, N.J. : Princeton University Press, 1995.

Fandy, Mamoun. "Cyber Resistance : Saudi Opposition between Globalization and Localization." *Comparative Studies in Society and History* 41, no. 1 (1999) : 124–47.

_____. "Information Technology, Trust, and Social Change in the Arab World." *Middle East Journal* 54, no. 3 (2000) : 378–418.

_____. *Saudi Arabia and the Politics of Dissent*. New York : St. Martin's Press, 1999.

Ferdinand, Peter, ed. *The Internet, Democracy, and Democratization*. London : Frank Cass, 2000.

Ferenz, Michele N. "Civil Society in the Middle East." *Nonprofit and Voluntary Sector Quarterly* (1999) : 83–99.

Florini, Ann M. *The Third Force : The Rise of Transnational Civil Society*. Washington, D.C. : Carnegie Endowment for International Peace, 2001.

Foster, William, and Seymour E. Goodman. *The Diffusion of the Internet in China*. Stanford, Calif. : Center for International Security and Cooperation, 2000.

Fox, Elizabeth, ed. *Media and Politics in Latin America*. London : Sage, 1988.

Franda, Marcus. *Launching into Cyberspace : Internet Development and Politics in Five World Regions*. Boulder, Colo. : Lynne Rienner, 2002.

Freeman, Bennett. "Drilling for Common Ground." *Foreign Policy* (July/August 2001).

Friedman, Edward. *The Politics of Democratization : Generalizing East Asian Experiences*. Boulder, Colo. : Westview Press, 1994.

Friedman, Thomas L. *The Lexus and the Olive Tree : Understanding Globalization*. New York : Farrar, Straus and Giroux, 1999.

Fukuyama, Francis. "Confucianism and Democracy." *Journal of Democracy* 6, no. 3 (1997) : 20–33.

Gao, Ping, and Kalle Lyytinen. "Transformation of China's Telecommunications Sector : A Macro Perspective." *Telecommunications Policy* no. 24 (2000) : 719–30.

Garnham, David and Mark Tessler. *Democracy, War and Peace in the Middle East*. Blooming : Indiana University Press, 1995.

Gause, F. Gregory III. "The Gulf Conundrum : Economic Change, Population Growth, and Political Stability in the GCC States." *Washington Quarterly* 20, no. 1 (1997) : 145–65.

_____. *Oil Monarchies : Domestic and Security Challenge in the Arab Gulf States*. New York : Council on Foreign Relations Press, 1994.

Giuliano, Maurizio. *El caso CEA : Intelectuales e inquisidores en Cubaperestroika en la isla?* Miami : Ediciones Universal, 1998.

Glogoff, Stuart. "Virtual Connections : Community Bonding on the Net." *First Monday* 6, no. 3 (2001), http://firstmonday.org/issues/issue6_3/glogoff/.

Goldstein, Eric. *The Internet in the Mideast and North Africa : Free Expression and Censorship*. New York : Human Rights Watch, 1999.

Gonzalez, Edward, and David Ronfeldt. *Cuba Adrift in a Postcommunist World*. Santa Monica, Calif. : RAND, 1992.

Goodson, Larry P., and Soha Radwan. "Democratization in Egypt in the 1990s : Stagnant or Merely Stalled?" *Arab Studies Quarterly* 19, no. 1 (1997) : 1–21.

Green, Jerrold D. "The Information Revolution and Political Opposition in the Middle East." *Middle East Studies Association Bulletin* 33, no. 1 (1999) : 21–27.

Gunn, Gillian. Cuba's NGOs : Government Puppets or seeds of Civil Society? *Cuba Briefing Paper Series* no. 7. Washington, D.C. : Georgetown University Caribbean Project, 1995.

Guo, Liang, and Wei Bu. *Survey on Internet Usage and Impact*. Center for Social Development, Chinese Academy of Social Sciences, 2001.

Hachigian, Nina. "China's Cyber-Strategy." *Foreign Affairs* 80, no. 2 (March/April 2001) : 118–33.

_____. "The Internet and Power in One-Party East Asian States." *Washington Quarterly* 25, no. 3 (2002) : 41–58.

Hague, Barry N., and Brian D. Loader. *Digital Democracy : Discourse and Decision Making in the Information Age*. New York : Routledge, 1999.

Hai, Ernie Quah Cheng. "Rapid Deployment of the Internet by the Singapore Government." Paper presented at the sixth annual meeting of the Internet Society, Montreal, June 24–28, 1996.

Hammond, Andrew. "A New Political Culture Emerges in Egypt." *Middle East* no. 255 (1996) : 5–7

Harding, Harry. *Organizing China : The Problem of Bureaucracy, 1949–1976*. Stanford, Calif. : Stanford University Press, 1981.

Hartford, Kathleen. "Cyberspace with Chinese Characteristics." *Current History* 99, no. 638 (2000) : 255–62.

Harwit, Eric, and Duncan Clark. "Shaping the Internet in China : Evolution of Political Control over Network Infrastructure and Content." *Asian Survey* 41, no. 3 (2001) : 337–408

Hashem, Sherif. *The Evolution of Internet Services in Egypt : Towards Empowering Electronic Commerce.* Cairo : Cabinet Information and Decision Support Center, 1998.

_____. *Technology Access Community Centers in Egypt : A Mission for Community Empowerment.* Cairo : Cabinet Information and Decision Support Center, 1998.

Haufle, Virginia. *A Public Role for the Private Sector : Industry Self-Regulation in a Global Economy.* Washington, D.C : Carnegie Endowment for International Peace, 2001.

Heng, Russell. : "Give Me Liberty or Give Me Wealth." *In Debating Singapore : Reflective Essays,* ed. Derek da Cunha, pp. 9–21. Singapore : Institute of Southeast Asian Studies, 1994.

Hill, David A., and John E. Hughes. "Is the Internet an Instrument of Global Democratization?" *In Cyberpolitics : Citizen Activism in the Age of the Internet.* Lanham, Md. : Rowman and Littlefield, 1998 ; and Democratization 6, no. 2 (summer 1999) : 99–127.

Hinchberger, Bill. "Netting Fidel." *Industry Standard* (April 17, 2000), www.thestandard.com/ article/article_print/1,1153,13759,00.html.

_____. "The New E–Man." *Industry Standard* (April 17, 2000), www.thestandard.com/article/display/0,1151,13765,00.html.

Huff, Tobe E. "Globalization and the Internet : Comparing the Middle Eastern and Malaysian Experience." *Middle East Journal* 55, no. 3 (2001) : 439–58.

Hughes, Christopher Rene. "Nationalism in Chinese Cyberspace." *Cambridge Review of International Affairs* 13, no. 2 (spring/summer 2000) : 195–209.

Human Rights Watch. "Nipped in the Bud : The Suppression of the China Democracy Party." *China* 12, no. 5 (2000), www.hrw.org/reports/2000/china/index.htm.

Huntington, Samuel P. *The Third Wave : Democratization in the Late Twentieth Century.* Norman : University of Oklahoma Press, 1991.

Ibrahim, Awad. "The External Relations of the Arab Human Rights Movement." *Arab Studies Quarterly* 19, no. 1 (1997) : 59–76.

Ibrahim, Saad Eddin. "From Taliban to Erbakan : The Case of Islam, Civil Society, and Democracy." *In Civil Society and Democracy in the Muslim World,* ed. Elizabeth Ozdalgee and Sune Persson. Istanbul : Swedish Institution, 1997.

_____. "Reform and Frustration in Egypt." *Journal of Democracy* 7, no. 4 (1996) : 125–35.

"InCUBAdora." *Punto-Com* no. 7 (February2001) : 26-33.

Ismail, Salwa. "Confronting the Other : Identity, Culture, Politics, and Conservative Islamism in Egypt." *International Journal of Middle East Studies* 30, no. 2 (1998) : 199-226.

Kalathil, Shanthi. "Chinese Media and the Information Revolution." *Harvard Asia Quarterly* 6, no. 1 (winter 2002) : 27-30.

_____. "Community and Communalism in the Information Age." *Brown Journal of World Affairs* 9, no. 1 (2002).

Kalathil, Shanthi, and Taylor C. Boas. "The Internet and State Control in Authoritarian Regimes : China, Cuba, and the Counterrevolution." Working Paper no. 21. Washington, D.C. : Carnegie Endowment for International Peace, 2001.

Kamel, Ramsey. *The Information Technology Landscape in Egypt.* Washington, D.C. : American University, Kogod School of Business, 1999.

Kamel, Tarek. "Internet Commercialization in Egypt : A Country Model." Paper presented at the seventh annual meeting of the Internet Society, Kuala Lumpur, June 24-27, 1997, www.isoc.org/isoc/whatis/conferences/inet/97/proceedings/E6/E6_2.HTM.

Kamrava, Mehran. "Frozen Political Liberalization in Jordan : The Consequences for Democracy." *Democratization* 5, no. 1 (December 1998) : 138-57.

Kamrava, Mehran, and Frank O'Mora. "Civil Society and Democratistion in Comparative Perspective : Latin America and the Middle East." *Third World Quarterly* 19, no. 5 (1998) : 893-916.

Karmel, Solomon M. *China and the People's Liberation Army : Great Power or Struggling Developing State?* New York : St. Martin's Press, 2000.

Kassem, May. *In the Guise of Democracy : Governance in Contemporary Egypt.* Reading, U.K. : Ithaca Press, 1999.

Katz, John. "The Digital Citizen." *Wired* 5, no. 12 (1997).

Kechichian, Joseph A. "Saudi Arabia's Will To Power." *Middle East Policy* 7, no. 2 (2000) : 47-60.

Keck, Margaret E., and Kathryn Sikkink. *Activists beyond Borders : Advocacy Networks in International Politics.* Ithaca, N.Y. : Cornell University Press, 1998.

Kedzie, Christopher R. *Communication and Democracy : Coincident Revolutions and the Emergent Dictator's Dilemma.* Santa Monica, Calif. : RAND, 1997.

Keith, Ronald C. "Chinese Politics and the New Theory of Rule of Law." *China Quarterly* no. 125 (1991) : 109-19.

Keller, Perry. "China's Impact on the Global Information Society." *In Regulating the Global Information Society*, ed. Christopher T. Marsden. London : Routledge, 2000.

Kelly, Jim, Guy Girardet, and Magda Ismail. *Internet on the Nile : Egypt Case Study*. Geneva : International Telecommunication Union, 2001.

Khalifa, Ali Mohammed. *The United Arab Emirates : Unity in Fragmentation*. Boulder, Colo. : Westview Press, 1979.

Kienle, Eberhard. "More Than a Response to Islamism : The Political Deliberalization of Egypt in the 1990s." *Middle East Journal* 52, no. 2 (1998) : 219–35.

Kirby, Owen H. "Want a Democracy? Get a King." *Middle East Quarterly* (2000) : 3–12.

Kobrin, Stephen. "Back to the Future : Neomedievalism and the Postmodern Digital World Economy." *Journal of International Affairs* 51, no. 2 (1998) : 361–86.

Kubba, Laith. "The Awakening of Civil Society." *Journal of Democracy* 11, no. 3 (2000) 84–90.

Lawson, Chappell. *Building the Fourth Estate : Democratization and the Rise of a Free Press in Mexico*. Berkeley : University of California Press, 2002.

Lee, Chin-Chuan, ed. *Voices of China : The Interplay of Politics and Journalism*. New York : Guilford Press, 1990.

Lemley, Mark A., and Lawrence Lessig. "The End of End-to-End : Preserving the Architecture of the Internet in the Broadband Era." *UCLA Law Review* 28 (2000).

Lerner, Daniel. *The Passing of Traditional Society : Modernizing the Middle East*. Glencoe, Ill. : Free Press, 1958.

Lessig, Lawrence. *Code and Other Laws of Cyberspace*. New York : Basic Books, 1999.

_____. *The Future of Ideas : The Fate of the Commons in a Connected World*. New York : Random House, 2001.

Li, Cheng. *China's Leaders : The New Generation*. Lanham, Md. : Rowman and Littlefield, 2001.

Li, Cheng, and Lynn White. "Elite Transformation and Modern Change in Mainland China and Taiwan : Empirical Data and the Theory of Technocracy." *China Quarterly* no. 121 (1990) : 1–35.

Lichtenberg, Judith, ed. *Democracy and the Mass Media*. New York : Cambridge University Press, 1990.

Linz, Juan J., and Alfred Stepan. *Problem of Democratic Transition and Consolidation : Southern Europe, South America, and Post-Communist Europe*. Baltimore, Md. : Johns Hopkins University Press, 1996.

Lipset, Seymour Martin. *Political Man : The Social Bases of Politics*. Garden City, N.Y. : Doubleday, 1960.

Lu, Wei. "The Information Technology Industry in China." Paper Presented at a conference on the IT revolution and Asian Economies, "Growing Interdependence of the Global Economy," May 25, 2001.

Lynch, Daniel C. *After the Propaganda State : Media, Politics*, and *"Thought Work" in Reformed China*. Stanford, Calif. : Stanford University Press, 1999.

Mann, Catherine L., Sue E. Eckert, and Sarah Cleeland Knight. *Global Electronic Commerce : A Policy Primer*. Washington, D.C. : Institute for International Economics, 2000.

Maravall, Jose Maria. "The Myth of the Authoritarian Advantage." In *Economic Reform and Democracy*, ed. Larry Jay Diamond and Marc F. Plattner. Baltimore, Md. : Johns Hopkins University Press, 1995.

Marsden, Christopher T., ed. *Regulating the Global Information Society*. London : Routledge, 2000.

Mathews, Jessica. "Power Shift." *Foreign Affairs* 76, no. 1 (January/February 1997) : 50–77.

Minges, Michael, Magda Ismail, and Larry Press. *The E—City : Singapore Internet Case Study*. Geneva : International Telecommunication Union, 2001.

Moody, Peter R. *Political Opposition in Post—Confucian Societies*. New York : Praeger, 1988.

Moore, Rebecca. "China's Fledgling Civil Society : A Force for Democratization?" *World Political Journal* 18, no. 1 (spring 2001) : 56–66.

Mosaic Group. *The Global Diffusion of the Internet Project : An Initial Inductive Study*. 1998, http://mosaic.unomaha.edu/gdi.html.

_____. *An Update : The Internet in the Kingdom of Saudi Arabia*. 1999, http://mosaic.unomaha.edu/gdi.html.

Moustafa, Tamir. "Conflict and Cooperation between the State and Religious Institutions in Contemporary Egypt." *International Journal of Middle East Studies* 32, no. 1 (2000) : 3–23.

Mueller, Milton, and Peter Lovelock. "The WTO and China's Ban on Foreign Investment in Telecommunications Services : A Game Theoretic Analysis." *Telecommunications Policy* 24 (2000) : 731–59.

Mulvenon, James, and Richard Yang, eds. *The People's Liberation Army in the Information Age*. Santa Monica, Calif. : RAND, 1999.

Murphy, Richard W., and F. Gregory Gause III. "Democracy and U.S. Policy in the Muslim Middle East." *Middle East Policy* 5, no. 1 (1997) : 58–67.

Neumann, Lin A. "The Survival of Burmese Journalism." *Harvard Asia Quarterly* 6, no. 1 (winter 2002) : 20–26.

Nichols, John Spicer. "Cuban Mass Media : Organization, Control, and Functions." *Journalism Monographs* 78 (1982) : 1–35.

Nichols, John Spicer, and Alicia M. Torres. "Cuba." In *Telecommunications in Latin America*, ed. Eli M. Noam. New York : Oxford University Press, 1998.

Nidumolu, Sarma R., Seymour E. Goodman, Douglas R. Vogel, and Ann K. Danowitz. "Information Technology for Local Administration Support : The Governorates Project in Egypt." *MIS Quarterly* 20, no. 2 (June 1996) : 197–223.

Nie, Norman, and Lutz Erbring. *Internet and Society : A Preliminary Report*. Stanford, Calif. : Stanford Institute for the Quantitative Study of Society, Stanford University, 2000.

Norris, Pippa. *Digital Divide : Civic Engagement, Information Poverty and the Internet Worldwide*. New York : Cambridge University Press, 2001.

_____. *A Virtuous Circle : Political Communication in Post–Industrial Democracies*. New York : Cambridge University Press, 2000.

Norton, Richard Augustus. "The Future of Civil Society in the Middle East." *Middle East Journal* 47, no. 2 (1993) : 205–16.

Okruhlik, Gwenn. "Rentier Wealth, Unruly Law, and the Rise of Opposition : The Political Economy of Oil States." *Comparative Politics* 31, no. 3 (1999) : 295–315.

Olcott, Martha Brill, and Marina Ottaway. "The Challenge of Semi Authoritarianism." Working Paper no. 7. Washington, D.C. : Carnegie Endowment for International Peace, 1999.

Pei, Minxin. *Future Shock : The WTO and Political Change in China*. Policy Brief, no. 3. Washington, D.C. : Carnegie Endowment for International Peace, 2001.

Peters, Philip. *Cuba Goes Digital*. Washington, D.C. : Lexington Institute, 2001.

Pierre, Andrew J. "Vietnam's Contradictions." *Foreign Affairs* 79, no. 6 (November/December 2000).

Press, Larry. *Cuban Telecommunications, Computer Networking, and U.S. Policy Implications*. Santa Monica, Calif. : RAND, 1996.

Putnam, Robert D. *Bowling Alone : The Collapse and Revival of American Community*. New York : Simon and Schuster, 2000.

Pye, Lucian. *Communications and Political Development. Princeton*, N.J. : Princeton University Press, 1963.

Pye, Lucian W., and Mary W. Pye. *Asian Power and Politics : The Cultural Dimensions of Authority*. Cambridge, Mass. : Harvard University Press, 1985.

Qiu, Jack Linchuan. "Chinese Opinions Collide Online : U.S.–China Plane Collision Sparks Civil Discussion on Web." *USC Annenberg Online Journalism Review* (April 12, 2001), http://ojr.usc.edu/content/story.cfm?id=561.

_____. "Virtual Censorship in China." *International Journal of Communications Law and Policy* 4 (winter 1999/2000), www.ijclp.org/4_2000/pdf/ijclp_webdoc_1_4_2000.pdf.

Randall, Vicky. "The Media and Democratisation in the Third World." *Third World Quarterly* 14, no. 3 (1993) : 625–646.

Rash, Wayne, Jr. *Politics on the Nets : Wiring the Political Process*. New York : W. H. Freeman, 1997.

Reporters sans Frontieres and Transfert.net. *Enemies of the Internet : Attempts to Block the Circulation of Information on the Internet*, Report 2001. Paris : Editions 00h00, 2001, www.00h0.com.

Rich, Paul. "American Voluntarism, Social Capital, and Political Culture." *Annals of the American Academy of Political and Social Science* 565 (September 1999) : 15–34.

Ripoll, Carlos. "The Press in Cuba, 1952–1960 : Autocratic and Totalitarian Censorship." In *The Selling of Field Castro : The Media and the Cuban Revolution*, ed. William E. Ratliff. New Brunswick, N.J. : Transaction Books, 1987.

Rodan, Garry. "Asia and the International Press : The Political Significance of Expanding Markets." *Democratization* 5, no. 1 (1998) : 125–154.

_____. "Information Technology and Political Control in Singapore." Working Paper no. 26. Japan Policy Research Institute, 1996.

_____. "The Internet and Political Control in Singapore." *Political Science Quarterly* 113, no. 1 (1998) : 63–90.

_____. "Singapore : Information Lockdown, Business as Usual." In *Losing Control : Freedom of the Press in Asia*, ed. Louise Williams and Roland Rich, pp. 169–189. Canberra : Asia Pacific Press, 2000.

Robert, Walter R., and Harold R. Engle, "The Global Information Revolution and the Communist World." *Washington Quarterly* 9, no. 2 (Spring 1986) : 141–149.

Rohozinski, Rafal. "Mapping Russian Cyberspace : Perspective on Democracy and the Net." Paper presented at the Conference on Information Technologies and Social Development, June 22-24. Geneva : United Nations Research Institute for Social Development, 1998, www.unrisd.org/infotech/conferen/russian/toc.htm.

Rosenthal, Lisa. *Information Technology in the UAE*. Washington, D.C. : American University, Kogod School of Business, 2000.

Rowe, Paul S. "Four Guys and a Fax Machine? Diasporas, New Information Technologies and the Internationalization of Religion in Egypt." Journal of Church and State 43, no. 1 (winter 2001) : 81-92.

Rugh, William A. "The United Arab Emirates : What Are the Source of Its Stability?" *Middle East Policy* 5, no. 3 (1997) : 14-24.

Sahli, Hamoud. "Information Technology and Its Impact on Social and Political Change : The Case of the Gulf Arab States." Paper presented at the annual meeting of the International Studies Association, Chicago, February 20-24, 2001.

Samir, Said. "Egypt's Cyber Agenda." Pharaobs (September 2000) : 62-66.

Sarsar, Saliba. "Arab Politics : Can Democracy Prevail?" Middle East Quarterly 7, no. 1 (March 2000) : 39-48.

Schmitter, Philippe C. "The Influence of the International Context upon the Choice of National Institutions and Policies in Neo-Democracies." In *The International Dimensions of Democratization : Europe and the Americas*, ed. Laurence Whitehead. New York : Oxford University Press, 1996.

Schwartz, Edward. *Netactivism : How Citizens Use the Internet*. Sebastapol, Calif. : Songline Studios, 1996.

Selth, Andrew. "Burma's Intelligence Apparatus." *Burma Debate* 4, no. 4 (September/ October 1997).

Seow, Francis T. *The Media Enthralled : Singapore Revisited*. Boulder, Colo. : Lynne Rienner, 1998.

Seror, Ann C., Juan Miguel Fach Arteaga. "Telecommunications Technology Transfer and the Development of Instutional Infrastructure : The Case of Cuba." *Telecommunications Policy* 24 (2000) : 203-221.

Serwer, Andy, and Angela Key. "Tech Is King : Now Meet the Prince." *Fortune* 140, no. 11 (1999) : 104-116.

Sheff, David. *China Dawn : The Story of a Technology and Business Revolution*. New York : HarperCollins, 2002.

Shue, Vivienne. *The Reach of the State : Sketches of the Chinese Body Politics*. Stanford, Calf. : Stanford University press, 1988.

Simmons, P. J., and Chantal de Jonge Oudraat, eds. *Managing Globan Issues : Lessons Learned.* Washington, D.C. : Carnegie Endowment for International Peace, 2001.

Simon, Leslie David, Javier Corrales, and Donald R. Wolfensberger. *Democracy and the Internet : Allies or Adversaries?* Washington, D.C. : Woodrow Wilson Center Press, 2002.

Skidmore, Thomas E., ed. *Television, Politics, and the Transition to Democracy in Latin America.* Baltimore, Md. : Johns Hopkins University Press, 1993.

Smith, Barbara. "A Survey of Egypt : Sham Democracy." *Economist* (March 20, 1999) : 16−17.

Sokol, Brett. "E−Cuba : One Guess Who'll Control Acess to the Internet." *Miami New Times,* July 27, 2000.

Speta, James B. "Handicapping the Race for the Last Mile? A Critique of Open Access Rules for Broadband Platforms." *Yale Journal on Regulation* 17 (2000) : 39−91.

Sreberny−Mohammadi, Annabelle. "The Media and Democratization in the Middle East : The Strange Case of Television." *Democratization* 5, no. 2 (1998) : 179−199.

Stoke, Mark A. *China's Strategic Modernization : Implications for the Unites States.* Strategic Studies Institute, U.S. Army War College, 1999.

Sullivan, Denis J., and Sana Abed−Kotob. *Islam in Contemporary Egypt : Civil Society vs. the State.* Boulder, Colo. : Lynne Rienner, 1999.

Sussman, Leonard R. *Censor Dot Gov : The Internet and Press Freedom.* New York : Freedom House, 2000.

_____. *The Internet in Flux : Press Freedom Survey 2001.* Washington, D.C. : Freedom House, 2001.

Swire, Peter P. and Robert E. Litan. *None of Your Business : World Data Flows, Electronic Commerce, and the European Privacy Directive.* Washington, D.C. : Brookings Institution Press, 1998.

Taubman, Geoffry. "A Not−So World Wide Web : The Internet, China, and the Challenge to Nondemocratic Rule." *Political Communication* 15 (1998) : 255−272.

Teitelbaum, Joshua. "Dueling for Da'wa : State vs. Society on the Saudi Internet." *Middle East Journal* 56, no. 2 (2002) : 222−239.

Thomas, Timothy L. "Like Adding Wings to the Tiger : Chinese Information War Theory and Practice." Fort Leavenworth, Kans. : Foreign Military Studies Office, 2000, http://call.army.mil/call/fmso/fmsopubs/issues/chinaiw.htm.

Tipson, Frederick S. "China and the Information Revolution." In *China Joins the World : Progress and Prospects*, ed. Elizabeth Economy and Michel Oksenberg. New York : Council on Foreign Relations, 1999.

Tsagarouisanou, Rosa, Damian Tambini, and Cathy Bryan, *Cyberdemocracy*. London : Routledge, 1998.

Tsui, Lokman. "Internet in China : Big Mama Is Watching You." Master's thesis, University of Leiden, 2001, www.lokman.nu/thesis/.

United Nations, Comision Economica para America Latina y el Caribe(CEPAL), and Fondo de Cultura Economica. *La Economia Cubana : Reformas Estructurales y Desempeno en Los Noventa*. 2nd ed. Mexico City, 2000.

United Nations, Conference on Trade and Development. "The Electronic Commerce and Development Report 2001." New York, 2001.

U.S. State Department. *Country Report on Human Rights, 2001*. Bureau of Human Rights Democracy and Labor, 2002, www.state.gov/g/drl/rls/hrrpt/2001/eap/8289.htm.

Uslaner, Eric M. "Social Capital and the Net," *Communications of the ACM* 43, no 12(December 2000) : 60–64.

Warkentin, Craig. *Reshaping World Politics : NGOs, the Internet, and Global Civil Society*. Lanham. Md. : Rowman and Littlefield, 2001.

Weaver, Mary Anne. "Muburak Regime Is Now on Trial in Egtpt." *New York Times Magazine*, June 17, 2001.

Weiner, Jed. "Jordan and the Internet : Democracy Online." *Middle East Insight* 13, no. 9(May/June 1998) : 49–50.

Wellman, Barry and Milena Gulia. "Virtual Communities as Communities : Net Surfers Don't Ride Alone." In *Communities in Cyberspace*, ed. Marc A. Smith and Peter Kollock. New York : Routledge, 1999.

Wheeler, Deborah. "Global Culture or Culture Clash : New Information Technologies in the Islamic World–A View from Kuwait." *Communication Research* 25, no. 4 (1998) : 359–376.

_____. "In Praise of the Virtual Life? New Media, Democratization, International Development, Human Rights, and the Protection of Middle East Cultural Spaces." *Monitors : A Journal of Technology and Human Rights* 1, no. 1 (autumn 1996) : 1–32

White, Gordon. *Riding the Tiger : The Politics of Economic Reform in Post–Mao China*. Stanford, Calif. : Stanford University Press, 1993.

White, Gordon, Jude Howell, and Xiaoyuan Shang. *In Search of Civil Society : Market Reform and Social Change in Contemporary China.* Oxford : Clarendon Press, 1996.

Wilson, Ernest J. III. *The Information Revolution and Developing Countries.* Cambridge, Mass. : MIT Press, Forthcoming.

Wong, Pho-Kam. "Omplementing the NII Vision : Singapore's Experience and Futher Challenges." In *National Information Infrastructure Initiatives : Vision and Policy Design*, ed. Brian Kahin and Ernest Wilson. Cambridge, Mass : MIT Press, 1997.

World Bank. *World Development Indicators 2002.* Washington, D.C. : International Bank for Reconstruction and Development, 2002.

_____. *World Development Report 2000-2001 : Attacking Poverty.* New York : Oxford University Press, 2000.

_____. *World Development Report 2002 : Building Institutions for Markets.* New York : Oxford University Press, 2002.

Wright, Robert. "Gaining Freedom by Modem." *New York Times* January, 28, 2000.

Wriston, Walter. "Bits, Bytes, and Diplomacy." *Foreign Affairs* 76, no 5 (September/ October 1997) : 172-182.

_____. *The Twilight of Sovereignty : How the Information Revolution Is Transforming Our World.* New York : Scribner, 1992.

Yamani, Mai. *Changed Identities : The Challenge of the New Generation in Saudi Arabia.* London : Royal Institute of International Affairs, 2000.

Zahlan, Rosemarie Said. *The Making of the Modern Gulf States : Kuwait, Bahrain, Qatar, the United Arab Emirates and Oman.* Reading, U.K. : Ithaca press, 1998.

Zakaria, Fareed. "The Rise of Illiberal Democracy." *Foreign Affairs* 76, no. 2 (November/December 1997) : 22-43.

Zhang. Ming. "War without Rules." *Bulletin of the Atomic Scientists* 55, no. 6 (November/December 1999) : 16-18.

Zhao, Yuezhi. "Caught in the Web : The Public Interest and the Battle for Control of China's Information Superhighway." *Info* 2, no. 1 (February 2000) : 41-65.

_____. *Media, Market, and Democracy in China : Between the Party Line and the Bottom Line.* Urbana : University of Illinois Press.

약어 풀이

ACWF	중화전국부녀연합회 (All-China Women's Federation)
AOL	아메리카 온라인 (America Online)
APEC	아시아태평양경제협력체 (Asia Pacific Economic Cooperation)
ASEAN	동남아시아국가연합 (Association of Southeast Asian Nations)
ASP	어플리케이션 서비스 사업자 (application service provider)
BBC	영국방송협회 (British Broadcasting Corporation)
CCP	중국공산당 (Chinese Communist Party)
CDA	쿠바민주화법 (Cuban Democracy Act), 미국
CDLR	합법적권리수호위원회 (Committee for the Defense of Legitimate Rights), 사우디아라비아
CENIAI	국립자동데이터교환센터 (National Center for Automated Data Exchange), 쿠바
CEPAL	유엔중남미경제위원회 (United Nations Economic Commission for Latin America and the Caribbean)
CIA	중앙정보국 (Central Intelligence Agency), 미국
CITMA	과학기술환경부 (Ministry of Science, Technology, and the Environment), 쿠바
CNNIC	중국인터넷네트워크정보센터 (China Internet Network Information Center)
CPV	베트남공산당 (Communist Party of Vietnam)
CSO	시민사회단체 (civil society organization)
ETECSA	쿠바국영통신회사 (Telecommunications Corporation of Cuba, S.A.)
GDP	국내 총생산 (gross domestic product)

GNI	국민 총소득(gross national income)
ICEI	쿠바민간경제학자연구소(Cuban Institute of Independent Economists)
ICP	인터넷 콘텐츠 사업자(Internet Content Provider)
ICT	정보통신기술(information and communication technology)
IDA	정보통신개발청(Info-communications Development Authority), 싱가포르
IDSC	정보결정지원센터(Information Decision Support Center), 이집트
IMF	국제통화기금(International Monetary Fund)
ISP	인터넷 서비스 사업자(Internet service provider)
ISU	인터넷관리국(Internet Service Unit), 사우디아라비아
IT	정보기술(information technology)
ITT	국제전신전화회사(International Telephone and Telegraph Corporation)
ITU	국제전기통신연합(International Telecommunication Union)
LAN	근거리 통신망(local area network)
MCI	문화정보부(Ministry of Culture and Information), 베트남
MEI	전자산업부(Ministry of Electronic Industry), 중국
MIC	컴퓨터통신부(Ministry of Computing and Communications), 쿠바
MII	정보산업부(Ministry of Information Industry), 중국
MIRA	아랍이슬람개혁운동(Movement for Islamic Reform in Arabia), 사우디아라비아
MPT	체신부(Ministry of Posts and Telecommunications), 중국
NDI	민주주의연구소(National Democratic Institute), 미국
NGO	비정부단체(nongovernmental organization)
NII	국가정보기반구조(National Information Infrastructure), 싱가포르
NLD	민주주의국민동맹(National League for Democracy), 버마
OECD	경제협력개발기구(Organization for Economic Co-operation and Development)
PAP	국민행동당(People's Action Party), 싱가포르
PLA	인민해방군(People's Liberation Army), 중국

RITSEC	정보기술·소프트웨어엔지니어링지역센터(Regional Information Technology and Software Engineering Center), 이집트
SARFT	광파전영전시총국(State Administration of Radio, Film, and Television), 중국
SBA	싱가포르방송청(Singapore Broadcasting Authority)
SIME	철강기계전자산업부(Ministry of Steel, Mechanics, and Electronics Industries), 쿠바
SMS	단문 메시지 서비스(short message service)
SOE	국영기업(state-owned enterprise), 중국
SPDC	국가평화발전위원회(State Peace and Development Council), 버마
SPH	싱가포르프레스홀딩스사(Singapore Press Holdings Ltd.)
UAE	아랍에미레이트연합(Inited Arab Emirates)
UNDP	유엔개발계획(United Nations Development Program)
UNEAC	쿠바작가예술가연합(Cuban Union of Writers and Artists)
URL	자원 위치 표시자(uniform resource locator)
USAID	미국국제개발처(United States Agency for International Development)
VDC	베트남데이터통신(Vietnam Data Communications)
VOA	미국의 소리 방송(Voice of America)
WTO	세계무역기구(World Trade Organization)

||||| 필자 소개 |||||

• Shanthi Kalathil

산티 칼라틸은 버클리 대학(U.C. Berkeley)을 졸업하고 런던정
경대(London School of Economics)에서 석사를 수료했다. 홍콩
에 있는 *Asian Wall Street Journal*의 기자(staff reporter)로 아시아
금융시장과 중국 시장개혁의 취재를 담당했으며, 홍콩의 중국
복속과 1997년 아시아 경제위기에 관해서도 많은 글을 썼다. 카
네기연구재단의 *Information Revolution and World Politics Project*의 수행을 위해 카
네기 연구원으로도 재직했다. 칼라틸은 외교관계위원회(Council on Foreign Re-
lations)의 회원(term member)이다.

• Taylor C. Boas

테일러 보아스는 스텐포드 대학(Stanford University)을 졸업하
고 버클리 대학(U.C. Berkeley)에서 석사와 박사를 수료했다. 본
서 및 *The Digital Revolution and International Development*의 공동
저자이며, 이외 다수의 논문을 발표했다. 현재 버클리 대학 강사
이고 애리조나 주립대학교 Institute for Qualitative and Multi-
method Research(IQMR) 강사를 역임했다.

IIIII 역자 소개 IIIII

• 고경민

제주대 정치외교학과 BK21 계약교수로 재직 중이며, 2001년 건국대에서 "한국의 산업정책 변화과정 : 정보통신산업의 '자유화' 사례"로 박사학위를 취득했다. 주요 연구 관심 분야는 인터넷과 정보기술이 민주주의와 정치과정에 미치는 영향, 정보기술과 국제협력 등이며, 『인터넷은 민주주의를 이끄는가』, 『현대 정치과정의 동학』 등의 저서와 「인터넷 확산과 민주주의의 관계」, 「정보통신기술은 개발도상국 발전을 가져올까?」 등의 논문이 있다.

• 이지용

건국대학교 정치외교학과를 졸업하고 뉴욕주립대 정치학과에서 박사과정을 수료하였다.

• 장성훈

중앙선거관리위원회 사료 담당 사무관으로 재직 중이며, 2004년 건국대에서 "한국 분점정부에 관한 연구 : 의회-행정부 관계를 중심으로"로 박사학위를 취득했다. 주요 연구 관심 분야는 정당, 선거, 의회 등이며, 저서 『21세기 헌정주의와 민주주의』와 「브라질 헌정체제와 불안정한 민주주의」, 「참여정부에서의 의회-행정부 관계와 대통령의 리더십」, 「17대 국회 의원입법 활동의 변화와 특징」 등의 논문이 있다.

• 김일기

국가안보전략연구소 남북관계연구실 선임연구원으로 재직 중이며, 2006년 건국대에서 "북한 개혁·개방의 단계와 방향 : 사회주의 체제변화론의 관점에서"로 박사학위를 취득했다. 주요 연구 관심 분야는 북한의 정치와 경제, 체제변화, 남북관계 등이며, 「7·1 경제관리개선조치 이후 북한 개혁·개방의 평가와 전망」, 「체제변화론의 관점에서 본 북한의 개혁·개방 연구」, 「북한 개혁·개방 정책의 지속가능성과 과제」 등의 논문이 있다.

• 박성진

한국학중앙연구원 연구원으로 재직 중이며, 건국대에서 석사를 거쳐 박사 수료했다. 주요 연구 관심 분야는 1950년대 정치경제이며, 「사이버 시대와 철학의 빈곤 : 동서양의 만남을 위하여」, 「한국의 국가형성과 미군정기 식량정책」, 「한국 사회 신뢰의 악순환과 민주주의의 공고화」, 「한국 발전국가의 기원 : 1950년대의 한계와 가능성을 중심으로」 등의 논문이 있다.

권위주의적 지배와 **인터넷, 그리고 민주주의**

초판1쇄 / 2009년 8월 10일

지은이 **산티 칼라틸 / 테일러 보아스**
옮긴이 **고경민 / 이지용 / 장성훈 / 김일기 / 박성진**
펴낸이 **여국동**
펴낸곳 **도서출판 인간사랑**
인 쇄 **백왕인쇄**
제 본 **은정제책사**

출판등록 1983. 1. 26. / 제일 3호

정가 17,000원

ISBN 978-89-7418-282-3 93300

(411-815) 경기도 고양시 일산구 백석동 1178-1
TEL (031)901-8144, 907-2003
FAX (031)905-5815

e-mail/igsr@yahoo.co.kr / igsr@naver.com